香港中資財團

郭國燦　劉海燕

著

Vol. **I**

上　冊

增訂版

責任編輯	楊　昇	
版式設計	吳冠曼	
封面設計	陳曦成	

書　　名　　**香港中資財團（增訂版）（上、下冊）**

著　　者　　郭國燦　劉海燕

出　　版　　三聯書店（香港）有限公司
　　　　　　香港北角英皇道 499 號北角工業大廈 20 樓
　　　　　　Joint Publishing (H.K.) Co., Ltd.
　　　　　　20/F., North Point Industrial Building,
　　　　　　499 King's Road, North Point, Hong Kong

香港發行　　香港聯合書刊物流有限公司
　　　　　　香港新界荃灣德士古道 220-248 號 16 樓

印　　刷　　美雅印刷製本有限公司
　　　　　　香港九龍觀塘榮業街 6 號 4 樓 A 室

版　　次　　2009 年 10 月香港第一版第一次印刷
　　　　　　2017 年 7 月香港增訂版第一次印刷
　　　　　　2023 年 10 月香港增訂版第二次印刷

規　　格　　16 開（170×240 mm）共 712 面

國際書號　　ISBN 978-962-04-4208-7（套裝）

再版自序：迎接中資航母時代

中資航母時代正在來臨，真正的中資財團時代正在來臨。

2012年9月，中國第一艘航母"遼寧艦"下水，標誌着中國航母時代即將來臨。2008年，中國移動首次以1.3萬億港元市值超越長期盤踞香港上市公司第一把交椅的滙豐控股，成為首個市值萬億且首次進入世界五百強行列的紅籌企業。2016年，華潤、招商局總資產規模雙雙超越萬億規模，加上中信集團等企業，一批中資企業正在進入"萬億俱樂部"和"世界五百強"之列，不僅體現在規模上，而且在金融、地產、港口碼頭、航運、旅遊、零售、醫藥、移動通訊、電力、燃氣、水務等行業已經處於領航地位。這些航母級企業，不僅形成了主導產業的上市旗艦，而且還形成了多元產業間的航母編隊式的協同效應：有的創造利潤（如電力等）、有的創造現金流（如零售等）；有些形成了合理的區域佈局、有些形成了產業鏈上中下游的協同支持。香港中資超常規的發展規模和速度，無疑是香港回歸二十週年的一項重大經濟成果。

筆者曾在2009年出版的《香港中資財團》（第一版）緒論中指出，中國的崛起已成為一個全球關注的話題，中國正在成為一個世界性經濟大國，其中必然會包含兩個關鍵性指標：一是必須有一批全球輻射力或國際輻射力的國際性城市，二是必須有一批市場化程度高、具有全球經濟競爭力的跨國企業或行業巨頭。中資航母時代的來臨，為中國的崛起提供了最好的註腳。

香港中資紅籌企業，是中國近四十年經濟快速發展的縮影。從1970年代末改革開放以來，到1997年香港回歸前夕，以華潤、粵海為代表的一批中資企業迅速崛起為超百億集團，中銀香港成為第一個超千億的中資企業；渡過1997年金融危機後的十年，以華潤、招商局為代表的一批中資企業迅速成為超千億集團；再經過十年，目前已形成了以中國移動、華潤、招商、中信為代表的超萬億集團。幾乎每十年一個大台階。

香港中資紅籌企業也是中國近四十年改革開放的先行者和探路者。以中信泰富為代表的香港中資紅籌率先開啟了從商品經營向資本運營轉變的時代；以招商局和港中旅為代表的香港中資紅籌企業則在中國內地率先開始招商引資的工業區和旅遊城區建設，創造了"蛇口模式"和"華僑城模式"；以華潤為代表的香港中資紅籌企業探索從6S到5C的管理模式，率先開啟了一場靜悄悄的管理革命；中銀香港更是為人民幣國際化和香港人民幣離岸中心的發展發揮了重要的推手作用。

香港中資紅籌企業，為香港的繁榮穩定發揮了重要作用。中資企業不僅為香港股市提供了重要的增長動力，還為香港股民提供了巨大的投資空間；不僅為香港提供了稅收和就業機會，還承擔了鮮活冷凍商品、淡水等維繫香港民生的大量基本生活物資的供應，並踴躍參與香港社會事務和慈善活動。一個強大的中資財團，必將發揮香港作為城邦經濟體的穩定器作用。當然，強大而不壟斷，是我們對未來中資航母時代的期許。

轉眼香港回歸已二十週年。感謝三聯書店（香港）有限公司和侯明總編輯的厚愛和支持，鼓勵我在回歸二十週年之際修訂再版拙著《香港中資財團》。正是侯總的鼓勵，讓我在忙於企業管理實務之餘，開始增訂工作，同時感謝責任編輯楊昇女士對本書的質量把關。我的老同事、現工作於香港大型中資企業的劉海燕，補寫了本書的第十章初稿，其中關於"深業"部分一節係我同事蔣偉撰寫。其間，孟超、王翼還提供了各企業年報等資料，在此一併表示衷心的感謝！

謹以本書紀念香港回歸二十週年！

是為序。

郭國燦

2017年5月31日

馮邦彥序

在香港近一百七十年的經濟發展史上，中資企業一直是香港經濟的一股重要的資本力量；特別是中國內地改革開放四十年來，中資企業成為香港經濟繁榮穩定的重要支柱，具有舉足輕重的地位和作用。因此，研究香港經濟發展史，不可能不研究中資企業。

香港中資企業的發展史，最早可追溯到清朝末年。1872年，清政府在上海成立官督商辦企業——輪船招商局，1873年，在香港設立分局，開啟了中資在香港的發展航程。1917年，中國銀行廣東分行在香港設立分號，兩年後以香港分行的名義對外營業，成為中資在香港開設的第一家金融機構。此後，中國旅行社和華潤公司等企業也先後在香港註冊成立。共和國成立後，它們成為最早的駐港中資企業。到1978年內地改革開放之前，中資在香港逐步建立起一個以中國外貿為主的包括貿易、航運、金融服務的經營網絡。這一時期，中資企業利用香港這一國際經貿平台，積極發展進出口貿易，為國家換取了寶貴的外匯，進口了急需的機器設備，有力支援了國家經濟的發展。不過，這一階段，中資企業在香港經濟中規模細小，活動範圍狹窄，對香港經濟參與程度較低。

1978年內地改革開放以後，特別是1984年中英簽訂聯合聲明，香港進入回歸祖國的過渡時期以來，香港中資企業進入了一個新的歷史發展時期。隨着內地與香港的經貿聯繫日益加強，以及對外經貿的需求越來越強烈，內地各地區、各部門相繼到香港開設"窗口公司"，發展對外貿易。正如本書所指出："這批香港'窗口公司'，為內地改革開放和現代化建設，打通進出口貿易通道，引進境外資金、技術、設備和管理經驗，發揮了開路先鋒的作用。" 1986年以後，內地一些市、縣、鎮以及鄉鎮企業也紛紛到香港設立分公司，令中資企業的機構數量擴張過快。到1989年，中資企業的數量已超過二千五百家。有鑒於此，國務院於1989年至1991年間對香港中資企業進行了清理整頓，中資企業的數量也下降到約一千五百家。

1992年，鄧小平南巡廣東，中國進入全方位對外開放的新階段。香港中資企業根據國家關於"積極發展、壯大實力"的方針，加快了在香港的發展步伐。1992年，香港中資集團旗下一些公司，包括招商局的海虹集團、中國海外發展、中旅國際投資和越秀投資等，相繼在香港直接上市，掀起中資紅籌股上市熱潮。1993年7月15日，青島啤酒股份有限公司在香港掛牌上市，成為首家在香港發行H股的中國企業。這一時期，中資在香港的發展，從過去單純的數量擴張為主轉向素質提高為主，從單一化經營轉向多元化發展，並且開始重視利用香港市場的功能進行資本營運，出現了一批資產超過一百億港元的企業集團，如中銀香港、華潤、招商局、中旅，以及中信香港、光大、中遠香港、中國海外、中保、粵海、越秀、上海實業等等，整體實力有了很大的提高。

1997年亞洲金融危機對香港中資企業的發展，造成了相當大的衝擊。以廣信破產和粵海債務重組為新起點，香港回歸以來，中資企業再次調整戰略，並且利用中國加入WTO的歷史機遇，在外資大規模進入中國市場之前，搶灘登陸，搶佔先機，北上擴張並在全國佈局，成功打造出一批資產超過一千億元的行業領軍巨頭。正如本書所指出，這一時期，"中資企業作為一個群體，已經成為香港經濟不可或缺的重要組成部分"，"香港中資企業的業務已涉及香港經濟的各個產業領域，……。中資在香港的銀行、保險、旅遊、航運、港口、建築、出版等領域，所佔的市場份額均超過20%，在航空、基建等領域也有重要影響"。中資企業"為香港經濟繁榮、社會穩定和民生保障發揮了重要作用"。

郭國燦先生的宏著《香港中資財團》，以中資企業在香港的百年發展為線索，重點探索了內地改革開放以來香港中資企業的發展路徑，特別是從香港中資這個資本共同體的趨同行為特徵匯聚而成的企業發展軌跡中，總結了中資企業發展的三個階段——"窗口企業"階段、紅籌企業階段和行業巨頭階段。以此統領全書，系統、深入地展示了香港中資發展、壯大的歷史與邏輯演變進程。可以說，《香港中資財團》是迄今為止第一部系統、全面、深入研究香港中資企業發展、演變的著作。

郭國燦先生在香港工作多年，對香港經濟發展有深刻的認識，親歷了從香港中資紅籌上市、紅籌資本運營，到亞洲金融風暴衝擊下的紅籌低潮，乃至中資重組再造的全過程，多年來他一直跟蹤研究香港中資企業的發展問題，曾發表多篇有關香港中資的研究論文，對香港中資問題有相當深入的瞭解和研究，並且擁有大量的第一手資料，包括大量公司年報和相關研究報告等，這些都為本書的寫作奠定了深厚的基礎。由他來撰寫本書，是再適合不過的了。

香港中資是一個具敏感性的研究領域，要做到客觀、真實、全面，又要分析深入、透徹，難度相當高。作者在論著中對於香港中資發展中出現的一些問題，如中資企業作為"窗口"的作用問題、中資企業的二元結構、中資信貸危機等等，並沒有迴避，而且都有深入的分析，見解獨到。總體而言，《香港中資財團》是一部研究深入、系統，資料詳實、豐富的有分量的學術著作，對研究香港中資企業發展、研究香港經濟發展，具有重要的學術參考價值。

承蒙作者邀請我在卷首說幾句話，盛情難卻，至感榮幸，乃不揣譾陋，撰寫此短文為序。

馮邦彥

暨南大學經濟學院教授、博士研究生導師

張鴻義序*

　　我和作者多年前相識，但見面機會不多。約兩年前，在綜合開發研究院（中國深圳）一次研討會上，見到了久未謀面的郭國燦博士。他提及三聯書店（香港）有限公司邀寫此書，並告知對是否承擔及如何入手尚在思索之中。由於我曾在香港和澳門的中資企業工作多年，對香港回歸前後和亞洲金融風暴前後，中資企業的地位和作用及其所面對的機遇與挑戰均有所了解，因此，儘管知道這是一個學術性和政策性強的工作，我仍然鼓勵博士接受邀請，參與對香港中資企業的歷史和現狀的深入客觀研究，以填補這一領域之不足，並爭取能對促進香港中資企業今後之持續健康發展有所幫助。

　　後來在香港國際金融大廈又見到了郭博士。這次他帶來了兩年來他辛勤耕耘的成果，並希望我給予意見。幾天來抓緊拜讀，深感耳目一新，獲益良多。個人認為此書：首先是歷史感拂面，客觀概括了一百幾十年來，特別是中華人民共和國成立後及改革開放四十年來香港中資企業的發展歷史和現狀；其次是透明度高，實事求是地探討了香港中資企業發展中的成敗得失，並提出了一些獨到的個人見解；第三是專業性強，作者比較熟悉香港經濟、企業的經營管理和資產經營、資本運作，有關分析到位；四是作品通俗易懂，可讀性較好；五是研讀本書不難感受到作者的研究功力和為寫作所付出的努力。

---

*　本文作者曾任中國銀行港澳管理處副主任、南洋商業銀行董事長、中國銀行澳門分行總經理、深圳市副市長、中國銀行深圳分行行長、綜合開發研究院（中國深圳）常務副院長。

因工作關係，過往時有看到個別中資企業的研究和分析報告，但像本書這樣對香港中資企業做系統性研究的專著，還是首次讀到，實在難能可貴。其中，作者對亞洲金融風暴和全球金融海嘯中之中資企業所作分析較有獨到之處，其直面中資信貸危機和紅籌企業低潮的研究客觀中肯，對香港中資在1998年反思後的調整、改革和成效有較深入的研究。作為一個活躍在珠三角的企業管理人和研究愛好者，本人長期關注香港經濟和香港社會的發展、內地和香港合作動向及香港企業的運作特點，因此，藉此機會也談幾點體會，與作者及讀者分享：

　　作為高度開放的國際自由港和聯繫中國與世界的重要橋樑，香港是各國資本和各種勢力較量的重要市場。華資、中資和國際資本在這個市場上各有千秋，他們將長期共存，並在既競爭又合作中此長彼消，呈波浪式發展。

　　香港中資企業發展取決於內地和香港兩個大環境的變化。建國七八十年來，香港中資企業發展大體上可分為兩大階段：前三十年，國際上的冷戰環境、內地處於階級鬥爭和計劃經濟的時代，令在港中資企業呈現數量少、發展慢、影響小的特點，這是國際大環境和國家相關政策共同作用的結果。後面的幾十年，在全球經濟一體化、國家實行改革開放政策和香港於1970年代經濟起飛及1980年代面對回歸祖國大局已定的大環境下，內地和香港的政治、經濟和社會環境均發生了巨大變化，這為香港中資企業的生存、發展、壯大提供了土壤和條件。

　　內地改革開放以來，香港中資企業的發展大體上也經歷了兩個階段：一是1979-1997年，內地改革開放初期，各省市和相關各部委競相下海，學習 "游水" 階段，出現了 "窗口企業潮" 和 "北上發展波"；二是1998年後，經歷了亞洲金融風暴洗禮、中資信貸危機和紅籌企業低潮的考驗，香港中資企業在整頓、鞏固、改革、提高中逐步走上了新的發展軌道。這其中的經驗與教訓對香港中資企業及其他企業，特別是打算 "走出去"

的中資企業均是一筆寶貴的財富。

總結香港中資企業幾十年來的發展歷程，不難看出，從法律上講，其定位應首先是香港企業，其次才是中資屬性。因此，遵守當地的法律法規、市場運作規則和執行內地相關政策要求均十分重要。而在發揮外派員工骨幹作用同時，努力培養和使用本土各級經營管理人員，也是增加企業社會融入度、提高企業管治水平的重要因素。而在同樣的大環境和政策指引下，個別中資企業發展的快慢、好壞，其主要負責人及班子成員的政策和業務的水平、管理能力和品德作風，十分關鍵。因此，選好董事長、總經理和建立良好的公司治理機制至為緊要。

承蒙作者厚愛，邀請我作序，盛情難卻，乃提筆草書如上。如有不妥之處，敬請指教。

張鴻義

目錄

第三章　北上衝擊波

第四章　"三化"大擴張

第五章　紅籌企業的崛起

第六章　中資紅籌的低潮與復興

緒 論

位於中環心臟地帶的中國銀行大廈於1951年11月19日落成啟用

一　歷史的起點

香港中資財團的起源，至少要追溯到晚清洋務運動，追溯到古老的中華帝國與西方列強的第一次大碰撞。

公元1500年左右是世界歷史的重要界標，歷史重心正從地中海經濟圈向大西洋經濟圈轉移，人類歷史的全球化也由此正式拉開序幕。

一批國土面積不大、人口不多的西歐小國開始先後崛起登上世界歷史的大舞台，並通過殖民等活動發展成為當時的世界性大國：借助於航海與地理大發現，葡萄牙與西班牙率先崛起，並以"教皇子午線"為界，於1494年第一次粗線條地將全球瓜分，隨後，葡萄牙佔領了中國的澳門；17世紀憑藉造船、金融、貿易和海上擴張，"海上馬車夫"荷蘭小國也一躍成為海上霸主，甚至一度攻佔中國的台灣；尤其是後起的英國，憑藉着近代議會民主、工業革命和強大的海上軍事力量，先後打敗西班牙、法國，並在19世紀建立起一個無遠弗屆的全球最大的殖民帝國，確立了世界霸主地位。

然而直到19世紀中葉，古老的中華帝國還茫然不知外界近四百年之巨變，仍然按照"華夏"與"蠻夷"的古老朝貢體系的"國際秩序"，處理同西方列強的外交關係；仍然借助人力、畜力等交通、生產和生活的主要工具與動力，生活在以北京為中心的30天半徑生活圈中，國人仍然按照士、農、工、商的社會排序和"日出而作，日入而息"的節奏，過着封閉、緩慢而安祥的生活。

然而，一切都從1840年開始巨變。中國開始被迫走上早期梯度開放之路：中國在第一次鴉片戰爭中失敗，除香港島被割讓外，廣州、廈門、福州、寧波、上海作為第一批條約口岸，被迫開埠通商；第二次鴉片戰爭的失敗，令條約口岸又增加了牛莊、登州、淡水、潮州、瓊州、南京、鎮江、漢口、九江、台南和天津等11處。這標誌着封閉的中國第一次向西方世界開放了沿海和沿江口岸城市，條約口岸成為中外共管、文化混雜的現代化城市的雛形。到1900年簽訂《辛丑條約》，中國沿海、沿江、沿邊和內地幾乎全方位開放，但這是一種完全被迫的被掠奪式的開放。

在這些條約口岸和沿海地區，旗昌、怡和和寶順等一批外資洋行，開始僱傭通事（翻譯）和買辦，經營新式航運和貿易等業務。由於清政府禁止本國商人經營洋輪運輸，於是賺得第一桶金的華商買辦們開始採用租賃、參股外資輪運洋行等方式，甚至自置洋輪掛洋旗享受"外資"特權，自由航行於各條約口岸。

在戰爭中體驗到洋槍洋炮威力的晚清地方督撫，率先發起"求強"、"求富"的洋務運動。作為中國第一項民用工業和中國現代化先驅的輪船招商局就以"求富"為目的應運而生，當擁有經濟、軍事、外交大權的李鴻章，與擁有資本與新式輪運經營管理經驗的華商買辦結合起來時，招商局就出現了第一次發展高潮。

八年抗日戰爭的結束，大量日偽船隻的接收，以及第二次世界大戰結束後，美國大量的戰爭剩餘物資包括船隻的廉價處理，迅速地擴大了招商局船隊規模和數量，而國民黨政府與美英簽約，廢除外國輪船在中國的種種特權，導致外國輪船在中國沿海、沿江航線的退出，為招商局的經營發展提供了新的機遇，招商局出現了第二次發展高潮。

新式銀行、新式旅遊產業也被引入中國。從戶部銀行到大清銀行，再到民國時的中國銀行，中國金融早期現代化歷程就此呈現：從上海商業儲蓄銀行的附設機構旅行部到中國旅行社的誕生，新式旅遊產業的發展歷程得以展現；華潤則是香港中資機構中最早的一家由中共在抗戰中創辦的企業。

1949年是一個新舊交替的界標，每一個企業、每一個企業人都面臨着從未有過的命運選擇；結果一部分去了台灣，大部分留在大陸，還有一部分到了香港。在1949年前後撤退到香港的內地資本，加上早前內地資本在

香港設立的分支，合起來便是最早的香港中資。招商局也是一分為二，去
了台灣的總公司經過幾十年輾轉遷移，早已不復存在；留在大陸的部分已
變身為中國人民輪船總公司，只有作為分局的香港招商局保留了百年商號
與品牌，賡續着不絕的薪火。

　　1950年代，內地開始了**轟轟**烈烈的工商業公私合營的社會主義改造運
動，最終結果是，所有企業均納入到大一統的社會主義計劃經濟體系中，
私有經濟被斬草除根。而留在香港的中國銀行香港分行及大大小小各類內
地資本在香港的銀行、保險機構及其分支均被納入統一管理，領導機構是
中國銀行總管理處駐香港總稽核。這就是後來的香港中銀及其12家成員銀
行的來歷。

　　中華人民共和國的成立，特別是朝鮮戰爭的爆發，導致了以美國為首
的西方世界對新中國的全面封鎖和禁運，加之國民黨台灣當局對台灣海峽
和東南沿海地區的封鎖和騷擾，中國沿海南北海運通道也被阻斷。如何打
開中國與國外的貿易通道尤其是迅速恢復沿海南北通道，就成為香港中資
機構於1950年代初期的主要任務。

　　在中國內地實行計劃經濟的年代，香港中資機構仍然以開展連通國內
與國外的貿易代理與中轉業務為核心：香港中資銀行以資金融通配合和支
持內地對香港出口和轉口貿易，吸收僑匯和開展當地存貸款業務；招商局
則主要承擔國輪在港的全部代理與中轉業務；華潤公司是中華人民共和國
在港澳地區和東南亞地區的貿易總代理；港中旅則是受國家委託，辦理港
澳台同胞和海外僑胞等來往內地等業務的接待機構，並成為香港與內地之
間的鐵路貨運總代理。

　　其實，這就是一種"窗口公司"，不過，這個"窗口"開得很小，而
且是壟斷和唯一的。

二　"窗口"時代

真正的"窗口"時代始於1978年。

大一統的高度集權的計劃經濟體制，從1978年開始鬆綁。從此，中國的改革開放朝着"放權讓利"的路徑漸進推動。

因為是漸進，因此，不是開大門，而是開"窗口"並朝兩個方向放大：區域的梯度開放先是4個特區"窗口"，再是14個沿海城市，然後延伸到沿海、沿江、沿邊的全方位開放；企業的開放先是"中信"窗口，然後是伴隨外貿體制的放權，各部委、各省市在香港直接設立的貿易"窗口公司"，如雨後春筍，紛紛冒起，香港中銀集團、華潤集團、光大集團等更引領了香港中資朝集團化、多元化和國際化（以下簡稱"三化"）大擴張。"窗口公司"主要發揮三大功能：進出口貿易、招商引資、內外聯絡與接待。

在計劃經濟裏打滾了三十年之後，初涉市場經濟，中國當時的現實是缺少企業經營人才，於是擁有解放前企業運營隔代歷史經驗的"兩老"——榮毅仁、王光英出山，開始了中國"窗口公司"艱難創業的第一步。

無知者無畏。1980年代初，第一批進入香港開設貿易"窗口公司"的拓荒者，大多連打西裝領帶才剛剛學會，就直接進入了國際市場，早期的現狀是，一無資金，二無人才，三無經驗，唯有一點政策性代理作為支撐，但當這種優惠性政策也全部放完後，只剩下一身膽氣和激情，在驚濤駭浪裏學習游泳。大浪淘沙，有的在嗆水後沉沒，而有的在嗆水後游上勝利的彼岸。

於是，正是這批香港"窗口公司"，為內地改革開放和現代化建設，打通進出口貿易通道，引進境外資金、技術設備和管理經驗，發揮了開路先鋒的作用。但是經歷外貿體制五次放權改革後，進出口貿易成為完全競爭性行業，當內地生產企業均擁有進出口經營權後，貿易"窗口"這種純代理貿易便日顯多餘了，到1990年代後期便出現幾乎整個行業的沉沒，只有部分貿易"窗口公司"由於1980年代中期以後就開始從代理貿易向自營貿易、工貿結合轉型，尤其是向多元化業務轉型後，方開始真正在市場獨立地求生存，實現了成功突圍。

在"窗口企業"潮南下香港的同時，香港中資企業湧現了北上內地潮，以招商局、港中旅開發深圳蛇口工業區與華僑城為代表，引領了中國早期的改革開放與城區開發建設，從而產生了蛇口模式與華僑城模式，其經驗迅速向全國擴散與移植。在1990年以浦東開發為代表的第二輪開放浪潮中，招商局、中信泰富、上海實業又一次引領了第二波中資企業北上潮，為內地進一步改革開放提供了支持和動力。

"窗口公司"早期的資金融通十分艱難，大概在1980年代中後期以後，因為"窗口信用"的產生而出現轉機。

中國經濟的快速發展與香港回歸問題逐漸明朗後，以各級內地政府為背景的"窗口公司"，逐漸在香港的外資銀行獲得了一種"窗口信用"，既不需要抵押擔保，也不需要資信財務審查，僅憑政府背景或者政府出具的承諾函、安慰函，就可獲得大量銀行貸款。這是一種中國式的特殊信用，它的存在前提是，即使貸款人破產，貸款人背後的政府也會保證外資銀行信貸資金的安全性、流動性和效益性，政府將確保貸款銀行收回本息。

"窗口信用"的誕生，是香港中資"三化"大擴張的前提和資金基礎。正是憑藉"窗口信用"，資金源源不斷地流向了香港中資企業，並通過中資企業流向內地市場，這在很大程度上支撐了香港中資集團從1980年代後期開始的大規模多元化快速擴張，無疑也支持了內地改革開放與現代化建設。

在"放權讓利"改革氛圍中，中資企業內部也是層層放權，當母公司將投資、人事、財務各類權限放給子孫公司後，母子公司關係便演變為母公司貸款，子公司投資，子公司投資失誤，母公司買單的惡性循環中，而且隨着子孫不斷衍生，管理鏈條越來越長，投資失控、管理失控便成為常態，這種企業縱向的無限多級化，輔之以企業業務橫向的無限多元化擴張，加之信託金融全能化的國投模式的濫用，終於在亞洲金融風暴中引發了廣信危機。

廣信破產與粵海重組，宣告了這種"窗口信用"的破產，自此，政府為"窗口公司"全面保底的"父愛主義"結束了，貸款銀行須按照市場經濟的基本原則，以企業信用而非政府信用來決定其貸款取向，"窗口公司"更不能打着政府信用無限地套取銀行貸款，一切風險由貸款人自擔。

"窗口公司"曾為中國內地經濟現代化，發揮了招商引資的重要"橋樑"和中介作用。但隨着中國加入世界貿易組織（World Trade Organization, 簡稱WTO）後，全方位開放成為一個制度性安排，外資已經大規模主動進入中國。再有，經過幾十年的發展，中國已經從匱乏經濟時代進入一個剩餘經濟時代，不僅產能過剩，兩萬餘億美元外匯儲備和二十餘萬億元人民幣的居民存款，更使中國擺脫了資金飢渴的束縛，因此，國家和地方政府已經不再依賴"窗口公司"的招商引資功能。

加之，隨着內地與香港經貿關係越來越密切，過去那種由"窗口公司"代行政府辦事處的職能，既無必要，也不符合政企分開的原則，於是，"窗口公司"的接待辦事處職能於2003年正式取消。

與此同時，原屬各部委的"窗口"中央企業正式劃歸國資委統一管理，"窗口"功能在制度上已經不復存在。

但是，"窗口"畢竟代表了一個時代，它代表封閉了幾十年的中國經濟正在逐步走向開放但又未全方位開放的過渡時代，"窗口公司"為中國的改革開放和經濟建設作出了歷史性貢獻。

"窗口"時代的終結是一個歷史新起點，標誌着香港中資財團逐步解決政企不分的問題，真正邁向市場化。這是歷史的進步。

三　紅籌時代

其實，通過 "窗口信用" 獲取無抵押無擔保之銀行貸款，僅僅只是香港中資企業融資的一個管道。從1980年代末到1990年代，香港中資企業更掌握了資本運營，開創了一個紅籌時代。

提起香港中資財團資本運營，不能不提中信泰富，不得不提榮智健。榮智健主掌的中信泰富無疑是香港中資紅籌中，資本運營最早且最成功者，當內地資本市場尚未誕生，大多數香港中資企業還處在 "提籃小賣" 的貿易代理和商品經營階段時，中信香港於1980年代中後期已經開始大規模兼併、收購，並實現中信泰富 "買殼" 上市，從商品經營、生產經營跨越到資本運營，並率先躋身香港藍籌股。隨後的粵海投資和華潤創業也通過 "買殼" 實現紅籌上市，後來也躋身香港藍籌股。

1992年是中資紅籌發展史上的一個里程碑，招商局的海虹集團、中國海外發展、中旅國際投資和越秀投資在同一年開啟了直接上市的先河，掀起了紅籌股上市熱潮。

1993年，一批註冊在內地的國有企業，也開始實現在香港聯交所掛牌上市，從此以後，香港資本市場多了一個新品種：H股企業。

隨後，一批批紅籌企業和H股企業連番上市，到 "九七" 回歸前，上實控股、深業控股和北京控股代表中國三大城市概念股，掀起了紅籌狂飆。而光大則通過收購等方式，同時擁有了三家香港上市公司和一家新加坡上市公司，"光大系" 通過相互參股併購香港上市公司而將 "染紅" 潮推到極致。

物極必反。掌握了資本運營，是香港中資企業的一個歷史性突破，從此以後，香港中資企業開始明白資本運營是低成本融資和快速超常規發展的根本路徑。但是，資本運營也存在着高風險，當香港資本市場不斷以 "中國概念"、"重組" 概念、"染紅" 概念等推高股價，市盈率被炒至數百倍甚至上千倍，而沒有基本業績支撐時，紅籌股泡沫就越吹越大，隨着亞洲金融風暴與中資信貸危機的爆發，紅籌股泡沫破滅，紅籌股的市值及股價陷入持續的低迷。

隨後，一批有業績、有技術含量的科技類、資源類和金融類的企業（如：中國移動、中銀香港、中海油、中國聯通、中國聯想）相繼進入香港藍籌股，一舉改變了過去炒作題材、概念的歷史，成為紅籌復興的基石。

與此同時，香港中資財團也對"資本運營"的神話進行了反思與糾偏：資本運營與生產經營和商品經營猶同一部車子的兩個輪子，互相補充，缺一不可。

在中資企業的信貸危機中，一批中資紅籌企業更開始戰略重心的調整和轉移：香港是資本運營和融資的重心，而投資和擴張的重心將"北望神州"，開拓更廣闊的內地大市場。

四　行業巨頭時代

以廣信破產與中資信貸危機為起點，香港中資開始了清理整頓重組的"瘦身"戰略，有的企業"瘦身"長達十年；而有的企業則在這次危機中，從香港中資企業版圖上，徹底消失。

然而，另一批財務相對健康的企業已經上路了，北上開始了全國的佈局和大規模擴張。

為了這一次上路和擴張，也為了不再重蹈上一次"三化"大擴張時廣信式的覆轍，華潤、招商局等中資企業開始從基礎功課做起，開始了一場靜悄悄的管理革命：學習和實踐韋爾奇的GE模式、制度經濟學、麥肯錫、管理會計以及平衡計分卡、KPI、標桿管理、ERP等現代管理工具等等。香港中資正式告別無知者無畏的時代，向國際標桿看齊，職業經理人團隊開始出現。

此時，中國正在進入改革開放以來的第三個經濟週期的黃金機遇期，出現了百年一遇的經濟"井噴"。

而且，2001年底中國正式加入WTO，香港中資企業如何在外資大規模進入中國市場前，搶灘登陸，搶佔先機，這又是一個千載難逢的機遇。

華潤集團一馬當先，先後在地產、電力、啤酒與百貨、醫藥等領域攻城略地，迅速佔領市場，實踐着韋爾奇的名言：要麼第一，要麼第二，要麼賣掉；同時通過在香港資本市場不斷地注資、批股、分拆和私有化，來支撐其內地的全面擴張和併購。

招商局從整合深圳西部三大港口群開始，僅用五年時間，就完成了在珠江三角洲、長江三角洲、環渤海、東南沿海和西南沿海等全國五大港口群的佈局，一舉奠定中國第一的公共碼頭運營商的地位。

港中旅通過搶灘中國內地旅遊市場，合併重組中國三大旅遊集團之一的中國中旅集團及兼併一批中小旅行社，並通過打造成系列的旅遊高端產品，牢固地確立了中國最大的旅遊業航母地位。

中國海外集團憑藉其過硬的施工技術、地盤管理、合約分判與成本預算控制等多方面優勢，穩健擴張，成為中國地產和香港承建產業當之無愧的領軍企業。

中銀香港從共和國成立開始，就是香港中資的龍頭企業。在1979年開始的改革開放歷程中，迅速崛起，引領香港中資集團化浪潮，並躍居香港金融行業巨頭，特別是在香港經濟低潮中，重組上市，創造了逆市輝煌。在21世紀初第三波中資北上內地擴張潮中，也許受行內區域分工條件約束，似乎顯得內斂而不張揚，除旗下南洋商業銀行外，基本穩守香港。但是在《內地與香港關於建立更緊密經貿關係的安排》（Mainland and Hong Kong Closer Economic Partnership Arrangement，以下簡稱CEPA）實施後，在香港開展人民幣業務，特別是在跨境貿易人民幣結算試點以後，中銀香港成為香港地區首家提供跨境貿易人民幣結算與清算的銀行，必將在未來人民幣發展為自由兌換的國際性貨幣與香港發展成為人民幣離岸金融中心進程中，發揮重要作用。

香港中資企業從改革開放初期正式起步，僅用了十五年左右時間，到"九七"香港回歸前後，已經打造出一批資產和市值超過百億港元的企業；然後，又用了十年左右時間，成功地打造出一批資產、市值超千億港元的企業，並躍升到中國多個行業的領軍地位。到2006年底，十大總資產過千億港元的香港中資企業就有中銀香港、中國移動、網通、華潤、中海油、工銀亞洲、聯通、招商局、中信國際金融、交通銀行香港分行，到2013年底，資產規模過千億的達27家。中資行業巨頭時代正在來臨。

香港中資企業近四十年特別是近十年超常規發展歷史證明，在中國這個高成長性經濟體中，誰能有效利用香港資本市場，佔有了中國市場，誰就佔據了行業的制高點，成為行業的巨頭。

五　歷史地位與作用

香港中資企業雖然歷史悠久，源遠流長，大抵經歷了1872-1949年、1949-1979年、1979年至今這三個階段，但作為一個資本共同體，在香港獲得大發展並發揮重要作用主要還是最近四十年。

近四十年來，香港中資借助於內地改革開放與香港國際金融中心及香港回歸這幾大因素，迅速崛起。內地四十年快速經濟增長為香港中資的發展提供了發展的動力和廣闊的市場，而香港開放自由的資本市場，則提供了多元的融資通道和不竭的資金來源。

香港中資的快速發展和壯大，反過來又促進了香港的繁榮穩定與內地的改革開放。

作為一個群體，中資已成為香港經濟不可或缺的組成部分，其作用也更加彰顯：據國務院國有資產監督管理委員會公開網站（2017年6月21日）發佈：截至2015年底，香港中資企業共有4,037家，擁有總資產19.83萬億港元，在港僱傭員工人數近7.5萬人。其中，資產規模超過1,000億港元的中資企業有27家。另據港交所統計，截至2013年底，在港上市的內地H股、紅籌股及非H股民營企業共797家，佔港交所上市公司總數的48.5%；其市值達13.69萬億港元，佔香港股市總市值的56.9%。2013年，上述內地企業股份成交額為8.04萬億港元，佔港交所上市公司成交總額的71.6%；當年內地企業在香港上市集資額3,085.5億港元，佔香港股市總集資額的82.4%。可以說，中資企業已成為香港股市的主要增長動力。內地企業在港上市，不僅為自身發展壯大籌集了大量資金，也為香港股民和投資機構提供了巨大的投資空間。從行業分佈來看，香港中資企業經營業務廣泛，目前在銀行、保險、旅遊、航運、港口、電訊、油氣、建築、出版等領域均佔有重要份額。其中，中資銀行機構總額資產規模佔香港同類機構資產總額的四分之一，年吸納存款和發放貸款額分別佔香港同業市場的近三成，市場份額僅次於以滙豐和渣打為代表的英資銀行。此外，中資企業還承擔着鮮活冷凍商品、淡水等維繫香港民生的大量基本生活物資的供應，踴躍參與香港社會事務和公益慈善活動，積極履行企業的社會責任。多年來，香港中資企業在發展壯大自身實力的同時，亦在維護香港繁榮穩定、促進內地改革開放和現代化建設及加快實施"走出去"戰略等方面，作出了重要貢獻。

　　特別是香港中資紅籌與H股的崛起，進一步優化了香港的資本結構，形成了香港英資、華資和中資三分天下的格局，香港中資已成為三大資本財團中的重要一極。反映在資本市場，就是紅籌股企業與H股企業的異軍突起，改善了香港證券市場產品的結構、品種和規模，改變了過去香港股市地產、金融服務類比例過重的結構，新增了移動通訊、石油、煉油、電信、能源、港口、採煤、煉鋼、機場、公路、汽車製造、製藥等工業類、資源類產業，也新增了一批如建行、中行、工行與中國人壽等超大型金融、保險企業，正是這一批超大型企業上市以後，使香港股市於2005-2007年連續三年創下總市值、成交額和籌資額的歷史新高，並於2006年將香港年度IPO（Initial Public Offerings,首次招股集資）總額推到了全球第二的地位，並使香港股市躍升為全球第七大股市。

而且，2007年至今，紅籌＋H股市值連續多年佔香港市值50%左右，成交量連續多年超過總成交量的50%左右，中資紅籌、H股企業已經穩佔香港股市半壁江山。

2008年10月底，面對呼嘯而來的金融海嘯，中國移動仍以1.36萬億港元市值，第一次超越擁有1.1萬億港元的滙豐金融帝國，躍上了香港市值"一哥"的巔峰。而在當時香港十大市值上市公司中，代表紅籌的中國移動與代表H股的建設銀行、工商銀行、中國石油，佔據了近一半的席位。而且這幾個企業均已進入《財富》雜誌評選的"世界五百強"。

在1999年前，33隻香港藍籌股中，主要還是華資與英資的天下，2007年前甚至還根本沒有H股的一席之地。到2016年，在50隻香港恒生指數成份股（藍籌股）中，紅籌股與H股分別入選了12隻與11隻，中資紅籌加H股在藍籌股中也幾乎擁有半壁江山。

香港中資在內地改革開放和現代化建設中，發揮着引領示範和溝通內外市場的橋樑中介作用。招商局、港中旅曾經以蛇口模式與華僑城模式引領了中國早期的改革開放與城區建設，不僅如此，香港中資還為內地經濟建設引入了大量資金、技術和設備。截至2006年底，香港中資企業和內地企業從香港股票市場累計籌資1.5萬億港元，香港中資在內地擁有各類資產已達14,099億港元，95%以上的僱員、80%的固定資產、85%以上的企業所得稅均在內地。（參見中聯辦經濟部編：《回歸十年來的香港經濟與香港中資企業》，第43-46頁）

中資正在嘗試"走出去"戰略，招商局等均在探索如何走向國際市場。特別是近年來，為配合"一帶一路"國家戰略，招商局在全球五大洲

19個國家和地區的49個港口開始佈局，這將會打造一批擁有全球經濟競爭力的國際巨頭。

中國的復興和崛起已成為一個全球關注的話題。從各種經濟指標看，中國正在邁向一個世界性經濟大國。但是，我認為，作為一個世界性經濟大國，還有兩個指標值得關注：

一個是如何培育幾個或一批有着全球輻射力或國際輻射力的國際性城市，這是一個世界性經濟大國的基礎，拙著《回歸十年的香港經濟》最後歸結到一點：一個或幾個世界都市的形成，乃是中國崛起的題中應有之義。

另一個是如何培育一批市場化程度高、具有全球經濟競爭力的行業巨頭或跨國公司。企業是一國經濟的細胞，而一批行業巨頭或跨國公司的出現，則是中國崛起的另一個基礎。香港中資是中國企業最早經受國際市場磨練的資本共同體，有責任也有能力在中國崛起的歷史進程中發揮生力軍的作用，在不久的將來，力爭打造一支共和國的跨國公司群體，參與全球經濟奧林匹克的競爭。這就是筆者寫作本書的期望。

香港中資從1872年走來，歷經百年滄桑，邁入行業巨頭時代和航母時代。作為"共和國長子"國有企業的代表，香港中資財團正行進在未來的航程中。我們不妨借用招商局的一段主題曲歌詞，表達我們對"共和國長子"——香港中資財團的祝福：

中資航程有多遠，1872到今天；
中資航程有多遠，1872到永遠！

作者謹識

2009年7月23日

2017年5月28日修訂

圖1　回歸以來，中資財團對香港經濟和香港社會所起的作用比之前更加重要。

第一章

百年激蕩：
從 1872 到 1978

　　從1840年鴉片戰爭開始，中國進入激蕩的時代。戰爭、賠款、開埠、通商，特別是以近代工業文明為動力的西方資本的進入，在瓦解中國傳統的農業文明的同時，也刺激了民族新興工商企業的誕生。香港中資集團中，資格最老、歷史最久的招商局集團（以下簡稱"招商局"）、中銀香港（集團）有限公司（以下簡稱"中銀香港集團"）、香港中旅（集團）有限公司（以下簡稱"港中旅"）的歷史源頭可以追溯到這段激蕩的歲月，並隨着朝代的不斷更替，或重組，或分拆，或兼併，沉浮起落，時空轉換，先後遷移香江，加上抗戰時期以聯和行起家的華潤（集團）有限公司（以下簡稱"華潤集團"），成為香港四大老牌中資財團。

一　李鴻章與輪船招商局的崛起

　　1873年（同治十二年）1月19日，寒風凜冽，驚濤拍岸，一艘掛着雙魚龍旗的貨輪"伊敦"號滿載着貨物從上海啟航赴港。這是輪船招商局的第一艘輪船的首航。[1]第一次就航赴香港，彷彿昭示着未來的發展歸宿。

　　輪船招商局的誕生是中國農業文明與西方工業文明大碰撞大衝突後的必然結果。

　　1840年，英國殖民者以"堅船利炮"轟開中國國門，中英《南京條約》催生了五口通商；第二次鴉片戰爭又導致共計11個沿海和沿江的城市的更大範圍的開埠通商，中國發生了"千古未有之奇變"，外國輪船進入中國領海，在中國條約口岸設立輪船公司，開闢並壟斷了中國內河航線與沿海航線。在1862-1863年間，上海至少有20家洋行經營輪船業務，其中包括先在廣州與香港開設的英資洋行怡和（Jardine,Matheson & Co.）、寶順（Dent & Co.）以及美國的旗昌（Russell & Co.）等。李鴻章當時看得很清楚："各口通商以來，中國沿海沿江之利，盡為外國商輪侵佔。"[2]

　　外國商輪興盛，直接打擊了中國傳統航運業，尤其是承擔漕運的沙船業面臨滅頂之災。

　　所謂"漕運"，主要是指清代南糧北運或北豆南輸，被視為"天庾正貢"、"一代之大政"，漕運原走大運河，後運河淤塞，從1826年起開始海運，用於海運的主要運輸工具是"沙船"（又名"沙寧船"，一種適於水淺沙多海道的平底船，因空載時須裝沙壓船而得名）。道光年間，聚集在上海的沙船多達三千餘艘，盛極一時。外商機器輪船在速度、裝載量等方面的優勢，迅速衝擊沙船市場。到1870年代，上海沙船僅剩400艘。因此，靠沙船承擔漕運已成問題。

　　在經歷兩次鴉片戰爭以及太平天國農民戰爭後，湘系及淮系出身的封疆大吏如曾國藩、李鴻章等認識到發展現代軍事工業之必需，於是發起洋務運動，開始採用"官辦"形式在1860年代興建製炮局、江南製造局等軍事工業，但清朝經過多次戰爭打擊，割地賠款後，國庫空虛，財政支絀，而當時士紳商人和買辦等民間資本活躍，估計有6.45億銀兩。[3] 但由於清朝政府嚴令限制華商購置洋輪從事商運，導致那些在對外貿易中獲得豐厚利潤的華商買辦，往往選擇附股於外資洋行輪運企業，華商附股最多的美國旗昌洋行，華商資本竟佔了六七成；除此之外，華商也選擇租賃外商輪船，託名某洋行，從事客貨運輸，甚至自置輪船懸掛外國旗幟以規避禁令航行於內地港口。這些做法導致了大量稅收的流失。李鴻章開始認識到不能靠財政辦企業，要吸納民間資本尤其是買辦資本走一條新路，"官總其大綱，察其利病，而聽該商董等自立條文，悅服眾商，冀為中土開此風氣，漸收利權"。[4] 後來，他概括為"商為承辦"，"官為維持"，[5] 這就是"官督商辦"企業輪船招商局的創辦緣由。

　　李鴻章（1823-1901年）無疑是晚清最具實權的封疆大吏，1870年官拜直隸總督兼北洋通商大臣後，他開始掌管外交、軍事、經濟大權。李鴻章是近代中國最具爭議的歷史人物，以翰林院一介書生投筆從戎，參與鎮壓太平天國，促成所謂"同治中興"，隨後開辦軍事工業，創辦民用工業，籌建北洋海軍。甲午戰爭和八國聯軍之役，又將他推到風口浪尖的簽字台，簽下了備受罵名的《馬關條約》和《辛丑條約》。從此以後，貶之者斥之為"喪權辱國"，讚之者稱之為"儒家愛國者"（The Confucian Patriot）和"務實派"，美國著名外交官科士達（John W. Foster）則評價為："李鴻章不但是中國當時所孕育的一位最偉大的人物，而且綜合其多方面的才能而言，他是上一世紀所有國家中最獨特的人物。"[6]然而，就李鴻章創辦輪船招商局這一事實，大概沒有爭議。李鴻章自己也曾得意地說，招商局乃是他"四十年來最得手文字"。

1872年12月26日，清廷批准直隸總督兼北洋通商大臣李鴻章關於創辦輪船招商局的奏摺。1873年1月17日，輪船招商公局在上海南永安街正式開局營業。

一個新企業的啟動和初期發展，離不開啟動資金（股本）、穩定的收入來源和經營人才的選用等方面，李鴻章利用手中的權力，為輪船招商局的發展提供了不少便利。

輪船招商局初定招股資本100萬兩，但開辦初期認股效果不理想，於是李鴻章利用權力撥借練餉制錢20萬串，預扣利息後，實收折合銀十二萬三千餘兩作為啟動資金。此後他又多次以官款借貸形式解決輪船招商局資金周轉困難等問題，並採取"分年還本，緩繳利息"的優惠政策。在招商局借款中官款佔比最高曾達100%（見圖表1-1），直到1890年該局才還清官款。

李鴻章作為北洋通商大臣，掌控着津海關、北洋運輸等經濟事務，他憑藉手中權力，將漕運及承運官物等業務交予輪船招商局，使之成為其一項穩定的業務收入，僅這項收入就可以沖抵全年的開支，直到清朝滅亡前，招商局一直享有運送漕糧的特權。與此同時，李鴻章還通過減免關稅等優惠政策，使招商局享有從上海至天津隨漕運貨免天津進口稅二成的特惠政策等。

圖表1-1　**輪船招商局資本和利潤**（1873-1893年）　　　　（單位：兩）

年份	資本			借款		利潤（V）	利潤率
	共計 （I = II + III）	股本 （II）	借款 （III）	其中官款 （IV）	官款佔借款 （$\frac{IV}{III}$ × 100）		（$\frac{V}{I}$ × 100）
1873-1874	599,203	476,000	123,023	123,023	100.00	81,608	13.62
1874-1875	1,251,995	602,400	649,595	136,957	21.08	156,144	12.47
1875-1876	2,123,457	685,100	1,438,357	353,499	24.58	161,384	7.60
1876-1877	3,964,288	730,200	3,234,088	1,866,979	57.73	359,162	9.06
1877-1878	4,570,702	751,000	3,819,702	1,928,868	50.50	442,418	9.68
1878-1879	3,936,188	800,600	3,135,588	1,928,868	61.52	353,545	8.94
1879-1880	3,887,046	830,300	3,035,746	1,903,868	62.28	268,751	6.91
1880-1881	3,620,529	1,000,000	2,620,529	1,518,867	57.96	292,799	8.09
1881-1882	4,537,512	1,000,000	3,537,512	1,217,967	34.43	347,757	7.66
1882-1883	5,334,637	2,000,000	3,334,637	964,292	28.92	308,095	5.78
1883-1884	4,270,852	2,000,000	2,270,852	1,192,565	52.52	155,002	3.63
1886	4,169,690	2,000,000	2,169,690	1,170,222	53.93	306,882	7.36
1887	3,882,232	2,000,000	1,882,232	1,065,254	56.60	464,389	11.96
1888	3,418,016	2,000,000	1,418,016	793,715	55.97	537,043	15.71
1889	3,260,535	2,000,000	1,260,535	688,241	54.60	442,890	13.58
1890	2,750,559	2,000,000	750,559	90,241	12.02	252,669	9.19
1891	2,685,490	2,000,000	685,490	——	——	277,011	10.32
1892	2,664,825	2,000,000	664,825	——	——	298,804	11.21
1893	2,345,735	2,000,000	345,735	——	——	529,973	22.59

資料來源：張國輝著，《洋務運動與中國近代企業》，第168-169頁，中國社科出版社，1979年版。

　　為招商局挑選、配置合適的領軍人物和搭配得力的經營班子，李鴻章也是煞費苦心，晚清招商局三任領軍人物及經營班子人選均出自他的手筆。

　　第一位領軍人物朱其昂（？-1878年）是一位淞滬鉅賈，早年在上海等口岸經營貿易，承辦海運和漕運數十年。1872年受李鴻章命擬定《招商章程》，在上海設局招商，任總辦。朱從英國購置了第一條貨輪"伊敦"號並從上海首航香港，開始募股招商。

　　由於朱屬於舊式漕運人物，並不熟悉新式輪船業務，加之招股不力，籌資有限，於是半年後李鴻章另委廣東香山富商唐廷樞任總辦，徐潤、盛宣懷、朱其昂及其弟朱其詔為會辦。

　　唐廷樞（1832-1892年）、徐潤（1838-1911年）二人分別為怡和洋行、寶順洋行的總買辦和買辦，又是香山同鄉，具有豐富的經營新式輪船的經驗，而且附股於洋行，擁有豐厚資本。唐上任後，先是將局址遷至上海三馬路，又將"輪船招商公局"名稱改名為"輪船招商總局"，下設天津、漢口、香港等十餘個分局，香港分局局董由廣東茶商陳樹棠擔任。是為招商局在香港設點之濫觴。

　　與此同時，招商局開始募股招商、購船和開闢長江與南北洋航線。鑒於航運業屬於高風險行業，又募股創辦"仁和保險公司"與"濟和船棧保險局"（後改稱"濟和水火險公司"）。1877年收購美資旗昌洋行船產後，招商局曾擁有輪船29艘，達30,526噸（如圖表1-2），到唐廷樞主政的最後一年（1883年），招商局江海輪船達到26艘，總噸位達33,378噸，此後二十餘年一直維持在這個規模上下。先後開闢了津—滬、滬—漢、滬—港—穗、滬—牛莊、滬—長崎、滬—呂宋線等長江、南北洋航線和日本、東南亞國際航線，1879年還首航檀香山（夏威夷）、1881年首航英國。與此同時，招商局第一期議招股本100萬銀兩於1881年完成，次年又擴招股100萬兩，由於社會"爭相附股"，很快於1883年完成，而且1880年前後兩年，水

腳收入（航運收入）除開支外，年均節餘六十餘萬兩，棧租6萬和12萬兩，
利息支出減少，折舊提成增加，在這種形勢下，招商局的股票價格飆升，
從1876年面值100兩市值只有40-50兩，上升到1882年的200兩以上，[7] 反映
了市場對招商局股票的信心。招商局的早期發展達到了第一次高潮。

圖表1-2　招商局江海輪船統計（1872-1901年）

年份	艘	噸	年份	艘	噸
1872	1	619	1887	25	31,900
1873	4	2,319	1888	26	33,063
1874	6	4,088	1889	27	34,090
1875	9	7,834	1890	26	32,789
1876	11	11,854	1891	28	36,481
1877	29	30,526	1892	27	35,318
1878	25	26,916	1893	26	35,457
1879	25	26,916	1894	26	35,457
1880	26	28,255	1895	24	34,531
1881	26	27,827	1896	23	33,807
1882	26	29,474	1897	26	39,632
1883	26	33,378	1898	27	41,171
1884	26	33,378	1899	27	41,171
1885	24	31,420	1900	29	43,947.2
1886	24	31,420	1901	29	43,947.2

資料來源：《國營招商局七十五週年紀念刊》，附表。

　　中法在越南的緊張局勢導致了1883年上海金融危機的發生，上海出現
了錢莊倒閉、商舖停業、樓市狂跌的金融危機，長期負債經營的輪船招商
局在金融危機衝擊下現金流出現問題而陷入困境，加之唐廷樞、徐潤又有
挪用招商局資金等問題，更是雪上加霜。1884年，唐、徐二人離局。次年
李鴻章劄委盛宣懷為督辦，馬建忠、謝永福為會辦。

　　盛宣懷（1844-1916年），1870年成為李鴻章的幕僚，1873年任輪船招商局會辦。與唐廷樞、徐潤的商人身份不同的是，盛宣懷是由官入商，盛主政招商局後，"官督"的成份加大。在盛宣懷主政的近二十年時間裏，招商局基本停留在唐廷樞時期的規模，但利潤率有所提高，唐廷樞時期除前一兩年外，大多在10%以下，盛宣懷時期大多在10%以上（圖表1-1）。盛的主要精力不再僅限於招商局，還通過招商局廣泛參與投資創辦了電報局、華盛紡織總廠並籌辦或接辦了湖北漢陽鐵廠、蘆漢鐵路、萍鄉煤礦等近代工業。而實際主持日常經營工作的是馬建忠（1845-1900年），馬上任適逢中法戰爭，為了避免局輪在戰爭中遭受損失，根據戰時習慣作法，他將招商局所有輪船資產明售暗託給美資旗昌洋行，並與旗昌達成售產換旗行駛的協定，即招商局輪船在戰時掛美資旗昌旗行駛，以避免因中法戰爭爆發而遭受損失。1885年招商局收回全部資產。

　　李鴻章對這三任領導人的選拔任用策略無不體現了"官督商辦"的特點，從一開始，就是由他的親信盛宣懷起草招商局有關章程，但他深知盛不過是一個沒有經營經驗的幕僚，領軍人物還得由懂經營管理的人擔任，因此，先是挑選舊式航運業商人，繼而換馬熟悉新式航運的買辦，但完全將一個企業交由商人掌控可能失控，於是委派盛宣懷名為"會辦"，實則行監督職責。果然，盛後來發現唐廷樞和徐潤有以私船附局、爭控貨源和挪借公款炒地產等問題。李通過官系及商系人員互相制約，官督商辦，同時也避免其他派系（如南洋派系）染指，從而使新式航運業牢牢掌控在他的北洋系手中，直至他去世為止。

二　輪船招商局與旗昌、怡和和太古的較量

　　招商局從誕生之日起，就面臨着與外資同業的激烈競爭，其中主要是與美資旗昌輪船公司與英資怡和洋行（Jardine Matheson，舊名"渣甸洋

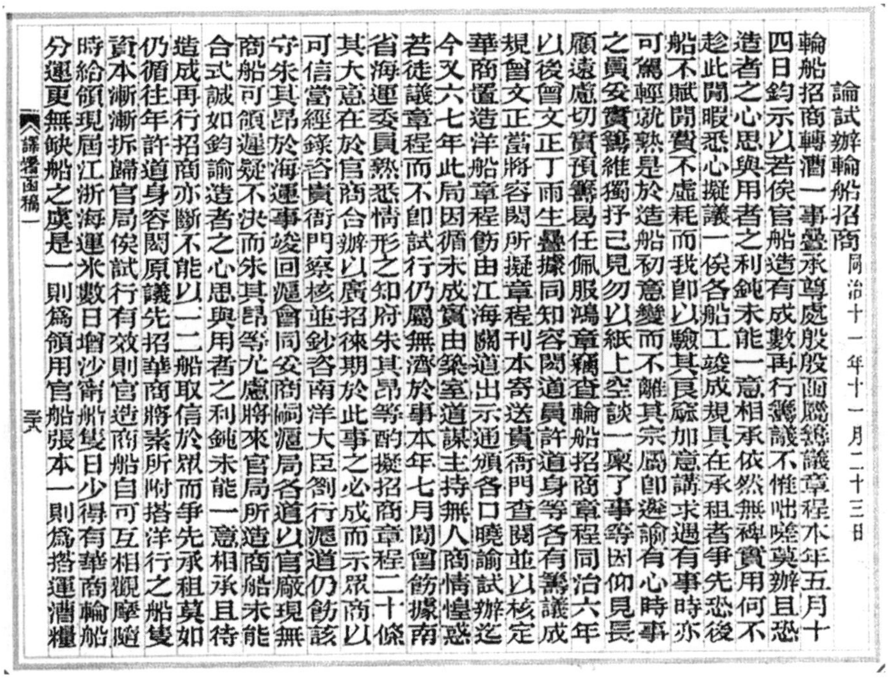

論試辦輪船招商 同治十一年十一月二十三日

輪船招商轉漕一事疊承尊處般般函飭議章程本年五月十四日鈞示以若俟官船造有成數再行籌議不惟咄嗟莫辦且恐造者之心思與用者之利鈍未能一意相承依然無裨實用何不趁此閒暇悉心擬議一俟各船工竣成規具在承租者爭先恐後船不賦閒費不虛耗而我即以驗其良窳加意講求遇有事時亦可駕輕就熟是於造船初意變而不離其宗屬即遴諭有心時事之員妥實籌維獨抒己見勿以紙上空談一稟了事等因仰見長顧遠慮切實預籌曷任佩服鴻章竊查輪船招商章程同治六年以後曾文正丁雨生疊據同知容閎道員許道身等各有籌議成規曾文正嘗將容閎所擬章程刊本寄送貴衙門查閱並以核定華商置造洋船章程飭由江海關道出示通頒各口曉諭試辦迄今又六七年此局因循未成實由築室道謀主持無人商情惶惑若徒議章程而不即試行仍屬無濟於事本年七月閒曾飭據南省海運委員熟悉情形之知府朱其昂等酌擬招商章程二十條其大意在於官商合辦以廣招徠期於此事之必成而示眾商以可信當經錄咨貴衙門察核並鈔咨南洋大臣劄行滬道仍飭該守朱其昂於海運事竣回滬會同妥商嗣滬局各道以官廠現無商船可領遲疑不決而朱其昂等尤慮將來官局所造商船未能合式誠如鈞諭造者之心思與用者之利鈍未能一意相承且待造成再行招商亦斷不能以一二船取信於眾而爭先承租莫如仍循往年許道身容閎原議先招華商將素所附搭洋行之船隻資本漸漸拆歸官局俟試行有效則官造商船自可互相觀摩隨時給領現屆江浙海運米數日增沙衛船隻日少得有華商輪船分運更無缺船之虞是一則為領用官船張本一則為搭運漕糧

《譯署函稿》一 三六

圖2 1872年11月23日，李鴻章致總理衙門函。

圖3 唐廷樞像

圖4 徐潤像

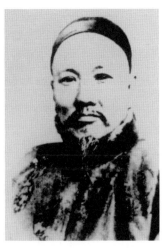

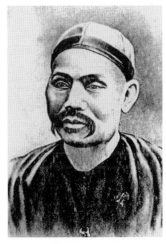

行"）、太古洋行（Butterfield & Swire Co）的競爭。

旗昌洋行（Russell & Co.，是19世紀遠東最著名的美資公司）的前身是美商沙墨爾‧羅塞爾（Samuel Russell）於1812年在廣州創立的"羅塞爾公司"，1824年改名為"旗昌洋行"，初期經營鴉片和絲茶貿易，1862年創辦上海旗昌輪船公司，經營滬粵及長江兩大航線，1867-1872年壟斷了長江航運。

1877年3月，開業不到五年的招商局一舉收購了財雄勢大的美資旗昌輪船公司的全部財產，在業界引起轟動。

招商局收購旗昌輪船，主要基於三個因素：

一是招商局由於李鴻章等地方督撫大員的大力支持和政府的特許經營權、優惠政策以及唐廷樞、徐潤的經營管理，短短幾年，其規模就已超過怡和、太古，而與旗昌不相上下，已具備收購實力。

二是外資輪船公司的相互競爭已威脅到旗昌在長江航線的壟斷地位，壟斷經營多年的旗昌輪船，使用的是舊式木質輪船；而後起進入中國的太古洋行，由於使用新式鐵質輪船，比旗昌洋行有更強的競爭力，威脅到旗昌洋行在長江航線的霸主地位，加之連年的削價競爭，旗昌已開始出現虧損。

三是南北戰爭後，美國國內出現新的投資熱，國內投資機會的增加，使旗昌開始考慮退出競爭回國發展。

正是在多個因素作用下，招商局於1877年以220萬銀兩的價格收購旗昌江海輪16艘及各類駁船、躉船，從而在江海航運上減少了一個競爭對手。不過，對唐廷樞、徐潤主持的這次洽購，外界提出了質疑，認為收購價格偏高，收購的舊船又大又舊，造成了後來的企業虧損。

以經營鴉片貿易起家，1832年創建於廣州的英資怡和洋行，於1843年北上上海，第二次鴉片戰爭後開始參與中國江海航線的爭奪。1867年，怡和洋行與當時壟斷長江航線的旗昌洋行簽訂為期十年的協議，退出長江航線，發展上海以南沿海航線，後逐漸擴展南北洋及長江航線。

由英商斯維爾（Jchon Swire）與巴特費爾德（R.S.Butterfield）於1866年在上海創建的太古洋行，雖然晚起於怡和洋行、旗昌洋行，但以後發優勢購置鐵質船搶佔長江航運，打破了旗昌洋行在長江航運上的壟斷。

招商局收購旗昌輪船公司後，江海航運形成招商局、怡和、太古三足鼎立之勢。

面對招商局的崛起，太古洋行、怡和洋行"拚命爭擠，故意減低水腳（運費）"，三方展開了削價競爭，惡性競爭導致三方都受損。1877年，太古洋行與招商局簽訂了中外航運界第一個為期三年的"齊價合同"；1878年，怡和洋行也與招商局訂立類似的齊價合同。

"齊價合同"並不是一種簡單的價格協定，而主要是以劃分協議各方在各條航線上的營業份額為主要目標的經濟合同，以此形成一種類似業界壟斷聯盟關係，營業份額是根據協定各方擁有輪船規模與實力強弱分配的，如第一次齊價合同規定，長江航線營業額的比例，招商局為55%，太古洋行為45%；北洋航線，招商局佔60%，怡和洋行為40%，當時招商局的總噸位已有了三萬餘噸，太古洋行、怡和洋行直到1882-1883年才達到二萬二千噸和一萬二千餘噸。齊價合同還對航次、運貨載客、水腳攤派比例等作了約定。

第一次齊價合同實施一年半，就因怡和、太古的競爭而遭到破壞，直到清朝覆滅共計三十四年間，共簽訂七次合同。儘管有人認為齊價合同的壟斷性壓抑其他民族航運企業的發展，但在當時，招商局敢於與外國航運企業進行"商戰"競爭，打破洋行對航運的壟斷而發展民族航運業，其意義是不可低估的。

三　輪船招商局與早期現代化

輪船招商局的誕生，不僅是中國近代從軍事工業向民用工業轉型的開始，更關鍵的是，它引領了中國早期現代化和工業化。

招商局率先採用近代交通工具從事航運活動，制定和實施了中國第一批航海規程，開闢了中國第一條內河、近海和遠洋商業航線，與西方航運資本進行了長期的抗爭，並收購了美資旗昌行，增設內河小輪運輸，建立了當時中國最大的內河航運網，創辦了中國最早的水陸、分段等多式聯運，創辦了保稅倉儲業務，為建立現代運輸方式、進出口貿易的發展作出了可貴的探索，為建立中國現代航運業奠定了基礎。還率先從產權形式上引入了近代股份制，引入近代企業制度與新式企業管理方式。

不僅如此，輪船招商局還投資和帶動中國一批早期現代企業和現代產業群的誕生，奠定了現代中國工業體系的基礎。

從1880年代以後，招商局的輪船規模沒有大的擴張，而是如圖表1-3所示向航運業以外延伸，進行了大量的投資，業務從單一的航運業走向了多元化。從1882年至1909年，共投資其他工業項目20項，投資額達312.77萬銀兩。投資了中國第一家煤礦企業——開平礦務局（1882年）；興建了第一條中國人自己建的鐵路——唐胥鐵路（1881年）；投資興建了中國第一家大型鋼鐵煤炭聯合企業——漢冶萍廠礦公司（1908年）；興辦了中國第一家電訊企業——電報局（1880年）；投資興建了中國第一家華資銀行——中國通商銀行（1896年）；創辦了中國第一家保險企業——仁濟和保險公司（1876年）；投資興建了中國第一家機器生產的棉紡織企業——上海機器織布局（1891年）；在口岸最早興建中國的保稅倉儲業（1887年），最早在中國建立股份制企業，還投資創設南洋公學（上海交通大學前身，1896年），興辦近代新式教育。

但是，由於招商局投資規模過大，戰線過長，遠遠超過了自身的承受能力，極大地分散和削弱其經濟實力。

圖表1-3　晚清招商局對外投資統計表（1882-1909年）

年 份	項 目	金額（單位：銀兩）
光緒八年 （1882年）	安徽荊門煤礦投資 開平煤局投資	60,900 210,000
光緒十四年（1888年）	台灣商務局投資	20,000
光緒十七年（1891年）	上海機器織布局投資	100,000
光緒二十二年（1896年）	中國通商銀行投資	800,000
光緒二十三年（1897年）	上海華盛紡織局投資	320,000
光緒二十四年（1898年）	湖北鐵廠投資	100,000
光緒二十五年（1899年）	萍鄉煤礦投資	100,000
光緒二十七年（1901年）	湖北鐵廠投資 萍鄉煤礦投資	174,000 64,400
光緒二十八年（1902年）	萍礦鐵廠墊款	469,000
光緒二十九年（1903年）	萍鄉煤礦投資 招商內河小輪公司投資 大德榨油公司投資	70,000 50,000 5,000
光緒三十二年（1906年）	萍鄉煤礦投資	217,000
光緒三十三年（1907年）	湖北鐵廠投資 江蘇鐵路投資 浙江鐵路投資 粵漢鐵路投資	186,000 2,372.5 740 679.3
宣統元年 （1909年）	漢冶萍廠礦公司投資	177,600
合計	20項	3,127,691.8

資料來源：（1）交通史編纂委員會編，《交通史·航政編》，第一冊，第312-316頁之“各項投資”；（2）朱蔭貴著，〈論清季輪船招商局的資金外流〉，載於《中國經濟史研究》1993年第2期。

四　百年老店：三次高潮

　　招商局是香港中資財團中資格最老的百年老店，百年發展，迭宕起伏，與百年朝代更替、政局動盪共沉浮。具體說來，經歷了三次發展高潮或三次輝煌：晚清、抗戰勝利後和改革開放三十年。[8]

在經歷了晚清三十年的第一波高潮後，隨着李鴻章的去世和袁世凱的崛起，招商局處在袁世凱勢力、盛懷宣家族及李鴻章後代的政治爭鬥中，發展處於低潮。

1901年，李鴻章死後，袁世凱接任直隸總督，排擠盛宣懷，於1903年任命楊士琦為招商局總理，控制輪船招商局達五年之久，並由官督商辦向商本官辦轉化。1908年，溥儀繼承帝位，光緒帝之弟載灃任攝政王，將袁世凱趕回老家"養疴"，後盛宣懷得清廷信任，官至郵傳部尚書，重新掌控招商局，將袁世凱的官辦改為董事會制，盛任會長，1911年盛又因保路風潮被清廷革職，逃亡日本。

辛亥革命推翻了清王朝，孫中山先生領導的臨時政府宣佈保護私有財產和發展實業政策。盛宣懷的逃亡，也宣告了招商局"官督商辦"時代的結束，招商局於1912年3月召開了第二次股東會，成立新董事會，公推外交家股東代表伍廷芳為董事會主席，招商局更名為"商辦招商局輪船公司"，後又稱"商辦招商局輪船有限公司"，標誌着招商局進入完全商辦時期。

1912-1926年是招商局的完全商辦時期，法國著名經濟史學家白吉爾夫人曾把這個時期稱為"中國資產階級的黃金時代"[9]，是中國資本主義經濟發展最快的時期，但遺憾的是這個時期無論是招商局的航運主營業務，還是棧產等積餘產業（房地產），除了在第一次世界大戰期間有過短暫繁榮，大多數年份仍處於萎縮和虧損狀態。這主要是由於內外交困：外部環境長期處於戰火動盪；內部環境上，招商局在袁氏親信楊士琦、盛氏集團孫寶琦和李鴻章後裔李國傑三者間的權力鬥爭中，貪污腐敗之風盛行。"積弊益深，把持益力"，"幾於無人不弊，無事不弊"，產生了"結黨營私"即三大派系之爭、"鳩佔鵲巢"即洋人長期佔據技術部門和高級船員職務、海損事故頻繁等三大突出問題。[10]

1927年，南京國民政府建立後，輪船招商局逐漸蛻變為"國有"企業，並在抗戰勝利後企業規模擴展到歷史最大，出現了招商局發展史上的第二次高潮。

南京國民政府成立以後，開始準備全面接管招商局，1928年任命趙鐵橋擔任總辦。趙針對長期存在的問題採取了一系列改革措施。主要有：針對腐敗問題重點調查並依法處理了"招商局三大案"，即漢口分局施氏父子（盛宣懷姻親）舞弊案、天津分局麥氏父子舞弊案和李國傑舞弊案；改革管理體制和會計制度；培養本國航海人才，任命一批中國江海輪船船長，初步改變"鳩佔鵲巢"的局面；實施"國有化"改革，在一系列改革中，趙鐵橋作為主政者，一直身處風口浪尖，終於1930年7月遇刺身亡。

經過五年的準備階段，1932年招商局正式收歸國有，著名實業家劉鴻生擔任國營招商局首任總經理，繼續推進發展與改革，添置海輪、擴大營運範圍、開闢新航線、實行海陸聯運。大膽選用專業人才，對總局機關實行"裁員減政"，壓縮開支，弱化理事會的職權，改變過去任人唯親的風氣；廢除買辦制，實行船長負責制等。

國民政府從1927年開始，直到1934年收購結束，共用銀212.63萬兩，收購了價值2,600萬兩的招商局私有股東資產，即以不到十分之一的價格將中國最大的輪船企業收歸"國有"。[11] 從此以後，招商局就由一個商辦商股企業轉變為一個"國有"企業。

由於積弊已深，在體制改變、人員變動的動盪年月，招商局的經營狀況並沒有根本改變。1927-1937年，十年間有九年虧損，最高虧損達232萬銀兩。但到抗戰前夕，共有輪船數84艘，總噸位86,381噸，[12] 仍是當時中國最大的航運企業。

抗戰爆發後，招商局積極投身抗戰，承擔戰時繁重的運輸任務，並配合抗戰需要在長江要塞沉船禦敵，數目多達24艘，總頓位34,520噸，佔招商局江海船舶總噸位的40%，為民族救亡作出了重大犧牲。

抗戰勝利後，招商局總部從重慶遷回上海。根據國民政府交通部批准

圖5　反映當年招商局啟業時熱鬧場面的油畫《開業盛典》

招商局擬定的《接收敵偽船隻辦法》，交通部接收的敵偽船隻，暫交由招商局負責營運。到1946年底，招商局共接收敵偽船隻2,358艘，共計244,125總噸，招商局留用船隻達572艘。其中，招商局還接收了一批碼頭、倉庫、地產，並修造船廠。

1943年，中美政府和中英政府分別簽訂新約，廢除了外國輪船在中國從事沿海貿易和內河航行和引水等特權，太古、怡和等外國輪船從此退出南北洋航線和長江航線，這為民族航運業的發展提供了新的機遇。於是，招商局又大量購買美國等國的大小輪船144艘，總計302,150噸。

通過接收、購買等方式，招商局形成了一支龐大的商船隊，到1948年10月，招商局共擁有大小船舶466艘，計40.4萬噸，各地碼頭68座，加上躉船、房地產、倉庫等，資產價值達1.5億美元。[13]而且，從1945年9月至1948年6月，招商局各項收入、支出和節餘（利潤）均有大幅增長，1947年節餘曾達1,297億元法幣，即使考慮到當時法幣的大幅貶值，這也是一個了不起的增長。這是招商局歷史上的第二次發展高潮。在招商局創立七十五週年之際，蔣介石揮毫題辭："輝光日新"，可見招商局盛極一時的輝煌景象。

關於這段歷史，研究者無論是現在的招商局還是經濟史學者，都會有意迴避，或貶之為"畸形繁榮"。其實，拋開國共兩黨的歷史恩怨，今天，我們可以平心靜氣、客觀公正地研究這段歷史。既然目前我們已經可以對蔣介石在北伐統一中國、抗日的正面戰場以及反對台獨等方面，給予肯定評價，我們亦可以對蔣介石和國民黨支持下的招商局的這段歷史給予積極評價。在招商局百餘年歷史中，這是其第二次輝煌。

好景不長。隨着內戰爆發，特別是國民黨軍隊的節節敗退，以及1948年初爆發的財政金融危機，國民黨政府決定通過出售國營企業來緩和危機。招商局改制為招商局輪船股份有限公司，發行股票600萬股，招商局總局更名為"招商局輪船股份有限公司總公司"，各地分局更名為分公司。

圖6　蔣介石為招商局創立七十五週年誌
慶題詞

圖7　在香港首舉義旗的海遼輪

　　1949年4月，中國人民解放軍（以下簡稱"解放軍"）佔領南京，招商局總公司遷往台灣，撤至台灣的船隻共95艘，計24.6萬噸。[14]

　　1949年5月，上海解放，解放軍上海軍管會處長于眉等進駐招商局上海總公司；隨後，解放軍駐各地軍管會又接管了天津、青島、廣州等各地招商局分公司，接收總計435艘輪船及一萬餘名員工，另有碼頭、房產等龐大資產。

　　1949年9月19日，海遼輪成為香港地區第一艘升起新中國國旗的船舶，並起義回歸大連。1950年1月15日，香港招商局經理湯傳篪、副經理陳天駿率領全體員工共六百餘人和13艘輪船在香港宣佈起義。

　　1951年2月1日，交通部將招商局總公司改稱為"中國人民輪船總公司"，使之與航務總局合併辦公；7月，復撤銷輪船總公司，在交通部內部設海運、河運管理總局。至此，招商局在內地已不復存在。台灣招商局到1972年也被台灣當局新建的陽明海運公司收購。

　　但在香港，1948年10月1日，香港招商局已正式更名為"招商局輪船股份有限公司"，並於1949年2月10日向港英政府辦理註冊手續，領取營業執照。為了避免因更名引起的糾葛，1951年2月15日，香港招商局致函總部，要求保留原名；3月15日，交通部航務總局覆函同意保留原名，"招商局"名稱得以在香港延續至今。在經過多年的業務停頓後，1958年，香港招商局正式成為中國遠洋船舶在香港的總代理；1962年，內地來香港的中轉貨物也全部由招商局承辦。

　　在計劃經濟時代，香港招商局的發展受到很大的限制。但是，除了開展代理業務外，招商局還在香港改建碼頭，興建倉庫，創辦船廠，開展海事貿易，建立船用油漆廠。招商局在香港的碼頭位於港島西區早期的碼頭裝卸區，倉庫位於港島西區干諾道西160號；1965年建立友聯船廠，1965-1978年共承修船舶1,011艘；1972年成立香港海通有限公司，保障國輪的船舶物資供應；1978年建立海虹船舶油漆公司，生產"海鷗牌"油漆並成為知名品牌，招商局還受交通部委託，為國家承擔買船業務。應該指出的是，作為從事航運業務的百年老店，公司當時僅有1.3億港元財產，與同時期財大氣粗的包玉剛、董浩雲等船王相比，在香港工商界的影響非常有限。

從1979年開始，招商局以蛇口工業區作為突破口，開始了改革開放以來的第三次發展高潮和第三次輝煌，此為後話。

五　從戶部銀行到中國銀行

19世紀中葉，自五口通商以後，麗如銀行（上海最早的一家外資銀行，前身是西印度銀行，1845年改名為"東方銀行"）、滙豐銀行、麥加利銀行（即渣打銀行）等一批外資銀行紛紛進入中國開設分行，並很快壟斷了中國的國際匯兌、國際貿易，吸收國人大量存款，非法在中國發行紙幣，通過對錢莊的信貸，控制了中國的主要信用機構。

而中國傳統的金融店舖錢莊和票號在外資銀行的衝擊下逐漸衰落。舊式的錢莊、票號主要是從事銀兩、制錢、銀洋兌換以及保管、收付，經營規模很小，資力有限，無法滿足工業化大生產的需要；其組織形式多為獨資或幾戶合資的無限責任制，風險非常之大。

為了打破外資銀行壟斷，與之"爭利權"，有識之士多建議學習西方，引入近代銀行制，以改造傳統金融制度，直到清朝滅亡前夕，才產生中國第一家近代銀行——中國通商銀行（1896年），比招商局等近代企業晚了二十餘年。20世紀初開始出現官辦銀行，清朝滅亡後，適逢第一次世界大戰，正是在這個西方列強自顧不暇，中國舊的統治秩序瓦解的間歇期，中國民族工商企業迎來了發展的"黃金時代"。在1912-1923年期間，出現了中國近代銀行發展的高潮。中國銀行應運而生。

中國銀行起源於1904年（光緒三十年）的"戶部銀行"。當時清政府要試辦銀行，由戶部撥出庫銀50萬兩正式成立銀行，時稱"戶部銀行"，

圖8　1949年5月28日，于眉被解放軍上海市軍事管制委員會委派，以軍事代表的名義率領接管人員進駐並接管招商局。1950年9月，他擔任了香港招商局起義後首屆董事會董事長。圖為于眉像。

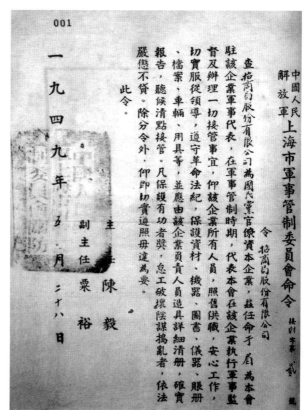

圖9　1949年5月27日，上海解放。圖為翌日由陳毅、粟裕簽署的解放軍軍事接管招商局輪船股份有限公司的命令。

總行設在北京。1908年改稱"大清銀行"，《大清銀行則例》明確其國家銀行性質，賦予其發行紙幣、經理國庫事務和公家一切款項收付以及代公家經營公債票和各種證券等權責。

1912年2月，南京臨時政府將大清銀行改組為中國銀行，令其承擔中央銀行的職能；同年12月，中國銀行總部遷往上海。當時的中國銀行屬於官商合辦，其主要職能為發行鈔票、整理國庫和承匯公款，先後在北京、天津、漢口、廣州等地開設分行。1928年，南京國民政府另立中央銀行，將中國銀行改組為國際匯兌銀行，改組後的中國銀行實權由商股掌握。1935年，國民政府實行金融壟斷政策，通過增資擴股，逐步控制中國銀行。1937年，抗戰爆發，總部西遷重慶，1942年再次改組，成為專業的國際貿易匯兌銀行。1945年總部遷回上海，1949年原總管理處遷往台灣，至1960年在台重新開業。1971年改名為"中國國際商業銀行"，2006年與台灣交通銀行合併為"兆豐國際商業銀行"。而在大陸地區，1949年5月28日，解放軍接管並改組中國銀行總管理處。1949年11月總管理處遷回北京。1950年4月，總管理處劃歸中國人民銀行總行領導。1953年成為國家特許的外匯專業銀行。1979年，中國銀行從人民銀行中分離出來，同時行使國家外匯管理總局職能，升格為國務院直屬機構，專門行使國家外匯外貿專業銀行職能，總管理處改為中國銀行總行。

1917年9月24日，中國銀行在香港文咸東街47號開設支行，隸屬廣州分行管轄，是為中銀在香港之濫觴。1919年2月升為分行，管轄廣東、廣西各行處。貝祖貽任第一任分行經理，任期從1918年至1927年，他是世界著名建築師貝聿銘的父親，曾官至國民黨政府中央銀行總裁。1928-1949年，廣東潮汕籍銀行家鄭鐵如（1887-1973年）擔任香港分行經理。鄭接手後，發現外匯業大有可為，在外匯市場屢出勝招，使香港分行業務在香港銀行業中名列前茅。中華人民共和國成立後，鄭鐵如督率員工保護行產，宣佈接受中國銀行總管理處領導，中國銀行總管理處於1950年1月重新委任鄭鐵如為香港分行經理（1966年退休），鄭鐵如主持興建了位於中環德輔道中的中國銀行大廈，1951年11月大廈落成啟用，是當時香港的最高建築物，成為新中國在香港的象徵。針對當時一些西方國家對新中國的外交孤立和經濟封鎖，鄭主持的中銀及其姊妹行配合國家反封鎖、反禁運，積極支持駐香港的貿易機構經營轉口貿易，開展僑匯業務，成為國家對外經濟活動的窗口、國際經濟金融的資訊平台、國家外匯的重要來源之一，為國家進口建設物資提供外匯支援。1960年代更提供巨額外匯資金，支援交通部組建遠洋船隊。

六 駐香港總稽核與香港中銀成員銀行

1950年6月，中國人民銀行總行派項克方率領金融工作團抵達香港，並於次年委任項克方為中國銀行總管理處駐香港總稽核，從此，開始了對香港中銀及中資銀行和保險公司的新管理體制。

中華人民共和國成立初期，在香港的內地金融資本中，除廣東省銀行因股權關係尚未確定外，共有15家金融機構。這些金融機構分為三類：第一類是中國政府自有的機構，包括南洋商業銀行、寶生銀號和民安保險公司；第二類是總行（總處、總局、總公司）在內地的機構，包括中國銀行、交通銀行、中國實業銀行、新華銀行、福建省銀行在香港的分行和中國保險公司的香港分公司；第三類是內地機構已撤銷，但香港的機構尚未接管，包括中國農民銀行、廣東省銀行、廣西銀行等在香港的分行，以及中央信託局香港分局、郵政儲金匯業局香港分局和中國農民保險公司在香港的分公司等。這些金融機構共有資產52,500萬元，負債47,422萬元，資產淨值約五千萬元，其中，80%集中在中國銀行香港分行，交通銀行香港分行和中國農民銀行香港分行分別佔8%和5%，其餘各行則資不抵債。[15]

但是中國銀行駐香港總稽核室起初並不管轄公私合營銀行各行在香港

圖10　1950年代初，一些西方國家對新中國實行外交孤立和經濟封鎖。中銀及其姊妹行為配合國家反封鎖、反禁運，對進口建設物資提供外匯支持，產生了重要作用。

的分行和地方興辦的銀行。1952年初，成立公私合營銀行聯合辦事處，統一領導各行在香港的分行，包括鹽業銀行、金城銀行、中南銀行、新華信託儲蓄商業銀行、國華商業銀行、浙江興業銀行、中國實業銀行、聚興誠銀行、和成銀行等九家銀行。1954年，中國實業銀行、聚興誠銀行、和成銀行的香港分行宣佈結業，其餘六家則繼續營業，直到1958年才統一歸由中國銀行總管理處駐香港總稽核室領導，原來設立的公私合營銀行聯合辦事處宣佈取消；其後，廣東省銀行、華僑商業銀行等在香港的分行亦陸續歸由中國銀行總管理處駐香港總稽核室領導。[16]

　　經過多年調整、整合，到1965年年底，中國銀行領導下的中資銀行共12家，包括中國銀行香港分行、交通銀行香港分行、廣東省銀行香港分行、南洋商業銀行、寶生銀行、華僑商業銀行香港分行、鹽業銀行香港分行、金城銀行香港分行、中南銀行香港分行、新華銀行香港分行、國華銀行香港分行、浙江興業銀行香港分行。

　　在香港的中資銀行中，中國銀行和交通銀行是香港銀行公會理事；其中，中國銀行香港分行是各行中歷史最悠久、實力最雄厚、經營業務最廣泛的銀行，因而成為中資銀行的核心。上述12家銀行加上集友銀行和中國銀行澳門分行共14家銀行，成為後來中銀集團的成員銀行。

　　交通銀行原係清政府郵傳部為經營輪船、鐵路、電報和郵政等四項事業的資金而設立的官商合辦銀行，成立於光緒三十四年（1908年），總行初設北京，1928年遷至上海，被國民政府指定為特許的發展全國實業的銀行，成為當時中國四大銀行之一。中華人民共和國成立後，總管理處遷往北京。1954年，中國人民建設銀行（今中國建設銀行）成立，基本建設投資撥款業務劃歸建設銀行。1958年，除香港分行繼續發展外，交通銀行其他業務併入人民銀行；1986年7月，國務院批准重新組建交通銀行。1987年4月，重組後的交通銀行正式營業，總管理處遷至上海。

　　在這14家銀行中，有八家屬內地銀行的香港分行：廣東省銀行、新華

圖11　圖為20世紀初的文咸街，中國銀行香港支行便是誕生於此。

銀行、中南銀行、金城銀行、國華商業銀行、浙江興業銀行、鹽業銀行、集友銀行。

　　鹽業銀行、金城銀行與中南銀行屬於舊中國時代所謂"北四行"中的三大銀行。"北四行"因大多先後創辦於北洋軍閥統治時期的北方而得名。當時北洋政府財政拮据，需常年向銀行借款或發公債，刺激了銀行的發展。鹽業銀行創建於1915年，總管理處設在北京。當時最有錢的主要是軍閥、官僚和私人資本家，發起人張鎮芳長期擔任鹽運使，聯絡了一批軍閥、官僚做發起股東。而鹽業收入是當時財政收入的主要來源，鹽業銀行明確以經營鹽務為宗旨，主要經營鹽運公司存貸款、債券、設備改良、匯兌，故名。鹽業銀行香港支行創設於1919年。

　　金城銀行創設於1919年，總行設於天津，其發起股東主要由北洋軍閥、官僚與銀行企業家組成，1936年在香港設分行。1938年10月，金城銀行的創立者、銀行家周作民在香港設立特別會計機構（簡稱"港總處"），負責總行分行外幣賬務事宜。金城銀行是"北四行"的核心支柱。

　　中南銀行創設於1921年，總行設於上海。中南銀行股本來源於華僑商人的投資，創設者為南洋華僑商人黃奕住，另外，還有著名報人史量才、金融家胡筆江和實業家徐靜仁。中南銀行以創造北四行準備金聯合發行的中南紙幣成為民國"八大發行商業銀行"之一。為了吸引僑商存款，中南銀行進一步開發了匯兌業務。該行於1934年12月設立香港分行。

　　新華銀行、浙江興業銀行屬於民國時期"南四行"中的兩大銀行。新華銀行於1914年10月在北京創立，當時的名稱為"新華儲蓄銀行"，1925年一度改為"中華商業銀行"，不久恢復舊名。1931年遷總行於上海，王志莘（1896-1957年）任總經理後，改組為新華信託儲蓄銀行，業務發展迅速，躋身"南四行"之列。新華銀行於1937年在香港設立分行。

　　浙江興業銀行是中國最早的民營銀行之一，創立於清光緒三十一年（1905年），在清末浙江保路運動中成立的浙江鐵路公司為最大的股東，總行設於杭州，1915年總行遷移上海，在1927年前，其存款總額在私營銀行中基本處於首兩位。浙江興業銀行於1946年在香港設立分行。

　　廣東省銀行原係孫中山先生於1924年8月在廣東創辦的中央銀行，享有發行紙幣等權責；1929年為區別南京中央銀行，改組為廣東中央銀行；1932年，廣東省當局為循名責實，再改名為"廣東省銀行"。廣東省銀行香港分行於1929年設立，辦公地址設於中環遮打道5號皇后行。

　　國華商業銀行前身為國華銀行，成立於1928年6月，總行設於上海。國華銀行香港分行係於1938年10月設立。[17]

　　還有四家銀行屬於在香港註冊成立的銀行：南洋商業銀行、寶生銀行、集友銀行和華僑商業銀行。集友銀行由愛國僑領陳嘉庚先生所創，1947年在香港註冊開業，是香港第三十九間領有執照的銀行；1952年獲准為外匯銀行公會及香港銀行票據交換所會員行；1959年獲准為外匯授權行。截至2009年，在香港設立23間分行，在福州、廈門各有一間分行，2001年10月起，成為中銀香港的附屬機構。

　　南洋商業銀行係由愛國僑領、香港知名金融家莊世平（1911-2007年）於1949年12月借款創建。他還於1950年6月創辦了澳門南通銀行（1987年更名為"中國銀行澳門分行"）。1949年，莊世平在香港升起了第一面五星紅旗，在半個世紀的金融生涯中，莊先生將南洋商業銀行發展成為中資銀行中僅次於香港中國銀行的第二大銀行。1982年，莊先生在深圳經濟特區設立南洋商業銀行深圳分行，這是中國改革開放以後的第一家外資銀行分行。南洋商業銀行在香港已有41間分行及多間投資服務中心、工商服務中心，在內地及美國均有分支行。2006年7月版的《亞洲週刊》羅列的亞洲三百大銀行中，以資產總值計，該行排名第一百六十七位（在香港特區被列為第八位）；以資產回報率計，列第十四名。1987年和2001年，莊先生在自己家境並不富裕的情況下，先後將其所創辦的澳門南通銀行與香港南洋商業銀行無償交給國家。

圖12　1950年1月，中國銀行香港分行經理鄭鐵如在員工大會上發言。

圖13　圖為中國銀行總管理處駐香港總稽核項克方抵港後所拍攝的中國銀行大廈營業廳內景。

圖14　1982年1月9日，莊世平先生為南洋商業銀行深圳分行所在的南洋大廈奠基。

圖15　1980年代初，莊世平（左一）與李嘉誠（左二）等攝於汕頭大學校園工地。

　　寶生銀行的前身為寶生銀號，於1946年設立。1949年2月，寶生銀號改組為寶生銀行，後在香港皇后大道中83號開業，張錫榮任總經理，經過半個世紀的發展，寶生銀行到1997年總資產達449億港元，在世界一千家大銀行中排名第三百一十三位，成為中銀系統的第三大銀行。[18]

　　華僑商業銀行由印尼華僑創辦，於1962年4月在香港註冊成立，1965年成為中銀集團成員之一。之後實力隨之壯大，服務面也不斷拓展。1979年購入香港中區一幢商業大廈作為總行及行政總部。進入1980年代，該行資產和業務迅速擴展。2009年前後，該行在香港九龍、新界各區共有分行21間，並在汕頭設有分行。

　　1964年，中國銀行總管理處召開海外行會議，對香港中資銀行的工作作了明確規定：（1）中資銀行應充分利用香港的有利條件，大力配合內地對香港的出口和轉口貿易；（2）加強華僑服務工作，努力吸收僑匯；（3）努力吸收存款，壯大資金力量；（4）適當開展當地業務。這一時期，香港中資銀行在存款及貸款的業務，經辦及吸收僑匯，以及支持國家對外貿易的發展等方面都取得了良好的成績。20世紀60年代中，香港爆發了銀行危機，多數銀行的存款急劇下降，但在香港中資銀行的存款不但沒有下降反而上升。

　　1975年6月，經中國銀行總管理處同意，部分在香港的中資銀行，包括中國銀行、交通銀行、新華銀行、金城銀行、中南銀行、鹽業銀行、浙江興業銀行、國華商業銀行、廣東省銀行等決定擴大各行總行的股本額，股本增加部分全部為政府股本；其中，中國銀行股本從1,980萬元人民幣增加到4億元人民幣，每股仍為人民幣33元。私股由原來佔三分之一（即20萬股共660萬元人民幣），下降到1.6%；公股則由原來佔三分之二增加到98.4%（見圖表1-4）。[19]

圖表1-4　中國銀行等九家銀行增資情況（1975年）　　（單位：人民幣，萬元）

行名	原有股本	增資後股本額	增加倍數
中國銀行	1,980	40,000	19.2
交通銀行	1,800	10,000	4.6
新華銀行	900	8,000	7.9
金城銀行	900	8,000	7.9
中南銀行	800	5,000	5.3
鹽業銀行	500	5,000	9.0
浙江興業銀行	700	5,000	6.1
國華商業銀行	500	5,000	9.0
廣東省銀行	800	8,000	9.0

資料來源：中國銀行行史編輯委員會編著，《中國銀行行史（1949-1992）》，上卷，第463頁，中國金融出版社，2001年版。

圖表1-5　港澳中資銀行各行人數及機構數（1978年底前）

行名	1951年底員工數	1965年底員工數	1978年底員工數	1978年底機構數
香港中國銀行	90	178	463	7
南通銀行	20	28	282	7
交通銀行	50	194	438	12
南洋商業銀行	20	252	654	15
廣東省銀行	45	140	350	12
新華銀行	24	198	505	14
中南銀行	30	120	380	11
金城銀行	32	140	375	9
國華商業銀行	37	115	313	9
浙江興業銀行	18	45	272	7
鹽業銀行	23	60	310	8
寶生銀行	30	45	115	1
華僑商業銀行	1962年4月開業	45	264	8
集友銀行	1968年委聘香港中國銀行代管		300	4
總數	419	1,560	5,021	124

資料來源：《中苑》特刊，2007年第9期。

20世紀50年代以來，香港中資銀行雖然有了一定程度的發展，不過，直到20世紀70年代末，它們在香港的發展一直較為低調，主要業務僅限於融通內地與香港的貿易，向對華貿易有關的企業及個人開展存款及貸款的業務，經營人民幣匯款等。1970年中國恢復在聯合國的席位後，中資銀行的經營方針開始轉趨積極，如建立分行網絡吸收存款、與中資以外的企業及個人建立業務聯繫、接受香港房地產和證券的抵押，等等。

七　從"聯和行"到華潤

招商局與中國銀行都是歷經晚清、民國時期與中華人民共和國成立後的"三朝"企業，而華潤則從其誕生之日起，就與中國革命、與中國共產黨分不開。"紅色"性質使其早期歷史多少蒙有一層神秘的面紗。

華潤（集團）有限公司（以下簡稱"華潤集團"）起源於1938年在香港註冊的聯和行。1931年5月，時任中共江蘇省委組織部長的陳雲接任中央特科負責人，剛從莫斯科回國不久的博古（秦邦憲）將自己的弟弟秦邦禮介紹給陳雲，23歲的秦邦禮成為陳雲的部下。1937年抗戰爆發，國共第二次合作。1938年1月，廖承志等在香港設立"香港八路軍辦事處"，時任中央組織部長的陳雲派楊廉安（又名"楊琳"，為秦邦禮的化名）到香港以開公司作掩護，協助辦事處工作，於是便有了地址設在中環畢打街畢打行六樓的"聯和行"的誕生。

當時聯和行的主要任務是配合宋慶齡的"保衛中國同盟"保管和運送海外華僑的捐款捐物，協助八路軍、新四軍採購藥品、通訊器材、運輸車輛和兌換外幣。抗戰勝利後，楊廉安將"聯和行"改組為"聯合進出口公司"。東北根據地建立後，陳雲負責經濟工作，提出東北大力發展對外貿易，打通東北與香港貿易通道的構想，將東北大豆、糧食、中藥、人參和土豆等運往香港，在香港換取港幣，購買東北需要的藥品和工業用品。

圖16 1938年，華潤的前身
"聯和行"在香港成立。圖為
該行創始人楊廉安。

圖17 華潤公司首任董事長
錢之光

圖18 1948年，位於中環畢打行
六樓的聯和行進行了擴大改組，
更名為"華潤公司"。

1948年1月18日，[20]　"聯和行"更名為"華潤公司"；"華"代表中國，"潤"取自"潤之"（毛澤東的表字），寓意"中華大地，雨露滋潤"。1948年8月，錢之光（1900-1994年）被派至香港，成為華潤公司第一任董事長，楊琳任經理。華潤公司開始從秘密、半秘密的狀態轉向半公開和公開的狀態，業務也從"進口為主"轉向"進口與出口並重"，新中國的第一家外貿企業宣告正式誕生。

1949年，華潤公司派員進入國民黨在香港的招商局、中國航空公司、中央航空公司均成功策反起義，令招商局13艘貨輪、兩家航空公司數十架飛機，順利回到新中國；同時，歷經艱難險阻，分七批將三百五十餘名民主人士和七百餘位文化名人和愛國華僑運抵解放區，進入北平（今北京），參加首屆新中國政協會議，制定新的憲法《共同綱領》，產生首屆中央人民政府。

1950年12月，以美英為代表的西方資本主義國家開始對新中國實施全面"禁運"。為打破"封鎖"，重新打開對外貿易的通道，根據中央關於對香港"長期打算，充分利用"的方針，1951年，華潤公司成立運輸公司——興隆行，在香港組織承運公司和人員，將我方物資運往澳門南光公司，再由南光公司將物資通過拱北運往內地，當時運送的貨物包括鋼板、汽車輪胎、橡膠、盤尼西林（又叫"青霉素"）、燒碱、鐵皮等軍用物資，支援抗美援朝戰爭和內地經濟建設。1952年，華潤公司劃歸中央貿易部管轄，正式成為中國外貿各專業進出口公司在香港澳門地區及東南亞國家的總代理，主要任務是：保證鮮活商品和重要物資供應香港，代理內地各口岸公司對港澳貿易，對香港市場上的內地出口商品進行協調管理。為此，華潤設貿委會以取代董事會，這一體制一直延續至1983年華潤集團成立。

1954年，德隆行、五豐行和深圳南洋貿易公司併入華潤，使該公司得到進一步改組和擴大。此時，華潤進口部設五金礦產組、機械儀器組和化工組，出口部設土產、礦產、食品、雜品、絲綢、茶葉、糧油、畜產等八個組。華潤後來業務多元化，最初可追溯到這些貿易組的成立。

隨着國民經濟的恢復，1953-1954年出口量增加，同時也帶來質量、包裝、冒牌等問題。華潤提出建設"專門的工廠"，後來延伸為建立出口商品生產基地。到1960年，內地建立五大類"出口商品生產基地"。

到1970年代，華潤在香港開始了基礎建設，先後修建了"長沙灣貨倉"、"中大貨倉"，分別於1975年及1976年竣工。1974年為滿足出口石油的需要，華潤提出並實施在香港購買油庫及碼頭（可停泊四艘油輪）。1973年，華潤突破"左"的干擾，開始利用期貨交易所經營糧食、棉花等大宗商品進口業務。

華潤經營零售業也始於1950年代，在當時公私合營改造中，香港的中國銀行、交通銀行等成為國有資產，"中國國貨公司"也隨之成為國有資產，公股佔90%，其香港股份委託華潤全權代表。1958年，華潤控股中國國貨公司，是為華潤正式經營管理零售業之始。

1964年，華潤在香港中環開設大華國貨公司。中國國貨與大華國貨成為香港市場上最知名的國貨商場。直到1993年6月，華潤將兩家合併為華潤百貨，國貨業逐漸式微。2005年，最後一間華潤百貨結業，只保留唯一的一項業務——中國成藥。1998年更名為"華潤堂"，成為擁有近五十家連鎖店的中藥行。

1968年，華潤全面收購了原香港私人零售企業中藝公司，利用出口中國內地工藝品優勢，全力打造香港星光行中藝商場，面積達五萬多平方呎，成為當時香港最大的工藝品商場，香港中國工藝品的總匯和最大的展場，擁有"中國工藝，齊集中藝"的美譽。

與此同時，華潤參與籌備廣交會和"三趟快車"組織銷售工作。

1956年11月10日，第一屆"中國出口商品展覽會"（廣州中國出口商品交易會〔簡稱"廣交會"〕前身）在廣州召開，當時以華潤公司名義發出的邀請函超過二千份，自此以後，交易會每年定期舉行兩屆，成為舉世

圖19　1956年，華潤參與籌辦的"中國出口商品展覽會"（"廣交會"前身）。

圖20　1970年代初，中東地區局勢緊張，引致全球性石油危機，香港的燃油供應也開始呈現短缺，華潤將內地國產石油打入香港市場，緩解了香港的石油危機。

矚目的國際貿易盛會。

在1960年代，為保證香港的食品供應正常，華潤承擔起所謂"三趟快車"的鮮活商品快運工作——1962年3月20日，751次快車從武漢開出，將滿載糧食、鮮活冷凍等商品運往香港，在751次開滿一百列時，國務院決定增開始發上海的753次和始發鄭州的755次兩列快車，這就是著名的"三趟快車"，被視為港澳供應的生命線，這些商品至今仍由華潤公司在香港屬下的五豐行負責組織運輸銷售。

八　中國旅行社：銀行創辦的旅行社

香港中旅（集團）有限公司（以下簡稱"港中旅集團"）作為香港四大老牌中資之一，其歷史至少可追溯到八十餘年前中國旅行社的誕生。

中國旅行社產生的歷史背景

旅行社是製造旅遊產品和提供旅遊中介服務活動的獨立經濟組織，是近代工業革命後的產物。英文travel service（旅遊服務商）、travel agent（旅遊代理商）、tour operator（旅遊供應商），一般都通稱為旅行社，最早產生於19世紀。從英國開始興起的工業革命，為旅行提供了快速省時、低價方便、運輸量大的交通工具，使人類長距離和大規模的流動成為可能，而且隨着鐵路線、公路線的廣泛延伸，鐵路沿線、公路沿線和港口碼頭開始興起旅館、餐館和現代飯店的雛形。

另一方面，產業革命帶動了工商企業的空前發展，工商企業出於業務需要，經常派人外出考察、洽談業務和開拓市場，進行全球範圍的公務旅行；產業革命帶來的節奏緊張的城市生活和嘈雜擁擠的社會環境，促使人們追求放鬆、調整和休閒的慾望日益強烈；產業革命帶來的生活待遇的普

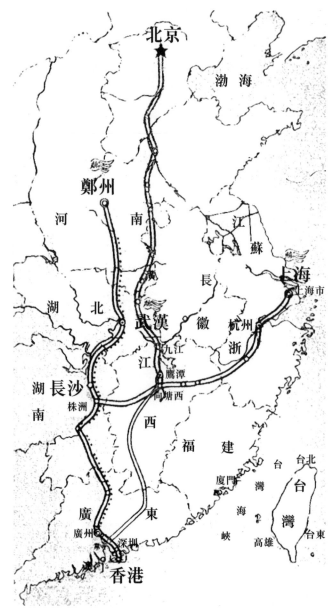

圖21　在1960年代，為保證香港的食品供應正常，華潤、港中旅承擔起所謂"三趟快車"的鮮活商品快運工作。圖為三趟快車的路線圖。

遍提高和有薪假期的出現，使外出旅遊成為可能。顯然，旅行社最早在英國產生，並非偶然。而且旅行社的誕生，帶來了近代新興社會生活方式的產生。

1841年7月，英格蘭牧師湯瑪斯・庫克（Thomas Cook）以參加戒酒運動為號召，組織了世界上第一次包價旅遊，這次活動初步具有了集體折扣付費、團體定價旅遊，以及將吃、住、玩等要素集中和旅行社全陪等特徵，而被公認為第一次現代意義上的旅遊。1845年，庫克正式成立了世界第一家旅行社。隨後，世界各地旅行社如雨後春筍冒現。到20世紀初，英國的湯瑪斯・庫克公司、美國的運通公司（American Express）和以比利時為主的鐵路臥車公司成為當時世界旅行社業的三巨頭。

20世紀初的中國，隨着通商口岸的進一步開放，人們開始認識到旅行的重要性："旅行者，人生之第一快樂事也"。[21]尤其是在被稱為"十里洋場"的上海，一些新興的社交生活方式如舞會、賽馬等西方娛樂休閒方式開始產生，國外旅行社也隨之進入中國，其中最著名的如英國的通濟隆公司（Thomas & Soms, 即湯瑪斯・庫克公司）和美國的運通公司及日本的國際觀光局，基本壟斷了中國新興的旅遊市場。

外國在華旅遊機構的建立，極大地刺激了中國的有識之士，他們感覺到："其自本國出遊外洋者，以國人不諳外情，猶可說也。若夫本國人遊本國地亦須藉外人指導，則可恥甚矣"。[22]正是在這種背景下，新興的旅遊機構應運而生。

1923年8月15日，銀行家陳光甫（1881-1976年）在他自己創辦的上海商業儲蓄銀行（"南四行"之一）設立旅行部，旅行部經理由上海商業儲備銀行副經理朱成章擔任，開始代售滬寧和滬杭兩路車票和輪船客票等，1924年春，組織了第一批國內旅遊團從上海赴杭州遊覽，由鐵路局開專列運送；5月1日，發售內地旅行支票。1925年春，組織第一批由二十多名中國公民組成的赴日本旅遊的"觀櫻團"，經過幾年的經營，旅行部的業務

圖22　中國旅行社創始人陳光甫先生

圖23　1923年8月15日，陳光甫先生於上海商業儲蓄銀行設立旅行部。圖為初期的旅遊標誌。

圖24　中國旅行社創立後，設立出版部，於1927年春創辦《旅行雜誌》，成為近代中國首份專業性的旅遊刊物。

逐漸擴大，先後在鐵路沿線和長江主要港口城市設立11個辦事處。1927年6月1日，旅行部獨立出來，正式成立中國旅行社，陳光甫任董事長，朱成章任經理。旅行分部改稱"旅行分社"，機構分為七部一處：運輸部、車務部、航運部、出版部、會計部、出納部、稽核部、文書處。1928年4月1日，中國旅行社香港分社成立，地址設在中環皇后大道中6號，是為港中旅在香港之濫觴。中國旅行社的成立，標誌着中國近代旅遊業的誕生。

作為銀行家的陳光甫之所以創辦旅行社，是基於以下理由：

陳光甫對歐美各國瞭解甚多，"在英國時，見各銀行皆有旅行部之組織，即較大之商店及百貨商店，亦設有旅行部"，[23]世界三大旅行社的美國運通旅行社也是附設於著名的運通銀行；在英美國家，由銀行辦旅行社，是常見現象。

辦旅行社有助於擴大銀行的知名度和影響力，當有人對銀行辦旅行社提出異議時，陳光甫認為："此見其一，未知其二；且君所盈虧；僅限於表面之數字，實則旅行社之盈餘，有倍蓰於上海銀行者。上海銀行之盈餘，可以操籌而數計，旅行社則不然，蓋天地間事物有重於金錢者，好感（good will）是也，能得人好感遠勝於得人之金錢。令旅行社博得社會人士無量之好感，其盈餘為何如也？"[24]也就是說，雖然旅行社初期可能虧本，但通過旅行社可以贏得人們的"好感"，擴大其影響和知名度，等於是一種無形資產，從而提升銀行的影響力。

創辦旅行社，可以打破外國旅行社的業務壟斷，收回利權，服務社會。陳光甫認為："我行創辦旅行社……目的在於挽回中國之利權，並不在牟利。如通濟隆及運通公司等遠在萬里之外，來吾國設立旅行機關，為人服務，而吾國獨無此項機關，殊足貽人口實。"因此，自辦民族旅行社可以"為國家挽回了不少利權，不然又多送外人許多錢了"。[25]

創辦旅行社可以讓外國人更多的瞭解中國，擴大中華民族文化的對外影響力，陳光甫認為創辦旅行社，可以"引導那些外來的旅客，瞻仰一些真正的名勝，藉機會也讓他們認識認識我們這些泱泱大國的衣冠文物"。[26]

中國旅行社的早期業務發展

中國旅行社的業務，核心是解決旅客的行、住、吃、看等問題，主要有客運、貨運、旅館、遊覽和出版等業務。

代售火車、輪船、飛機客票，為中國旅行社初期的重要業務。它不僅代理國內的票務，業務也延伸到歐美各國。1928年，中國旅行社與英國通濟隆公司訂立合同，規定凡該公司在歐美各城市設立的分支機構，如中國旅行社有顧客前往者，或歐美遊客有來華者，均可憑對方的介紹信，雙方相互之間給予照顧。1929年10月，中國旅行社在上海及南京的分社，取得代售上海和成都之間航空客運線機票的業務。不久，它與中國航空公司訂立合同，代售該公司的飛機客票。1931年 6月，日本國際觀光局在東京召開歐亞客票聯運會議，致函中國旅行社派員列席。中國旅行社由社長陳湘濤率團前往。從此，經營範圍拓展到歐美、日本、蘇聯、新加坡、菲律賓等地。1932年夏，中國旅行社代理上海至津浦、隴海、北寧、平漢、膠濟等鐵路的海陸空聯運客票；代售萬國臥車公司臥鋪票，以及英國、德國、意大利等國的郵船公司航行世界各大港口的輪船所有的客票。

1934年以後，中國旅行社開始辦理貨物運輸業務。它與各公營及私營的部門建立廣泛的聯繫，貨運代理發展較快。他們辦理過長途電話局工程處材料、全國電料，以及各機關的各類器材和農副產品，乃至送往英國展覽的故宮文物。1936年，中國旅行社與英國怡和輪船公司達成協定，為該公司代理業務，主要有囤船管理、貨運兜攬、船頭代辦、倉庫管理、房產照料，代售客票等。同時，一些重要的大型會議，中國旅行社也參與其中。當時在中國舉行的學術會議、博覽會和運動會，如有名的"中華國貨展覽會"，均與中國旅行社合作舉行。

圖25　中國旅行社早年的一幅業務廣告海報

　　開辦招待所、飯店。在解決"行"的問題同時，陳光甫亦興辦招待所，解決"住"的問題。有名的有南京的首都飯店、西安的西京招待所等，到抗戰前夕，已在全國設有八十餘處招待所。

　　中國旅行社也開始涉足保險業務。從1932年春開始，便代理水險、火險、意外險、行李險等保險業務，以滿足貨主對運輸物資的需要。1935年，四海保險公司委託它為該公司個人意外保險的總代理。1936年，它又代理揚子江保險公司的航空保險業務。

　　組織國內外旅遊觀光活動。中國旅行社的業務，主要是接待、組織國內外的旅遊團體。1932年，中國旅行社成立遊覽部，負責辦理旅遊事宜。為拓展空間，擴大需求，中國旅行社建立許多分支機構。到1937年時，分社遠至新加坡，多達66處。1933年12月及1936年11月，中國旅行社組織旅行團。1937年4月，上海分社組團，分別到達華南，到江西、福建、湖南、廣西、廣東等地。夏季，又多次組團到廬山牯嶺、青島、北戴河、莫干山、黃山等避暑勝地。長城內外，大江南北，都可以見到中國旅行社的旗幟。

　　中國旅行社還組織境外旅遊。1933年春，西北回民組團到麥加朝聖。中國旅行社代為辦理，包括申請護照、簽證等，以後每年組織一次。1936年8月，第十一屆奧運會在德國柏林舉行，中國旅行社承辦中國代表團的車、船票業務，並組織參觀團，由海陸兩路前往柏林，並在返回時遊覽歐洲。民國時期，遊學歐美、日本的學生有增無減，中國旅行社開始代辦出國事務。

　　創辦《旅行雜誌》。中國旅行社創立後，設立了出版部，並於1927年春創辦《旅行雜誌》，該雜誌成為近代中國首份專業性的旅遊刊物。《旅行雜誌》初為季刊，從1929年第三卷開始改為月刊，並"更改體例，篇幅放大，文字圖畫之取材將益求精美"。[27]到1942年12月，共出版了16卷。當年8月，在桂林成立出版分社，改為半月刊。1943年上海版停刊，

1944年遷至重慶，抗戰勝利後回上海。解放後，社址遷至北京。1955年，該雜誌改名為《旅行家》。

1931年，日軍侵佔東北，中國旅行社受南京政府委託，承擔故宮博物院國寶秘密南運重任；1937年春，又與南京政府兵工署簽訂合約，承運國防兵工器材，彰顯了愛國情懷。抗戰期間，中國旅行社曾參與秘密營救香港淪陷時期八百餘名愛國民主人士和為美國盟軍服務等工作。

中國旅行社香港分社向港中旅的過渡

1949年5月，上海解放，上海的私營銀行實行公私合營。上海商業儲蓄銀行公私合營後，受到美國制裁，其在美國的幾百萬資產被作為"敵產"凍結。上海商儲銀行為了收回在美資產，遂退出公私合營，結束內地業務，恢復海外業務；同時，宣佈結束旗下的中國旅行社的業務。

1951年7月，原中國旅行社香港分社由中國銀行香港分行接管，1954年轉交中央人民政府中國華僑事務委員會正式接收，經過重組後民營正式轉為國營，並於1954年6月10日獨立註冊為"香港中國旅行社有限公司"。

華僑是中國現代化建設的重要資源。據稱，解放初期，一年的僑匯相當於山西省一年的國民經濟收入，這對於需要大量進口商品又缺少外匯的新中國而言，如何配合國家的外交、外貿和僑務政策，為港澳台同胞和海外華僑、華人服務，具有重要的戰略意義。為此，港中旅在解放後近三十年時間裏，開展了一系列工作：為每年數百萬港澳同胞、海外僑胞入境回鄉辦理入境手續，預訂車船票，安排交通工具和住宿；為香港居民填寫"回鄉委託書"。從1962年起，承擔國家"供應港澳鮮活冷凍商品三趟快運貨物列車"到港貨物接運交貨工作；協助辦理海外客商參加"廣交會"的簽證手續，代訂車票、酒店等整套服務；為尚未建交的美、日等國友好人士入境負責簽證辦理服務及相關接待工作，還開展了有關旅遊、客貨運

持証人注意事項

1. 到达目的地，在当天内持此証向当地公安机关或鄉、鎮人民委員会申报户口，簽章后，申領粮、糖、油等供应票。
2. 此証不得轉借、塗改、遺失。如有遺失，应即报告發証机关或当地公安机关。
3. 隨帶十二歲以下兒童时，附註欄註明。
4. 出境前，須向当地公安机关或鄉、鎮人民委員会註銷户口、加盖印章后，免領出境通行証，即可出境。出境时向边防檢查站繳銷此証。

港澳同胞回鄉介紹書

粵介字 064003 号

姓名＿＿＿＿ 性别＿＿＿＿ 年龄＿＿＿＿

籍貫＿＿＿＿省＿＿＿＿縣(市) 職業＿＿＿＿

去＿＿＿＿省＿＿＿＿市縣＿＿＿＿区＿＿＿＿路鄉＿＿＿＿号村(双單程)

有效日期＿＿＿＿年＿＿＿＿月＿＿＿＿日

隨身証件及号碼＿＿＿＿

附註＿＿＿＿

中華人民共和國

簽証人＿＿＿＿

發証日期＿＿＿＿年＿＿＿＿月＿＿＿＿日

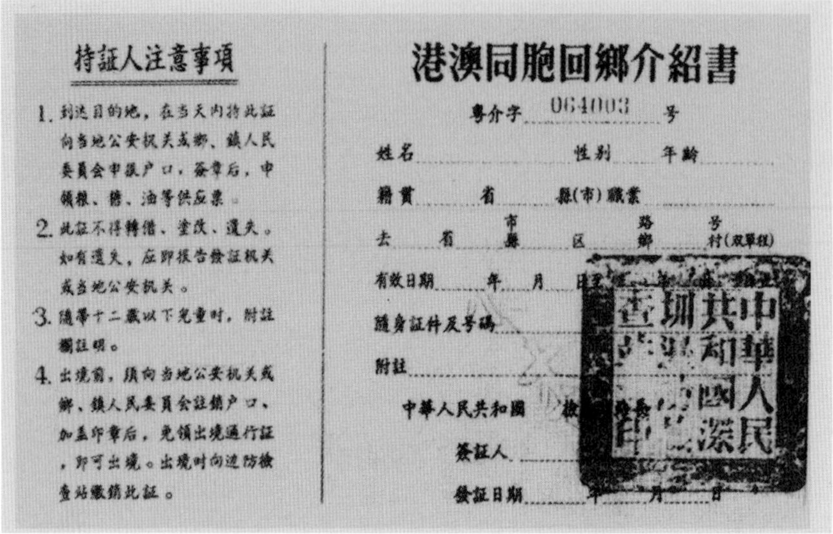

圖26　1968年，中旅社接受委託為香港居民代寫“回鄉介紹書”。

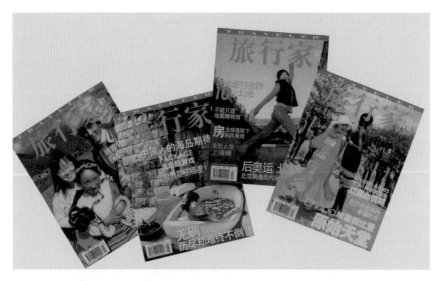

圖27　1996年1月於北京創刊的《旅行家》，乃中國首個以公司體制運作，重視實地採訪的旅行消費媒體。

和貿易業務。[28]

　　1973年6月，位於香港皇后大道中77號的中旅大廈正式落成，由郭沫若題寫的“中國旅行社”新牌匾，在大廈外牆上顯得格外引人注目。香港中國旅行社正在為新時代的到來積聚能量。

　　而在內地，旅行社的管理架構也在不斷變化。1949年11月19日，在福建廈門，以接待華僑為主體的廈門華僑服務社成立，這是新中國建立後的第一家旅行社。此後，在泉州、深圳、汕頭等地又成立了華僑服務社，1957年改名為“華僑旅行社”，1974年更名為“中國旅行社”，這就是內地的中國旅行社的前身。此外，1954年4月15日，在京、滬等14個城市，以接待外國友人為主的中國國際旅行社分別成立。1980年6月，中國青年旅行社成立，標誌着中國旅行社業的中國國際旅行社、中國旅行社、青年旅行社三極格局的形成。隨着中國內地旅遊市場的開放，港中旅集團重新回到內地開展業務，與中國旅行社、招商國際旅行有限公司又上演了一幕幕收購與兼併的精彩劇目。

註釋：

〔1〕 關於輪船招商局的歷史，可參見聶寶璋編《中國近代航運史資料》（第一輯1840-1895年），上海人民出版社，1982年版；第二輯（1895-1927年），中國社科出版社，2002年版；張國輝著《洋務運動與中國近代企業》，中國社科出社，1979年版；Kwang-ching Liu, 'Steamship Enterprise in Nineteenth-Century china', *Journal of Asian Studies*, Vol.18, No.4, 1959；黎志剛著：〈輪船招商局國有問題（1878-1881）〉，載於台北《中央研究院近代史研究所集刊》，第17期上冊，1988年6月；樊百川著：《中國輪船航運業的興起》，四川人民出版社，1985年版；胡濱、李時岳著：〈李鴻章和輪船招商局〉，載於《歷史研究》，1982年第4期；張後銓主編：《招商局史（近代部分）》，中國社科出版社，2007年版；朱士秀主編：《招商局史（現代部分）》，人民交通出版社，1995年版。

〔2〕〔5〕 《李文忠公全書》，奏稿，第56卷，第1頁；《李文忠公全書》，奏稿，第30卷，第31頁。

〔3〕 張仲禮著：《中國士紳收入》，第197頁，華盛頓大學出版社，1962年版。

〔4〕 《李文忠公全書》，譯署函稿，第1卷，第40頁。

〔6〕 Liu Kwang-ching,The Confucian Patriot and Pragmatist; Li Hung-Chang's Formative Year, 1823-1866. *Harvard Journal of Asiatic Studies*, Vol.30（1970）；W. F. Mannix, *Li Hung-Chang Memories, Houghton Mifflin Co.*, Cambridge Uni. Press, 1983.

〔7〕 張國輝著：《洋務運動與中國近代企業》，第170頁，中國社科出版社，1979年版。

〔8〕 招商局集團董事長秦曉曾指出招商局歷史上有兩次輝煌：李鴻章時代和袁庚時代（參見胡政主編《招商局與深圳》，第12頁，花城出版社，2007年版）。

〔9〕 Bergère Marie-Claire, *L'Age d'or de la bourgeoisie chinoise,1911-1937*, Paris, Flammarion, 1986.

〔10〕〔14〕 張後銓主編：《招商局史（近代部分）》，第285-326頁、第528頁，中國社科出版社，2007年版。

〔11〕〔12〕〔13〕 朱蔭貴著：〈1927-1937年的中國輪船航運業與招商局〉，載於易惠莉、胡政主編：《招商局與近代中國研究》，第399頁。《國營招商局七十五週年紀念刊》 "本局編年紀事"。張後銓主編：《招商局史（近代部分）》，第388頁，中國社科出版社，2007年版。胡政主

編：《招商局畫史》，第122頁，上海社科院出版社，2007年版。

〔15〕 中國銀行行史編輯委員會編著：《中國銀行行史（1949-1992）》，上卷，第34頁，中國金融出版社，2001年版。

〔16〕〔19〕 馮邦彥著：《香港金融業百年》，第328頁、第328-329頁，東方出版中心，2007年版。

〔17〕 關於中銀成員銀行的早期歷史，參見《金城銀行史料》，上海人民出版社，1983年版；《中國銀行行史資料彙編》，檔案出版社，1991年版；《交通銀行史料》，上海人民出版社，1995年版；黃鑒暉著：《中國銀行業史》，山西經濟出版社，1994年版；劉基榮著：《民國私營銀行史（1911-1949年）》，四川大學出版社，1999年版；姜宏業主編：《中國地方銀行史》，湖南人民出版社，1990年版等。

〔18〕 英國《銀行家》，1998年7月。

〔20〕 關於"華潤"誕生的時間有兩說：一為1948年1月18日；一為1948年12月18日，此採用雪仙〈華潤史〉，http://www.crcmagazine.com。

〔21〕 〈論中國人不能旅行之原因〉，《大公報》，1904年10月21-22日。

〔22〕 《旅行雜誌》，1930年第10期。另參見彭勇著：《中國旅遊史》，第194頁，鄭州大學出版社，2006年版。

〔23〕 楊桂和著：〈論中國旅行社〉，《文史資料選輯》，第80輯，第150頁，文史資料出版社，1982年版。

〔24〕 吳湘湘著：〈陳光甫服務社會〉，《民國百人傳》，第4冊，第1-42頁，台北傳記文學出版社，1982年版。

〔25〕 楊桂和著：〈論中國旅行社〉，《文史資料選輯》，第80輯，第150頁，第157頁，文史資料出版社，1982年版。

〔26〕 陳光甫著：〈創辦中國旅行社自述〉，載於《陳光甫與上海銀行》，第231頁，中國文史出版社，1990年版。

〔27〕 《旅行雜誌》，1929年秋季號，第三卷。

〔28〕 香港中旅集團編：《香港中旅八十年》，第二章，中國社科出版社，2008年版。

第二章

"窗口企業" 潮

　　20世紀的中國有一個現象：中國革命的星星之火，是由一批20歲左右的年青人點燃的；而中國改革開放的起步，卻出自於一批老人，其中的部分老人還是當年點燃革命之火的年青人。

　　而在中資財團中，正是由於兩位老人的出山，才締造了兩個新的"窗口帝國"——一個是先誕生於北京，後進入香港的中國國際信託投資公司；一個是先誕生於香港，後在香港、北京設立雙總部的中國光大集團，這兩間公司都直屬國務院，而且都由赫赫有名的兩大"紅色資本家"所創建，一個是在舊上海傳承家族基業的榮毅仁，一個是在老天津開始創業的王光英。中國對外開放的啟動選擇了榮毅仁和王光英，他們也不負時代的重託，和眾多的"窗口公司"一起，共同創造了一個"窗口時代"。

一　"窗口"的緣起

　　1978年12月18日，人們習慣於將這個時間節點作為兩個時代的分水嶺。這一天，中共十一屆三中全會正式召開，中國正式告別了"以階級鬥爭為綱"，並宣告"以經濟建設為中心"。於是這一天，就被定格為改革開放新時代的歷史和邏輯的起點。

　　在那前後，中國恢復在聯合國的席位，加上中日建交、中美建交和鄧小平訪美，彷彿是一個新時代來臨的信號；在那前後，經濟的迅速起飛和發展，使香港成為"亞洲四小龍"之一，並踏上成為國際金融、貿易和航運中心的征途。1979年，香港總督麥理浩正式向中國政府提出"九七"問題，"一國兩制"構想逐漸形成。從此，中國對外開放注定與香港緊緊聯繫在一起。

　　但是，鄧小平是很謹慎的，"開放"並不意味着瞬間洞開國門，而是一個"摸着石頭過河"的漸進過程，封閉了三十年的中國對世界是陌生的，世界對中國也是陌生的，因此，"開放"是有步驟的，不能操之過急，不是先開大門，而是先開"窗口"，可以洞觀內外虛實，保持開關自如的主動權;"窗口"不大,有問題不會危及全局,因此,可以大膽地試驗,這就保留了一個試錯機制;另外,"窗口"是"大門"的"先遣隊","窗口效應"彰顯後就可以為"大門"開放起示範作用,形成從"窗口"到"大門"開放的連鎖效應。

這樣一個過程用學術語言表達就是:先從政策性開放起步,再逐漸過渡到制度性開放。先不動體制,先頒佈一些開放性政策進行試驗,取得效果後再推廣,到2002年加入世界貿易組織(World Trade Organization,簡稱WTO)後,制度與國際慣例接軌,政策性開放就讓位於制度性開放了。

當時,中國現代化建設的核心問題是一缺資金,二缺技術及設備,開窗的目的就是引進境外及發達國家的資金、先進技術和設備,然後在中國進行投資,推進現代化建設。一句話,"招商引資"成為"窗口"時代的核心主題。

"窗口"可以是一個公司,給予一些特殊優惠政策,成為一個"公司特區"。鄧小平說過:"中國國際信託投資公司可以作為中國在實行對外開放中的一個窗口。"[1]這句話是1984年講的,但公司早在五年前已經成立,體現了先幹後說的特點,後來各省市也都有了"窗口公司",形成了一道窗口風景線。"窗口"也可以是一些地區,比如依託港澳台同胞及海外華僑的深圳、珠海、汕頭、廈門這四個經濟特區。"特區是窗口",這也是鄧小平說的,最早的經濟特區成立於1980年8月,比"窗口公司"的成立晚了近一年。

無疑,榮毅仁創建中國國際信託投資公司(CITIC,以下簡稱"中信"),是一件劃時代的大事,作為國務院的直屬企業,它是中國改革開放後的第一個窗口,雖然它不是在香港成立的第一個"窗口公司"。

二 榮毅仁與中信的誕生

如果是一個普通人,63歲意味着退休,頤養天年,享受天倫之樂。然而,榮毅仁並非普通人,作為中華人民共和國政協副主席、國家領導人,當國家需要他出山的時候，他沒有猶豫，旋即重操舊業，創辦了中信。

也許是預感到一個新時代的來臨，1978年6月，榮毅仁的兒子榮智健作出了一個影響自己，也影響到未來中信的人生選擇，他毅然告別北京的家人，憑一張單程通行證隻身南下香港，開始了長達八年的創業生涯。1979年10月，中信公司在北京成立，榮毅仁出任董事長兼總經理。1985年5月14日，香港中信公司在華潤大廈正式掛牌開業；一年後，榮智健正式入主香港中信公司，並將其改組更名為"中信集團（香港）有限公司"，出任副董事長兼董事總經理，從而拉開了收購、兼併和"買殼"上市等一系列資本運作的序幕，震撼香江。香港中資作為僅次於英資、華資的第三大資本財團已經正式登上香港資本市場大舞台。

江蘇無錫榮氏家族從榮智健的曾祖父榮熙泰開始，經榮德生（1875-1952年）、榮毅仁（1916-2005年）至榮智健（1942-），歷經四代，跨越晚清、民國，直至中華人民共和國成立後，基業仍歷久不衰，可謂是商業家族的一個奇跡。

法國著名的中國近代經濟史專家白吉爾夫人曾經將辛亥革命至1937年稱為"中國資產階級的黃金時代"，並稱榮宗敬（1873-1938年）、榮德生兄弟在中國第一大紡織工業中心上海扮演了"現代工業家中的主要角色"[2]。榮氏兄弟先是1892年跟隨父親榮熙泰在上海開設錢莊，六年後投資工業，到20世紀30年代，已經擁有茂新——福新系統的12間麵粉廠和申新系統的10間紡織廠及開源機器廠等工業企業，成為舊中國名副其實的"麵粉大王"、"紡織大王"，榮氏也成為中國最大的財富家族。

1949年前後，榮氏家族大部分成員從上海外遷港台及海外，作為家族留守代表的榮毅仁，獨力支撐起榮氏家族在大陸的財富傳承。

1954年，榮毅仁率先向上海市政府提出將其產業實行公私合營，這一標誌性舉措為上海工商業的改造起了示範作用，"紅色資本家"之稱由此而來。1956年，榮毅仁將其商業帝國無償交予國家後，就開始了由商而政

圖28　榮智健

的人生道路。次年，陳毅親自推薦他擔任上海市副市長。三年後，鄧小平點將讓他擔任紡織工業部副部長，然後是一屆全國政協副主席、兩屆全國人大副委員長，直至五年任期的國家副主席。

榮毅仁由商而政，再從政而官商，為中國的對外開放邁出了第一步，看似偶然，其實必然。

據榮毅仁的秘書莊壽倉回憶，還在1978年秋，葉劍英元帥、谷牧副總理就在廣州南湖賓館約見榮毅仁並請他出山辦實業；王震還在新疆建設兵團時，就到榮家做過客；"文革"期間被趕出北京的王震於1971年返京，臨時住在北太平莊部長院落，與榮家剛好對門。榮家與中共高層幾十年的密切關係，為榮毅仁"文革"後的再次出山打下了基礎。

1979年1月17日，鄧小平邀請工商界領導人榮毅仁等到人民大會堂福建廳，討論主題為"解決落實對資本家政策中存在的一些問題"。在談話中，榮毅仁提出吸資興辦實業的建議，得到鄧小平的肯定："吸收外資可以採取補償貿易的辦法，也可以搞合營，先選擇資金周轉快的行業做起"，然後轉向榮毅仁，"榮毅仁同志，希望你減少一些其他工作，多搞些對外開放和經濟工作。形式你自己考慮……所謂'全權負責'，包括用人權，只要是把社會主義建設事業搞好，就不要猶豫"。[3]

所謂"全權負責"，就是鄧小平授予的一柄尚方寶劍，榮毅仁心領神會。不到一個月，榮毅仁就向中央遞交了一份《建議設立國際投資信託公司的一些初步意見》。1979年6月，報告很快由國務院批下來，僅僅將"投資信託"改為"信託投資"；10月，一家直屬國務院的中國國際信託投資公司在北京正式誕生。這家看起來名頭很大的公司，起步時連辦公室都沒有，只好租了一間賓館的房間，僅有3,000萬元開辦費，其中榮毅仁自己掏了1,000萬元借給公司。榮毅仁年過花甲，受命於危難，擔任中信董事長兼總經理，同時，邀請了一批最小也有61歲的解放前的上海商界舊友：經叔平（原上海華成捲煙公司總經理）、王兼士（原上海閘北水電廠總經

圖29　1992年秋，榮毅仁（左）陪同楊尚昆（右）參觀京城大廈。

理）、徐昭隆（原上海中國燃料工業公司總經理）、黃志超（原上海天廚味精廠老闆）。就這樣，幾位老人憑着“隔代”市場經驗開始了人生的二次創業。

　　“信託”，並不屬於現代金融的主流產業，它最初孕育於中世紀末期的歐洲，其主要目的是便利於家族內部世襲土地轉讓，即通過將土地轉讓給受託人而巧妙地規避了土地轉讓帶來的各種稅負和限制。傳入中國時，最初也起源於房地產信託。20世紀初，信託作為一種產業傳入中國，並在上海一度興旺發達。解放前，“信託公司”包括：私營信託業和官辦信託業。私營信託包括：財產信託、商務信託、私人事務信託和公益信託。官辦信託包括：特種信託業務如信託存款、信託投資、基金信託、有價證券、保管和企業信託，以及特種儲蓄、保險業務甚至房地產保管業務等。

　　解放後，信託公司與私營銀行、錢莊一起合併至“公私合營銀行”。從此，這個概念在中國大陸消失近三十年。可見，“信託”其實是傳統金融產業中的一部分，實際上在發達國家和地區如香港，“信託”並不屬於一個主流金融產業。從融資角度看，除了銀行信貸外，還有上市、基金、可換股債券、國債、企業債等更加靈活的資本運作手段。但是，在1970年代末的中國，人們尚不知道資本市場為何物；而對榮毅仁來說，他的經驗更多來自於舊中國時代，在他看來，建立一個新的信託投資公司，無疑是招商引資的一條新途徑。

　　開展引資工作，首先碰到一個技術性難題：中國尚無一部保障外資合法權益的法律，外商是不敢來中國投資的。於是一部具有劃時代意義的法律《中華人民共和國中外合資經營企業法》（以下簡稱“中外合資經營企業法”）進入起草制定程序。又是榮毅仁，在關於要不要限制外資比例的關鍵問題上，力排眾議，堅決反對草案文件中的兩條：“中外合資經營企業外資投資比例不超過百分之四十九”，“決定重大問題要三分之二多數通過”，在鄧小平、陳雲的支持下，這兩條最終被取消，比例之爭由此結束。事實證明，取消這兩條，為中國大規模吸收外資發揮了重要作用。1979年7月1日，《中外合資經營企業法》終於在第五屆全國人民代表大會第二次會議上獲得通過。

於是，一部以《中外合資經營企業法》為依據的《中國國際信託投資公司章程》及其補充規定誕生了。按照規定，中信的主要經營業務範圍如下：

1. 吸收國外和港澳地區的信託存款、信託投資和商業信貸；

2. 在國外發行債券、股票；

3. 利用外資在國內組辦中外合資企業、合作企業；

4. 接受國內用戶委託，引進先進技術、設備；

5. 在國外投資或與外商合作辦企業，開拓海外資源；

6. 發展租賃業務，引進技術設備，促進中國現有企業的技術改造；

7. 經營房地產業務；

8. 提供經濟、法律、技術等諮詢服務。

現在看起來，這八條除了第一條屬於"信託"業務，其他各條已經遠遠超出"信託"業務範圍，實際上這是一家打着"信託"牌子、涉足大金融、實業等廣泛領域的企業。但是這在當時中國絕大部分企業還是工廠的時代，基本沒有民營企業，進出口貿易被壟斷，企業經營範圍有嚴格限制，這就是一個"企業特區"或"特區式企業"，如同四大經濟特區才能享受特殊政策一樣，其他企業是不可能經營此等業務、享受此等特殊政策的。它賦予中信以銀行、貿易、法律、會計事務所等各項功能，涵蓋貸款、進出口貿易、發債、發行股票、諮詢、國際投標代理等業務，就是說，這將是一個幾乎什麼業務都可以做的無限多元化企業。試想當時有哪一個內地企業可以吸收境外、國外信託存款、投資、商業信貸，在國外發行債券和股票，儼然一個典型的"金融百貨公司"？事實上，中國內地企業可以直接在境外或海外發行股票，是十餘年之後的事了。估計榮毅仁先生萬萬沒有料到，他開創的"中信"模式，隨即被中央各部委和各省市所仿效，數百家"國投"如雨後春筍冒起，成為1980年代中國招商引資的主力軍團，而這種監管缺位的全能式企業模式幾乎釀成中國金融的災難性後果：亞洲金融風暴終於引爆了"廣信危機"（詳見第六章）。

然而創業的起步是艱難的，這種"企業特區"的全能化成為初期中信業務開展的政策保障。在此基礎上，這個曾經將中國第一財富家族的全副身家都無償交給共產黨的"紅色資本家"，利用其在國內外工商界擁有廣泛人脈關係和影響力，包括散處世界各地綿延五代的榮氏家族系的親屬六百餘人，其中大多是工商科界知名人士，他們還在延續和傳承着榮氏家族的產業，散佈於美國、加拿大、澳洲、巴西、德國和港澳台地區，成為榮毅仁主政中信的寶貴資源。

很快，這個"窗口公司"在榮毅仁的主政下，打開了新局面。

公司成立第一年，榮毅仁就接待來自40個國家和地區的客商政要達四千多人次，國內前來洽談業務的也有三千餘人次，榮毅仁不遺餘力網羅人才，聘請為中美建交立下汗馬功勞的前美國國務卿基辛格為顧問，美國金融大鱷大衛·洛克菲勒也成為榮府品嚐"榮家菜"的座上賓。

在建立廣泛的商業市場網絡的同時，榮毅仁運籌帷幄，縱橫捭闔，在引進外資、引進先進技術設備等領域中，成效卓著。以下是其中四個突出的例子：

1. **發行海外債券**　1980年代初期，中國22項重點工程中的大項目——江蘇儀征化纖工程，因投資不足準備下馬。中國急需化纖產品，此項目下馬損失難料，相關人士找到中信公司尋求幫助，中信公司經慎重研究，提出了向海外發行債券的辦法。1981年2月，中信公司成功地在日本發行了100億日元的債券。在標榜"既無外債，又無內債"的時代，此舉引來爭議無數。一些思想較為保守的人，也不贊同債券利率高於一般政府貸款和進出口貸款，說中信幹了一件賠錢買賣。結果是儀征化纖廠以突出的效益

圖30　中信成立後，榮毅仁大力網羅人才，曾聘請為中美建交立下汗馬功勞的前美國國務卿基辛格擔任顧問。

圖31　"全民經商" 是1980年代內地的一種社會現象

證明了中信的選擇，這次集資創舉被奉為"儀征模式"。

2. **開拓租賃業務**　1981年，中信與北京機電公司及日本一家公司共同籌建租賃公司，為北京市的"北京"和"首都"兩家出租汽車公司從日本租賃汽車各二百輛，中信公司幫助出租車公司解決外匯問題。儘管這一計劃初提出時被一些人指責為變相進口，但不到兩年時間，兩家出租公司所租賃來的汽車就賺回了所付的全部資金。自此以後，租賃業務在中信全面拓展，甚至發展成為其重要的業務系統。該系統包括：中國租賃有限公司、與外資合作經營的中國東方租賃有限公司、中信實業銀行的租賃部等。

3. **嘗試資本運作**　1985年，榮毅仁將觸角伸到香港，成立香港中信公司。舉賢不避親，他委任在香港、美國商界闖蕩八年的榮智健主政香港中信。榮智健上任，對香港中信進行集團化改組後，便大手筆進行資本運作。1986年4月，中信以注資方式收購香港嘉華銀行92%的股權。1987年1月16日，香港中信收購國泰航空12.5%的股權；其後又收購港龍航空38.3%的股權，參股香港電信公司20%的股權。然後又通過收購香港上市公司泰富發展實現買殼上市。

4. **組建中信銀行**　1984年底，榮毅仁專函向中央要求在中信系統下成立一個銀行，全面經營外匯銀行業務，經國務院和中國人民銀行同意，先成立銀行部，擴大經營外匯銀行業務，為成立銀行作準備。1985年4月，銀行部成立，進一步擴展了對外融資、外匯交易、發放貸款、國際結算、融資租賃和吸收存款等全面銀行業務。1987年初，中信實業銀行正式成立，總行設在北京，被中國人民銀行批准為中信公司所屬的國營綜合性銀行，成為中國改革開放以來最早成立的新興商業銀行之一；2005年，更名為"中信銀行"；2007年4月分別以A股和H股在上海、香港同步上市。

在主政中信公司的14年中，榮毅仁借鑒發達國家經驗，廣泛開展中外經濟技術合作，引進資金和技術；在國內興辦實業，開展金融、技術、貿易、房地產、經濟諮詢、衛星通訊等業務，並在海外擇機投資，發行債券，在諸多領域創造了"中國第一"，將中信公司建成為一個綜合性企業集團。中信公司從最初的十幾個人發展到三萬多人，共創辦了十三個直屬公司、七個直屬地區子公司，六個下屬公司，七個直屬海外子公司，總資產超過八百億元人民幣，成為一個名副其實的"窗口帝國"。

應該說，在當時的計劃經濟體制下，中信還不是一個完全以市場為導向的企業，它以為國家和地方政府大規模引進資金及技術為宗旨，企業自身的效益、投資風險和債務風險等通常被放在次要地位甚至忽略不計；這是一個打着"信託"旗號，但"信託"並非主業的企業，而且是一個業務範圍太寬太雜的企業，在中國尚未建立金融規範的前提下實行金融混業經營；這是一個迅速擴張規模和數量，但卻缺少企業內部管控和外部監管的窗口帝國；這是一個以行政為主而非職業經理人主導的管理團隊……這都反映了一個即便是積累了幾代人企業管理經驗的榮毅仁也無法改變的現實：改革開放初期，中國缺乏市場化運作的企業管控經驗，"中信"模式一旦複製到各省市，隨着時間的推移，其負面效應也被日益放大，終於引發了1998年廣信危機。

1993年，第八屆全國人大選舉榮毅仁為中華人民共和國國家副主席，這位76歲的紅色資本家把自己親手締造的"窗口帝國"交給了他的助手魏鳴一和王軍。

榮毅仁一生游走於資本與政治之間，留給香港媒體的印象是：身材高大，滿頭銀髮，一身法式雙排扣西服，挺直的腰板，總給人以器宇軒昂的感覺。他的格言是："發上等願，結中等緣，享下等福；擇高處立，就平處坐，向寬處行。"體現了一個志存高遠、剛健有為、寬厚包容、簡約樸實的儒商的人格魅力。

三　王光英與香港光大的冒起

　　窗口一開，一發不可收。一方面，各省市紛紛仿效"中信"模式成立國際信託投資公司；另一方面，人們將目光投向了一個更大的開放的國際市場——香港，將窗口開到香港去，王光英想到了，也做到了。1983年，另一家直屬國務院的"窗口公司"——光大實業公司，正式在香港誕生了。時間上，比香港中信公司早了兩年，而且是直接將公司總部設在香港，這有別於中信。這一年，王光英64歲。

　　王光英在1919年出生於一個官宦家庭，父親王治昌（字"槐青"）擔任過民初北洋政府的代理農商總長，政治上屬於革新派，母親也是高級知識分子。王光英出生的時候，正值父親因參加巴黎和會而滯留英國，因此取名"光英"。兩年後，他妹妹出生時，正值父親在美國參加華盛頓九國會議，得名"光美"，合起來，人稱"光照英美"。王光美後來成為中華人民共和國國家主席劉少奇的夫人，王光英自然成了"國舅"。

　　1943年，王光英畢業於北平輔仁大學化學系，次年以技術入股與友人合夥在天津創業，開辦"近代化學廠"，以開發用於炸藥導火索的高純度硫化氰和橡皮膏等軍需物資，並將其源源不斷地輸送解放區。王光英管理企業以資金周轉快速而在當時實現"無倉庫工廠"（即零庫存）而聞名。後來他還開過利生針織廠，製作服裝內衣。王光英早年還有過股市炒股經歷，他研究開灤煤礦公司和啟新洋灰公司發行的股票的漲跌規律，短線炒作，屢有斬獲。

　　王光英與榮毅仁，有着太多類似的經歷和人生軌跡。他們都屬於國寶級"紅色資本家"，年齡亦相近，王光英小三歲，榮毅仁63歲創辦中信，王光英64歲創辦光大，而且中信、光大均直屬國務院；他們主要的商海經歷都發生在舊中國時代，一個擅長經營傳承家族產業，一個以技術創業；一個叱咤於大上海，一個笑傲於老天津，都屬於資深企業家；論家族資產

圖32 光大實業公司於王光英（前右）主政時期的主要業務是進出口貿易

規模和在商界的影響力，榮氏更顯赫；論政治背景，王光英出身於名門望族、書香門第，又有"國舅爺"的特殊身份。在1955年工商業社會主義改造運動中，兩人都率先將私營企業實行公私合營，爾後又都經歷了多次由商轉政、由政轉商的角色轉換，亦政亦商的官商背景是他們的共同特色；"文革"後，又都是對外開放的開風氣者、中資窗口帝國的締造者。

1981年，王光英以全國工商聯代表團成員身份先後考察澳門、香港。返抵北京後，他給中央呈交了一份《關於港澳見聞和八點建議》的報告，建議利用世界經濟回升的機會，在香港創辦一間大型的、綜合的、開放性、世界性和民間色彩的公司，專以引進西方的技術和資金，或與西方公司合作、合資、合營，開發內地實業，推進國家的現代化。

中央採用了這個建議，並決定由他出面創辦這間公司。1983年5月公司在香港創辦，同年8月18日正式開業，其時註冊名為"紫光實業有限公司"。1984年7月，更名為"中國光大集團有限公司"（英文名為China Everbright Group Limited），按照王光英的解釋，光大者，光明正大做生意也。他向中外宣告：光大的業務宗旨是加強中外經濟技術交流，引進外資和國外先進技術設備，與外商合作，進行合資經營，為現代化建設服務，為發展香港經濟作出貢獻。實際上，與中信一樣，引進外資、技術是光大的首要任務。光大是當時唯一能進口國外二手設備的廠商，處於進出口貿易壟斷地位；另外，光大還可在香港進行股票交易，經營期貨和金銀交易。經營範圍的無限性，是當時"窗口公司"的通例，反映了中資早期辦企業的特點，也為後來的失誤留下了一些制度性缺陷。

與榮毅仁一樣，王光英也擅長民間外交，從美國前總統尼克森、前副總統蒙代爾、前國務卿基辛格，到當時的日本首相竹下登、印尼總統蘇哈托等，他都廣結善緣，並在這種外事活動中，捕捉各種資訊和商機。

很快，光大的業務蓬勃展開。

光大的目標鎖定在世界各地的二手設備，像一些外國廠商實行技術更新後拍賣的舊設備，或是在激烈的市場競爭中倒閉的企業清盤賤賣的設備，這些二手設備在今天看來，由於可能存在的法律風險、技術質量風險等，一般不會引起重視。但在當時，考慮到國家的經濟困難，這幾乎是一個不二選擇。曾有一家南美智利的銅礦企業，為清償債務，急於將在倒閉前訂購的一批美國道奇、西德賓士等各種型號的大噸位翻斗車和載重車，共計1,500輛新車折價拍賣，這條資訊被王光英鎖定，他當即拍板，派出採購小組，以原價的38%的低價購回，為國家節約了二千五百萬美元的外匯。

王光英主政期間，通過中外合資方式投資了磨刀門工程、圍海造田工程、江門橋工程，在內地參股興建了53層北京京廣大廈等五家大樓和酒店，投資了上百個項目，創辦了六七十家企業。王光英還借助於過去的炒股經驗，提出"以短線養長線"，直接參與股市的炒作，試圖用股市賺來的錢，投資長線項目。王光英也確曾親自指揮炒作日本某大型化學公司的巨額股票，為企業獲利一千萬美元，並投資於內地項目。

然而，由於整整三十年市場經濟的缺位和計劃經濟的影響，當時中國與世界是脫軌的、隔膜的，中國最缺乏的是在國際市場上的運作經驗和人才，畢竟僅僅靠榮毅仁和王光英在舊中國時代的歷史經驗是不夠的，好在榮毅仁在1978年就將榮智健送到香港，令他在香港、美國國際市場摔打了八年。因此，中信在香港的前期運作，尤其是中信泰富"買殼"上市以後，已經基本完成從計劃經濟方式向市場經濟運作的轉型。但是，光大的發展顯然更曲折，1989-1990年，光大已經開始出現虧損，光大自有資金和1.1億美元貸款，幾乎全部壓在股票、元朗彩管項目和一些長線投資上。[4]這是中國要走出三十年計劃經濟不得不付出的代價。大多數中資企業也都是這樣走過來的。

王光英先生，無論是作為光大的締造者，還是作為中國對外開放的探索者，他對中國的改革都是功不可沒的。

1989年，王光英離開了光大，榮任中國人民政治協商會議全國委員會副主席。

四　開放政策與"窗口企業"潮

在計劃經濟時期，中國對外貿易的總體特點是：國家統制的對外貿易體制，高度集中，國家集外貿經營權和管理權為一體，政企不分，國家財政統負盈虧，以保證進出口在總體上達到平衡。具體表現是：

在對外經營體制方面，實行國家外貿總公司統一經營，即進出口經營權完全授予各外貿專業總公司及其所屬的口岸分公司。

在對內經營體制方面，國家實行嚴格的出口收購制和進口撥交制。

在管理體制方面，行政命令成為對外貿易管理的主要手段。

在經濟體制方面，形成高度集中的計劃經濟體制。對外貿易全部由國營外貿公司集中經營後，在全國實行單一的直接計劃管理體制，包括外貿收購、調撥、出口、進口、外匯收支，以及其他各項計劃的編制、下達和執行。

在財務體制方面，由財政部統包盈虧。各外貿專業總公司負責核算和平衡本公司系統的進出口盈虧，其盈虧上報外貿部統一核算和平衡後，再上報中央財政。盈利一律上繳財政，虧損也由財政部負責解決；外貿公司不自負盈虧，生產供貨單位和使用進口物質的單位也不負責盈虧。

在外匯分配方面，收匯統一，用匯審批。[5]

在這種高度集中、國家獨家壟斷外貿的傳統計劃經濟體制下，國家設在香港、澳門地區的唯一的貿易"窗口公司"，只有華潤公司一家，中國各進出口公司在港澳地區均由華潤公司總代理。

在遭受西方國家經濟封鎖的建國初期，這種高度統一的外貿體制有其合理性，並且也起到了集中資源、保證重點、維持進出口平衡、保護民族幼稚產業等作用，但是也帶來了一系列問題：工貿隔離，產銷脫節；獨家一統，形式單一，統包盈虧，缺乏激勵，大鍋飯主義，地方、企業和個人的積極性無法調動起來。

就在國務院批准成立中信公司的同時，中共中央、國務院於1979年7月15日作出了一個更大的決策，批准廣東、福建兩省在對外經濟活動中實行特殊政策和靈活措施，這就是著名的中央"50號文件"。這些政策措施的共同特徵就是"放權讓利"：

1. 擴大粵、閩兩省的經濟管理許可權，增強其經濟發展的活力；

2. 在發展外貿、吸收外資、引進先進技術等對外經貿業務上，在國家計劃指導下，給兩省一定的機動權；

3. 對兩省十年內新增財政收入，大部分留給省裏安排建設；

4. 在深圳、珠海、汕頭、廈門試辦出口特區（1980年8月，全國人大常委會批准了有關舉辦經濟特區的議案，經濟特區從此正式誕生）。

中國對外開放的衝擊波就從這幾條政策開始。它將中國高度統一管理的計劃經濟撕開一條口子，隨後在招商引資、對外貿易體制等領域向縱深發展，開始了一條從管制到鬆綁，從集權到放權，從計劃到市場的創新之路。地方的活力尤其是經濟特區的活力從此奔湧而出，尤其是外貿放權政策的實施，直接推動了以貿易"窗口"為主體的"窗口企業"潮湧向了香港，終於打破了獨家"窗口"總代理的壟斷局面。

外貿體制改革的第一步就是下放外貿經營管理權，打破專業外貿公司獨家經營，調動地方、部門和生產企業的積極性，形成多層次、多管道的外貿經營格局。而放權首先就從粵、閩兩省開始。

廣東省和福建省是中國最大的僑鄉，廣東毗鄰香港、澳門，福建則與台灣隔海相望，這種地緣文化優勢，是建立四個經濟特區的基本條件，也是粵閩兩省率先赴香港開設貿易"窗口"的獨特優勢。於是粵閩兩省一享有外貿經營自主權，便迅速在香港設立貿易"窗口公司"，成為最早在香港設立"窗口公司"的地方政府。按理說，廣東於1980年6月在香港設立粵海企業有限公司,應早於1980年10月成立的福建省政府"窗口公司"——華閩有限公司,但粵海正式開業時間是在1981年1月。北京市政府的"窗口"公司京泰有限公司也是在1979年6月註冊成立的,但當時京泰還只是北京經濟建設總公司出資註冊的駐香港的企業,1988年才正式成為北京市政府駐香港的"窗口公司"。因此,粵海、華閩、京泰等三家仍可視為中國地方政府最早駐香港的"窗口公司"。而中央企業中最早的要算中國海外公司(以下簡稱"中國海外"),該公司於1979年6月在香港設立。

正是在這種大背景下,國家各部委以及各省市紛紛開赴香港,開設"窗口公司":

1979年6月,中國海外建築工程有限公司在香港註冊成立,正式拉開了改革開放後的"窗口潮"的大幕。

1979年6月,京泰有限公司在香港註冊成立。

1980年6月,廣東省政府"窗口公司"——粵海企業在香港註冊成立。

1980年10月,福建省"窗口公司"——華閩有限公司在香港註冊成立。

1981年,中國糧油食品進出口總公司在香港開設窗口公司——鵬利公司。

1981年7月,上海市政府"窗口公司"——上海實業公司在香港註冊成立。

1983年8月,深圳市政府"窗口公司"——深業貿易有限公司在香港註冊成立。1985年,深業(集團)有限公司在香港註冊成立。

1984年,浙江省政府"窗口公司"——富春有限公司在香港註冊成立。

1985年,廣州市政府的越秀(集團)有限公司、湖南省政府的三湘集團有限公司、河南省政府的豫港(集團)有限公司、江蘇省的鍾山有限公司在香港註冊成立。……

　　據原香港新華社統計，到改革開放前的1978年，中資企業的總數只有122家；但從1979年開始，國家各部委、各省市為了擴大與海外及港澳台地區的經貿往來，加快了在香港發展的步伐，相繼在香港設立機構，開展業務。到1985年，國家各部委、各省市基本都在香港設立"窗口公司"。1986年後，由於內地一些市、縣、鄉、鎮以及鄉鎮企業也蜂擁到香港設立公司，引致中資機構數量膨脹。到1989年，在香港的中資企業超過了2,500家，出現了管理失控等問題。有鑒於此，國務院於1989年至1991年間對駐香港的中資機構進行了清理整頓，經過三年清理，保留了約一千五百間企業。[6] 到1997年，各部委及各省市主要駐香港的"窗口公司"如下表：

圖表2-1　各部委主要駐港"窗口公司"一覽表

公司名稱	投資主體或主管部門
光大（集團）有限公司	國務院
香港中旅（集團）有限公司	國務院僑務辦公室
港澳中銀（集團）有限公司	中國銀行
中國建設銀行香港分行	中國建設銀行
中國工商銀行香港分行	中國工商銀行
中國農業銀行香港分行	中國農業銀行
華潤（集團）有限公司	外經貿部
招商局（集團）有限公司	交通部
中國鐵路服務（香港）有限公司	鐵道部
天波通訊發展有限公司	郵電部
華昌盛機械企業有限公司	機械工業部
華電有限公司	電子工業部
亞貿有限公司	外交部
中碩發展有限公司	建設部
中國航空技術進出口（香港）公司	航空工業部
港源水利電力有限公司	水利部
能源工業有限公司	核工業部
環能貿易有限公司	煤炭工業部

（續）

公司名稱	投資主體或主管部門
華膺有限公司	商業部
中國法律服務有限公司	司法部
恒天投資有限公司	紡織工業部
萬國化工有限公司	化工部
亞太通信衛星有限公司	科委、郵電和航天部
海外中國航天開發投資有限公司	航天工業部
中國電力國際有限公司	電力部
中國新技術創業國際有限公司	國家科委
華教有限公司	國家教委
惠中實業有限公司	國家體委
香港圓明園發展有限公司	國家計委
中國統計諮詢有限公司	國家統計局
中國國際旅行社有限公司	國家旅遊局
中國朝陽建材有限公司	國家建材總局
中國航空有限公司	中國民航總局
中國醫藥對外貿易（香港）公司	國家醫藥管理局
中國青年旅行社（香港）有限公司	中國共產主義青年團中央委員會
香港中國保險（集團）有限公司	中國人民保險公司
中信（香港集團）有限公司	中國國際信託投資公司
航天科技國際（集團）有限公司	航天工業總公司
中國海外（集團）有限公司	中國建築總公司
中國冶金（香港）有限公司	冶金工業總公司
中國近海石油服務有限公司	海洋石油總公司
銀華國際（集團）有限公司	北方工業總公司
華聯船舶有限公司	船舶工業總公司
中國（香港）石油有限公司	石油天然氣總公司
天利國際有限公司	中國煙草總公司
香港京源發展有限公司	京安器材總公司
中國華能集團（香港）有限公司	華能集團總公司
中國有色金屬（香港）控股公司	有色金屬總公司
中石化（香港）有限公司	石油化工總公司
科恒實業有限公司	中國科學院
中遠（香港）集團有限公司	中國遠洋運輸（集團）總公司

（續）

公司名稱	投資主體或主管部門
鵬利（集團）有限公司	中國糧油食品進出口總公司
香港聯想控股有限公司	中國科學院計算所
國興國際股份有限公司	中華全國歸國華僑聯合會
中國國際貿易促進委員會代表處	中國國際貿易促進委員會
穗華企業開發有限公司	中國輕工總會
京港人才交流中心	中國國際人才交流會

資料來源：烏蘭木倫主編，《發展中的香港中資企業》，第315-317頁，香港經濟導報社，1997年版。

圖表2-2　各省市主要駐港"窗口公司"一覽表

公司名稱	投資主體或主管部門
粵海（集團）有限公司	廣東省
華閩（集團）有限公司	福建省
中遼有限公司	遼寧省
香港濱港（集團）有限公司	黑龍江省
中吉有限公司	吉林省
恒山貿易有限公司	山西省
驪山有限公司	陝西省
鍾山有限公司	江蘇省
富春有限公司	浙江省
華魯集團有限公司	山東省
華贛企業有限公司	江西省
黃山有限公司	安徽省
燕山發展有限公司	河北省
豫港（集團）有限公司	河南省
宜豐實業有限公司	湖北省
三湘（集團）有限公司	湖南省
嘉陵集團有限公司	四川省
雲港有限公司	雲南省
貴達有限公司	貴州省
隴港有限公司	甘肅省
海湖貿易有限公司	青海省

（續）

公司名稱	投資主體或主管部門
華海有限公司	海南省
京泰有限公司	北京市
津聯有限公司	天津市
上海實業（集團）有限公司	上海市
渝豐國際有限公司	重慶市
興源有限公司	內蒙古自治區
桂江企業有限公司	廣西壯族自治區
嘉川發展有限公司	寧夏回族自治區
新疆開發有限公司	新疆維吾爾自治區
西藏珠穆朗瑪貿易旅遊公司	西藏藏族自治區
深業（集團）有限公司	深圳市
珠光（香港）有限公司	珠海市
越秀企業（集團）有限公司	廣州市

資料來源：烏蘭木倫主編，《發展中的香港中資企業》，第317-318頁，香港經濟導報社，1997年版。

　　在20世紀80年代和90年代初期，駐香港的"窗口公司"根據國家和地方當時形勢的需要，主要定位在如下三大功能：

　　招商引資功能。無論是國家還是地方，在改革開放初期，由於自身原始積累不足，對外招商引資包括引進資金、技術、設備和管理經驗就成為當時的第一需求。而在1980年代，中國由於與世界有隔膜，很難引進西方發達國家的資金技術，而港澳台和華僑就成為中國招商引資的最主要對象，其中，由於上世紀七八十年代的經濟起飛和產業轉型，香港成為中國招商引資的首選。無疑，駐香港的"窗口公司"發揮了重要作用，在實踐中多採用捆綁式引資方式，即自身既當"橋樑"牽線人，又當股東合資進內地的雙重身份，既能獲得港商的信任，又能創造效益，這是當時"窗口公司"流行的一種主要引資模式，而且，由於每個"窗口公司"背後都有一個政府，雖然"窗口公司"本身的實力和資信參差不齊，但是有政府在背後的支持，於是便產生了一種混淆主權信用、政府信用和企業信用的"窗口信用"，外資銀行往往不用審查資信或抵押就貸款給"窗口公司"，這為"窗口公司"的融資提供了很大的便利，但也帶來了無窮的後患。

進出口貿易功能。20世紀80年代，駐香港的"窗口公司"是貿易"窗口公司"，以貿易起家，溝通內外兩個市場，依託內地，以香港為基地，將內地產品打出去，同時將國外產品採購進來以滿足內地的需要。

接待辦事處功能。各"窗口公司"基本都承擔了各部委和各地方政府駐香港的辦事處功能，行使內地政府官員來香港或出國，以及外國政商各界人士和港澳各界朋友經香港赴內地的接待安排的行政職能，這一功能甚至成為一些中小地方"窗口公司"的主要功能，這在改革開放初期的確是招商引資的必備功能，但也是"窗口公司"長期不能按市場經濟運作的一個原因。

五　外貿大轉制與"窗口企業"的轉型

"全民經商"是1980年代的一個現象。

20世紀80年代，貿易成為全民熱炒的行業，貿易彷彿成為一個窮得太久的民族和國民致富的捷徑。這一切，均源於中國計劃經濟體制從1979年開始至1980年代以放權為特徵的改革。在外貿體制方面，中國政府擴大了地方的外貿經營權。到1987年，全國所有省、自治區、直轄市、計劃單列市和經濟特區都有了對外經營的口岸，可直接開展進出口貿易，各類經批准的貿易公司達二千餘家（尚不包括粵閩兩省），這極大調動了地方和企業的積極性。

但是，由於不是一步到位，這種漸進式改革就導致了計劃與市場並行的雙軌制，由於計劃價格與市場價格的巨大差異，批文、配額、許可證等稀缺資源成為人們競相追逐的對象，加之開放初期，市場不規範、不成熟，也缺乏監管，官商結合，倒賣物資、批文、配額及進出口許可證，將計劃內倒到計劃外，從而獲取差價收入，官倒、皮包公司、走私、長途販運成為1980年代全民經商貿易熱的一道特殊風景線，沿海地區某些城市甚至形成了某些走私城或走私街等。

在這個雙軌並行的特殊過渡時期，由於廣東和幾個經濟特區率先開放，貿易公司遍地開花。但是隨着改革的深入，價格的逐步放開，匯率的逐步併軌，配額許可證範圍的縮小和公開招標等，進出口經營權向基層下放，向生產企業下放，雙軌制逐步併軌，貿易資源壟斷特權被打破，市場逐步規範，監管逐步到位，內地大量非生產性貿易公司紛紛倒閉，這是1990年代後期的普遍現象。

同樣，內地駐香港的貿易"窗口公司"，也經歷了一次次大調整。在過去計劃經濟體制下，由於進出口經營權壟斷在國家外貿總公司和外貿專業總公司及口岸分公司手上，華潤成為中國進出口的總代理。這種由政府統一定價，內地各專業進出口公司低價收購，再交由華潤代理銷售或轉口外銷的模式，就是計劃經濟下的政策性代理貿易。進出口經營權從中央向地方的下放，帶動了第一次貿易潮，貿易"窗口公司"應運而生，面臨着前所未有的競爭。各類貿易公司、貿易"窗口公司"開始從市場尋找廠家、貨源單位和買家，開始從過去政策性代理轉為市場化的合約式代理。

但市場化是一個痛苦的過程，也是一個不斷交學費的過程。

第一次"試水"難免要"嗆水"。很多第一次來香港做貿易的人，不懂外語，不懂做生意，不瞭解國際貿易基本常識，不按貿易的正常程序運作。比如，不對客戶進行起碼的資信和實力方面的調查，就盲目簽合同，事後收不到款才發現上當受騙；不懂英語，對方偏讓你簽英文合同，在條款上做手腳；與買方簽了正式的銷售合同，卻沒有與供貨廠家簽購貨合同，供不上貨反被買方起訴賠償等等。

在經營過程中，或者不按"以銷定購"的原則進行銷售管理，盲目購進，造成大量存貨積壓，商品減值；或者不論客戶資信及償債能力，進行賒賬經營，造成收不到貨或收不到款，導致應收款部分出現大量呆壞賬；或者利用自身"窗口公司"的窗口信用，為客戶代開信用證（L/C），收取微薄的百分之幾的手續費，一旦失手，全部貨款損失殆盡；或者，靠走私等違法經營，鋌而走險；更有甚者，吃裏扒外，與不法外商勾結，有意詐騙等等。

在經營管控上，也是問題多多，名義上是一個公司，每人一塊業務，單線聯繫，資源、客戶、業務都在業務員手中，人走客戶走、業務停，公司不能集中資源，無法形成整體優勢；或者是同一個公司的業務員做不同的業務，而同一個系統（如集團）的不同子公司又在爭搶同一項業務，造成系統內惡性競爭；貿易公司大多規模不大，業務很雜，難以專業化經營，形成一種"提籃小賣"式個體經營方式。

隨着競爭的日益加劇，單純的代理貿易路子越走越窄，利潤空間越來越小，風險卻越來越大，一旦失手一單生意，往往吞噬幾年的老本。於是，從1980年代中期開始，包括華潤在內的駐香港的貿易"窗口公司"開始探索從代理貿易向自營貿易轉型，向建立貨源基地的工貿結合轉型，向外國知名品牌專業化代理轉向。

同時，從1979年開始，中國外貿體制十餘年間經過五次改革，令貿易行業逐步成為一個完全市場化的競爭行業。

隨着雙軌制的逐步併軌，特別是隨着進出口經營權從貿易公司向生產企業下放，尤其是配額許可證範圍的縮小或取消，意味着貿易公司的特權被取消，單純的貿易公司已無任何資源優勢，而生產企業所擁有的貨源優勢顯現出來，這幾乎宣告了"提籃小賣"時代的結束。到1990年代中後期，駐香港的貿易"窗口公司"基本上是三種思路和三種命運：

1. 一部分中小貿易"窗口公司"由於虧損歇業或倒閉。

2. 一部分貿易"窗口公司"通過走實業化而實現工貿結合，或者成為國際知名品牌的代理商。

　　3. 一部分"窗口公司"通過多元化經營從貿易窗口轉變為多元化產業結構的"窗口公司",構成香港中資的主體。但貿易產業在"窗口公司"的份額中越來越小,甚至全盤退出貿易。如華潤和一些省市"窗口公司"從20世紀80年代後期開始,經過近十年的努力,到1990年代末,貿易作為一個產業已在很多"窗口公司"中基本退出。"窗口功能"在亞洲金融風暴以後也逐漸淡出,"窗口信用"開始劃上句號。2003年,"窗口公司"辦事處功能的取消,標誌着"窗口公司"進入一個全面市場化時代。

　　但是,"窗口"畢竟是一個時代特徵,代表了一個過渡時代,那是一個封閉了三十年的中國正在逐步走向開放但又未全方位開放的時代見證,"窗口公司"在香港誕生、發展、壯大和轉型,逐步成為香港中資財團的主體,並為香港繁榮穩定發展和中國的改革開放,作出了歷史性貢獻。窗口時代的終結是一個歷史新起點,它標誌着香港中資企業逐步擺脫了計劃經濟體制,化解政企不分的難題,淡出政府背景,而真正成為市場經濟的主體,這是一個歷史的進步。

註釋：

〔1〕 《鄧小平文選》，第三卷。

〔2〕 Bergère, Marie-Claire, *L'Age d'or de la bourgeoisie chinoise, 1911-1937*, Paris, Flammation, 1986；*La Chine Au XXe Siecle,* P.306, Liberairie Artheme Fayard, 1989.

〔3〕 〈歷史的選擇──1979年鄧小平點將榮毅仁〉，http://www.dxp.org.cn。

〔4〕 〈重組在即　剖解光大集團家底〉，http://finance.people.com.cn（2007-6-8）。

〔5〕 唐任伍、馬驥著：《中國經濟改革30年：對外開放卷》，第32頁，重慶大學出版社，2008年版。

〔6〕 烏蘭木倫主編：《發展中的香港中資企業》，第307頁，香港經濟導報社，1997年版。

第三章

北上衝擊波

坐落於上環的招商局大廈

　　1978年注定是一個新時代開始的標誌。在香港中資企業中，有兩股潮流幾乎同時逆向而行：一股是"窗口"潮，內地政府在香港開設"窗口企業"的南下潮；另一股則是由招商局帶動的香港中資企業紛紛進軍內地的北上潮，這兩股潮流構成了香港中資企業一幅幅波瀾壯闊的歷史畫卷。

一　蛇口登陸：北上第一波之始

　　1978年12月21日至23日，招商局考察組在考察深圳灣至大鵬灣、大亞灣一線後，一致建議選址蛇口建立工業區；12月26日，招商局第二十九代掌門人、常務副董事長袁庚乘坐招商局的交通艇"海燕8號"從香港中環碼頭出發，短短45分鐘後就抵達蛇口突堤碼頭，蛇口從此與招商局結下不解之緣。

　　人們常常在"時勢造英雄"與"英雄造時勢"的命題中爭議不休。然而，我們通過招商局的發展史卻發現：作為充滿偶然性的個體，與一個時代和一個企業平台是如此緊密地結合在一起，既成就了作為個體的袁庚，也成就了招商局，更成就了一個改革開放時代的起步。

　　袁庚（1917-2016年），一個典型的深圳寶安客家人，一個曾經的廣東人民抗日游擊隊東江縱隊的聯絡處處長、解放軍兩廣縱隊炮兵團長，一個曾經外派駐印尼雅加達的中華人民共和國的外交官，一個曾在"文革"期間蒙冤被囚於秦城監獄長達五年的"特務"、"漢奸"，一個"文革"結束後新上任的交通部外事局副局長、被派往香港的招商局常務副董事長，這些複雜的身份，構成了袁庚一生的主要履歷。派駐香港的時間是1978年，袁庚時年61歲，已是一個已達退休年齡的老人。

　　本來，作為一個受過五年監獄生活折磨、已進入退休年齡的老人，袁庚如果同某些派駐香港的幹部一樣，穩穩當當地拿幾年港幣，享受一下比內地要高很多的物質待遇，然後平安"着陸"退休，也是正常的。然而，袁庚卻選擇了一條充滿風險和挑戰之路。一方面，他以情報官的敏銳，預感到十一屆三中全會意味着一個可以幹事的時代已經來臨；另一方面，他也具備常人所不具備的優勢條件：在中央和地方政府具有廣泛的人脈，交通部部長葉飛、副部長兼招商局董事長曾生都是他的老首長，廣東省政府主管工業的副省長劉田夫又是他當年在東江縱隊的老戰友；他非常熟悉過去戰鬥和生活過的香港和深圳乃至東南亞地區，這使他在香港沒有語言文化障礙，因此他在短期內便迅速進入工作狀態；香港招商局這個中央企業兼具外資身份，使他內有政府背景，外則有外資身份，可以於政商各界之間遊刃有餘。這一切，就是袁庚成功的原因：天時、地利、人和三者皆備。

然而，對於這個企業——招商局來說，當初選擇登陸蛇口，多少有些無奈。

在袁庚接手招商局時，招商局的資產只有1.3億港元，[1] 只能從事航運代理業務，以及和航運配套的輔助性修船、船用油漆、倉儲等業務，在香港工商界的影響微不足道。1978年10月，交通部任命當時擔任交通部外事局負責人的袁庚為招商局常務副董事長，主持招商局全面工作。

在履新之前，他先期來香港作了一次調研，並以交通部黨組的名義向中共中央、國務院起草了《關於充分利用香港招商局問題的請示》，這個報告提出了“立足港澳、背靠國內、面向海外、多種經營、買賣結合、工商結合”的二十四字方針和在五到八年內將招商局發展為“能控制香港航運業的綜合性大企業”的目標，提出了發展交通工業，接受來料加工裝配業務，興辦建築公司，就地引進新技術、新設備，增添新船，開闢班輪航線，發展拆船業、修船業，興建集裝箱碼頭，購建港口，發展房地產、倉儲等多項業務，現在看來，這並不是一個成熟的發展戰略報告，對於一個底子薄、實力弱的企業，幾年之內“控制香港航運業”的目標顯然偏高，業務範圍過於寬泛而枝蔓顯得力有不逮，優點則是展示了一個多元的發展方向。該報告提出了爭取企業自主權和優惠政策。其中,最重要的有兩條:爭取國家授予可以一次動用當地貸款500萬美元的許可權,向香港銀行貸款;爭取招商局中轉代理、倉儲、駁運等業務每年約五百萬港元的淨收入,從1979年起,企業利潤五年不上交財政,以用於擴大再生產。[2]

這是招商局於新時期發展史上的第一份重要文件。這一報告不僅成為改變招商局歷史命運的轉折點,也成為中國對外開放的歷史起點。這份文件三天後獲得當時中國最高領導層華國鋒、葉劍英、鄧小平、李先念等人簽批。可以想像,在當時,一個企業的大發展,僅靠個人和企業的能量是不夠的,必須有強有力的政府背景,而且必須"通天",直達中國政治權力最高層。袁庚以一個司局級幹部的身份,卻能把握時代脈搏,巧借外力,搶佔先機,創造出"通天"的本領,這是招商局能夠獲得大發展的基石。

這份報告獲得中央批覆,只是萬里長征的第一步,要實施,首先必須尋找土地。袁庚最初並沒有想到蛇口,而是想到了香港,但當時香港中區的地價已接近日本東京銀座,每平方呎1.5萬港元,郊區地價也在每平方呎500港元以上,[3]且勞動力短缺,人工昂貴。

顯然,以當時招商局的實力還無法在香港買地辦工業建港口,於是袁庚將眼光轉向新界、離島和澳門,然而這些地方不是港口水淺,就是電力供應不足或交通不便。

就是在這樣的情況下,一個大膽而極富創意、也極具歷史意義的設想提出來了:北上寶安縣(深圳特區前身)選址,既利用香港的資金、技術,又利用內地的廉價勞動力和土地,將兩者結合起來辦工業,不管是叫後勤基地還是工業區,反正是要一塊地,這對袁庚太重要了。而此時,廣東省正在醞釀建立出口加工區,雙方的想法不謀而合。於是,一個由招商局起草、以廣東省和交通部聯名的《關於我駐香港招商局在廣東寶安建立工業區的報告》上報國務院。1979年1月31日,國務院正式批准了該報告。

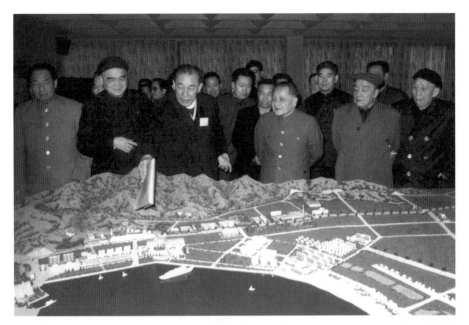

圖33　1984年1月26日，鄧小平視察招商局蛇口工業區時，與王震（右一）、楊尚昆（右二）、梁靈光（左二）、梁湘（左一）等在沙盤前聽袁庚（左三）介紹招商局蛇口工業區的規劃。

007

此件存档 叶飞 十月二十四日

请华主席、叶、邓副主席、汪付主席、纪登奎、余秋里、谷牧、康世恩同志阅批。

拟同意这个报告，只要加强领导，抓紧内部整顿，根据华主席"思想再解放一点，胆子再大一点，办法再多一点，步子再快一点"的指示，手脚可放开些，眼光可放远些，可能比报告所说的还要大有作为。妥否，请阅示。

李先念

退叶飞同志办。李先念 一九七八年十月二十二日

一九七八年十月十二日

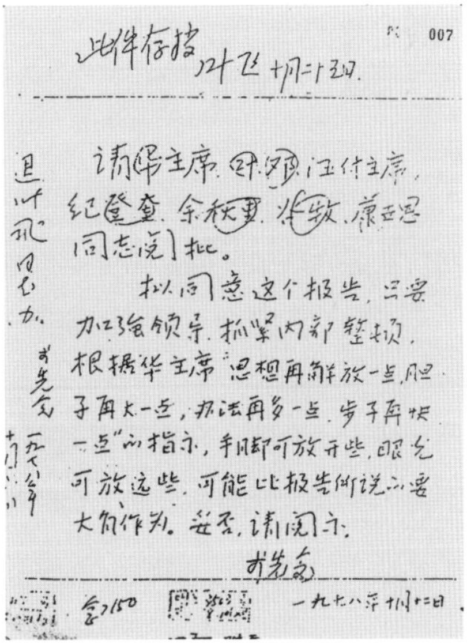

圖34　1978年10月9日，交通部黨組草擬了《關於充分利用香港招商局問題的請示》，報送中共中央和國務院。經華國鋒、葉劍英、鄧小平等人圈閱後，報告於10月24日退回交通部辦理。此文件開創了招商局新的發展時期。

　　這是招商局於改革開放時期的第二份重要文件，袁庚再次展現了"通天"的本領，從廣東省到交通部、國務院，一路綠燈，當時任國務院副總理的李先念準備將整整36平方公里的南頭半島劃給招商局時，袁庚做了一件讓他終生遺憾的事：他只要了2.14平方公里，使用土地1,000市畝的範圍。然而就是這小小的一塊土地，卻開始改變歷史，它標誌着招商局正式登陸內地獲得中央的認可，標誌着中國第一個對外開放的工業園區——蛇口工業區的誕生。

　　這次蛇口登陸不僅為招商局找到了新的發展基地，也為香港中資率先開闢了香港"主戰場"之外的"第二戰場"——挺進內地，從此以後，香港中資紛紛回師內地，這是香港中資三十年來獲得大發展的關鍵一步；同時，"第二戰場"的開闢，也使香港中資在中國的改革開放過程中處於領跑地位，帶動了中國全方位的改革與開放。

　　這個時間節點與深圳醞釀大變局幾乎同步。1978年，國家計劃委員會等部委考察港澳，開始提出建邊境城市和特區。1979年1月23日，廣東省委決定將寶安縣改為深圳市；3月5日，獲國務院批覆同意；2月，廣東省委提出建"出口加工區"；4月5日，中央工作會議上，鄧小平明確定名為"特區"，要求"殺出一條血路來"。1980年8月，深圳經濟特區宣告誕生。

　　這個時間節點，恰好在十一屆三中全會後的一個月，比中信"窗口公司"的成立早了九個月，比深圳經濟特區的成立早了一年零七個月。

　　這個時間節點，是一個新時代開始的標誌，它從此拉開了中國對外開放的歷史序幕。

　　個人的命運、企業的命運與時代的命運都開始了重新起步，三者缺一不可，奏響了一部協奏曲，它的名字叫"改革開放"。

圖35 深圳蛇口半島新貌

二　中國最大公共碼頭運營商的起步

　　蛇口，位於深圳市西南，大南山蜿蜒逶邐，伸向大海，形成一個狹長的半島——蛇口半島（南頭半島），猶如一條巨蟒張着口在南海邊吐納，蛇口就位於這個半島的最南端，旁邊是華南最大的水系——珠江的入海口，奔騰不息的珠江將大量泥沙沖向大海，在這裏形成了淺水淤泥的深圳灣和深水的暗士頓水道，蛇口就在這江海交界處。蛇口半島包括蛇口灣、赤灣和媽灣三個海灣，蛇口半島海岸線長25公里，東臨深圳灣，對面相距6海里就是香港新界的元朗。論風水，依山傍水，這是一個絕佳的寶地；論港口條件，由於蛇口灣淺度泥沙回淤，並不是最理想的深水港（顯然不如鹽田港），但從交通、水電、配套環境以及建港成本考慮，卻又是深圳當時的不二之選。

　　然而，這塊風水寶地在南海邊靜靜地沉寂了千百萬年，到1970年代末期，山河依舊，始終沒有摘下貧窮、落後的邊陲小鎮的帽子。而且，發生於1960-1970年代的逃港潮就以蛇口為出發地。

　　報告文學作家涂俏這樣描述1978年蛇口的情況：

> 　　蛇口公社所在地是蛇口鎮，坐落在荒寂的海灣邊，不遠處有一曬魚場，海風一路洩露着曬魚場難以遮掩的秘密，老街上兩排曲折、破敗的紅磚瓦房也擋不住陣陣腥臭。綠頭蒼蠅嗡嗡作響，在人群的頭頂盤旋、騷擾。
>
> 　　這裏與香港新界西北部隔海相望，據說是非法越境者游水偷渡到香港的出發地，常有溺水者的屍體被潮水沖上沙灘，變作孤魂野鬼……[4]

　　誰也沒想到如此荒涼破敗的海灘和海灣，在若干年後的今天，已是塔吊林立，箱堆如山，成為世界第四大集裝箱港和中國第二大集裝箱港的重要組成部分。深圳西部港區包括蛇口灣、赤灣、媽灣三大港，2009年，擁有29個集裝箱泊位，17個散雜貨泊位。2007年，深圳港集裝箱吞吐量為2,110萬個標箱，西部港區佔了52.53%，超過一千萬標箱，散雜貨吞吐量西部港區佔深圳港的90%以上。

更為重要的是，港口的興起帶動了一個城市的崛起，僅以資料為證，2008年，深圳市的全部建設物資，90%的一次性能源，70%的生活物資，以及60%的外貿物資都是由港航業完成的，深圳港航業每年不僅為深圳貢獻了約二百億元的直接經濟效益，而且其對經濟的間接貢獻等於三至四倍港口的直接經濟效益。2007年，深圳以港口為主的現代物流業增加值佔全市GDP的10%左右。[5]

顯然，袁庚並不是神，他當年開發蛇口港的時候並沒有預見到幾十年後的成就，他向中央提交的第一份請示報告，雖然提出了發展集裝箱碼頭興建港口倉儲等，但那時尚沒有港口物流的概念。當時世界航運業正處於大蕭條和大轉型的時期，香港傳統航運業鉅子正在上岸向新式碼頭運營商轉型。

19世紀末以後，香港逐步發展為遠東轉口貿易商埠，伴隨轉口貿易而來的是香港航運業的興起，但在1950年代以前，香港航運業主要掌控在英資的太古洋行及怡和洋行手中，華商僅有少量中小客貨輪航行在華南沿海一帶至東南亞諸港口。隨着日本在戰後的崛起，日本成為世界航商的最大客戶，香港在工業化中崛起的一批華商亦進軍航運業，包玉剛、董浩雲等在短短二十年就躋身於世界船王的行列。然而，1973年中東石油危機後，世界經濟發展放緩，全球海運量急劇下降，加之日本經濟面臨產業結構調整，日本對輪船特別是油輪的需求急劇下降。世界航運業的這種大變局使董浩雲的東方海外（國際）有限公司（以下簡稱"東方海外"）在1980年代初期陷入空前的困境（董浩雲於1981年逝世後，東方海外交由兒子董建華管理），幸得中國銀行等多家債權銀行襄助，方渡過一場嚴重的財務危機。包玉剛看出，在世界航運業衰退的形勢下，以高負債建立起龐大船隊的航運業風險太大，於是，他迅速"棄舟登陸"，向地產、集裝箱碼頭、港口倉儲業進軍，他收購的九龍倉與李嘉誠收購的和黃迅速發展成為香港最大的碼頭運營商，李嘉誠更在上世紀八九十年代通過全球港口佈局，而發展為世界頂級港口和碼頭運營商。隨着中國對外開放，香港產業北上轉移至珠三角，逐漸向"世界工廠"發展時，以集裝箱、港口物流為重點的港航產業已成為收益最穩定和發展最快的朝陽產業之一。

世界航運業正在悄悄發生變化，但袁庚當時只是沿襲常規的思路運作：

第一步，滿足"通航"的基本要求，建成可經營多航線的客貨運港口（1979-1983年）。

一塊三十年期的工業用地，在經過徵地拆遷補償、交地價、勘測、設計一系列程序後，最基本的開發首先是"三通一平"：通水、通電、通車（路）和平整土地。1979年7月8日，蛇口工業區五灣灘頭響起開山第一炮，這一炮已作為中國改革開放第一炮、深圳經濟特區建設的第一炮而載入史冊；然後是"五通一平"：在"三通一平"基礎上增加了"通航"、"通電訊"。"通航"就要開挖航道、興建碼頭，由於蛇口近岸是一片淤泥爛灘，顯然一開始並沒有興建深水大港的計劃。

1981年5月，蛇口港區建設第一期工程竣工，建成五灣順岸式碼頭，僅可停靠貨船六艘；五灣碼頭東段建造的是兩座臨時浮碼頭，計劃停靠蛇口至香港的高速客輪，後又建成水深五米，可停靠三千噸級貨船的重力式突堤。11月20日，停航三十一年的香港—蛇口客運航線得以恢復運行。1982年2月16日，一艘菲律賓貨輪駛抵蛇口，這是停泊深圳蛇口港的第一艘外輪。隨後，服務於南海油田水深7.5米的專用碼頭啟用。到1983年，蛇口至珠海、廣州、中山、汕頭、澳門、梧州、海口等港口的航線也相繼開通。

1983年9月25日，蛇口港經國務院批准正式成為對外開放口岸。

至此，蛇口港完成了第一步：建成可經營多航線的客貨港口。

第二步，將蛇口港建成華南地區最大的深水港區和中轉港區之一（1984-1988年）。

1984年1月，鄧小平第一次視察蛇口工業區，肯定了蛇口港，於是港口建設開始提速，隨後招商局開始興建可供萬噸級輪靠泊的深水突堤碼頭。1988年9月，袁庚明確指出"要把建設蛇口港放在第一位"，說明他此時才真正嚐到了以港口振興企業的甜頭，港口航運業從其過去九大業務體系中擺到了第一的戰略地位，這是招商局發展戰略的重大突破，也是招商局走向輝煌的關鍵一步。到1988年，蛇口港第一突堤碼頭竣工，建成碼頭泊位五個，3.5萬噸級深水泊位和2.5萬噸級泊位各一個；第二突堤碼頭共有泊位七個，含3.5萬噸級和5萬噸級泊位；第三突堤碼頭開工，建設萬噸級以上泊位六個。

1991年6月2日，6萬噸級希臘遠洋輪船"尼那其澳梯斯"號靠泊港區，這是蛇口開港以來靠泊的最大噸位船舶。1993年8月18日，作為華南最大散貨碼頭的蛇口港區7.5萬噸級散貨碼頭竣工。至此，蛇口港已經從初期的工業區客貨運輸自用碼頭，發展為華南地區最大的深水港區和中轉港區之一，成為深圳的水運樞紐。

第三步，向國際性集裝箱港口邁進（1989- ）

集裝箱運輸作為一種高效、快捷的現代運輸手段，體現了一個國家的遠洋運輸水準。中國於1950年代曾在大連——上海航線上嘗試過集裝箱運輸，但直到1980年代，中國集裝箱運輸尚未獲得突破。

1989年4月，招商局與中國遠洋運輸總公司合資組建蛇口集裝箱碼頭有限公司；興建深圳第一個集裝箱專用碼頭——蛇口集裝箱碼頭（SCT），設計年吞吐能力達50萬個標箱，於1991年8月18日建成投產。

集裝箱碼頭的建成投產，標誌着蛇口港區邁向國際性樞紐港區。

　　由於蛇口港區的建設突破了過去國家財政撥款建設港口、國家劃分港口腹地、國家計劃固定貨源的傳統做法，堅持“自籌資金、自闢貨源、自主經營、自負盈虧”的市場經濟原則，這既為中國港口建設的改革開放探索了一條新路，也使招商局從一開始就將成本控制和投資回報擺在核心位置，實行基建與經營交叉進行，滾動式發展，招商局也從港口建設中獲得跨越式發展。

　　就在興建蛇口港的同時，袁庚抓住南海東部油田開發及其後勤基地正在選址的機遇，適時地向中央建議，開發蛇口半島的第二個海灣——赤灣，將南海東部油田的後勤基地留在僅僅距東海油田200公里的深圳赤灣，既可依託蛇口工業區，又可以水深條件優於蛇口灣的赤灣建設深水大港。

　　在取得中央同意後，招商局再來一個五年不上繳利潤，用來開發赤灣。1982年6月，由招商局牽頭（佔最大股的38%）共有內地和香港的六家公司合資組建的中國南山開發股份有限公司由國務院批准成立，袁庚任董事長兼總經理，這是中國改革開放以後，第一家真正意義上的股份有限公司。僅用短短三年時間，便在赤灣海灘上建成了初具規模的深水港區、石油後勤基地和配套設施，其中，1983年4月，建成水深十米的第一個萬噸級順岸式碼頭；1985年，建成一批石油專用碼頭。到1988年，已建成兩個以集裝箱裝卸為主的多用途3.5萬噸級深水泊位。

　　至此，赤灣港區已建成具備雜貨裝卸、集裝箱運輸、散化肥灌包作業、石油產品儲存中轉等多功能的華南集裝箱中轉大港。

　　蛇口港和赤灣港合組的西部港區在袁庚時代已經成為深圳國際性樞紐港的主體，加上後來招商局控股的媽灣港，西部港區三大港盡收入招商局的旗下。即便是李嘉誠在1993年入主鹽田港後，西部港區仍然擁有深圳港年吞吐量的半壁江山。港口航運產業能夠成為招商局的核心產業，袁庚功不可沒。

三　蛇口模式及其蛇口效應

蛇口工業區從它誕生的第一天起，就倍受矚目，整個20世紀80年代，它都在中國的聚光燈下。作為中央企業兼外資的招商局率先登陸之作，中央第二代、第三代及第四代的領導人頻繁視察，世界各地及香港富商紛至沓來，各路新聞媒體爭相採訪，使蛇口模式迅速升溫，搶盡風頭。究竟如何破解蛇口模式、評估蛇口效應，以下試述一二。

"蛇口模式"一說最早出現在1981年6月6日，新華社播發了一篇《蛇口工業區建設速度快》的電訊稿，其中提到"蛇口方式已引起人們廣泛注意"，而中央人民廣播電台英文播發時，將"方式"譯為"model"（模式）。從此以後，"蛇口模式"一說不脛而走，傳遍全國。但是，究竟何謂"蛇口模式"？論說莫衷一是，我認為"蛇口模式"應包括如下內涵：

第一，所謂"蛇口模式"，首先是一種特殊區域的管理模式。"蛇口模式"實為"蛇口工業區模式"之簡化。"蛇口工業區"實乃借鑒國際上的"出口加工區"模式，是指主權國家或地區在其領土劃出一定範圍，實行特殊的經濟開放政策和管理體制，以達到一定經濟目的之特別經濟區域。由於各國家、地區的自然經濟社會條件不同，模式名稱也不盡相同，比方有"自由港"、"自由貿易區"、"免稅區"和"出口加工區"各種模式。1547年，意大利熱那亞的雷格亨港是世界上最早的自由港，而一般公認最早的"出口加工區"在愛爾蘭的香農。1959年，愛爾蘭政府在香農國際機場附近劃出380公頃土地，作為自由加工區，專供外資廠商開辦出口加工業務。從此以後，出口加工區幾乎遍佈全球。至1980年，全球出口加工區已達七十多個，分佈在全球四十多個國家和地區。

從蛇口工業區模式看，經中央批准，劃定了一定區域，實行了管理上不同於內地其他地區的特殊的方式和制度，如實行特殊的稅收制度，凡用於工業區的機械設備、原材料進口和外銷的成品、半成品出口一律免稅，出工業區則按海關有關管理辦法徵稅。而且，實行"產業結構以工業為主、資金來源以外資為主、產品市場以外銷為主"的"三個為主"外向型經濟，並且對發展外向型經濟設定了較高的門檻和條件，即"五不引進"：來料加工項目不引進，補償貿易項目不引進，殘舊機器設備不引進，不能處理的污染工業項目不引進，佔用國內出口配額的項目不引進。這個門檻的設定，顯然已高於專門引進"二手設備"的早期光大，也高於引進"三來一補"項目的早期深圳。因此，蛇口工業區的管理體制既借鑒於國外的出口加工區模式，也有自己的特色。只是後來，蛇口與深圳經濟特區逐漸趨同，並納入深圳特區範圍之內。但是蛇口工業區作為中國最早的出口加工區，其示範效應功不可沒，為全國各地開辦各種開發區、工業園區提供了經驗。

第二，所謂"蛇口模式"，是一種不同於當時計劃經濟的新的經濟發展模式，即市場經濟模式，它直接移植了香港的自由市場經濟管理方式，成為中國最早在基建工程實行招投標制、計件超額獎勵制、人才招聘制和住房制度改革的企業；在資金和財務管理中，凸現資金的時間價值管理等等，這都是香港成熟的市場經濟管理方式，但在當時的中國內地，卻是嶄新的經濟管理方式。因此，蛇口工業區被稱為"中國改革開放的'試管'"。

第三，所謂"蛇口模式"，還包含了由這種從國際的和香港的經濟管理和發展模式中，自然派生出來的價值理念和行為方式，如效率觀念、時間觀念、信用觀念、顧客意識等，最典型的就是袁庚倡導的"時間就是金錢，效率就是生命"，以及其在內地的震撼性效果和公開選舉領導人的民主試驗等。

基於此，在當時的中國，"蛇口模式"不僅代表了一種新的市場經濟制度、新的經濟管理模式，也代表了一種與新經濟制度相適應的新的價值理念和行為方式。

　　那麼，這種代表新的方向的經濟制度、管理方式，究竟釋放出什麼樣的經濟效益和實際效果呢？我們不妨簡單考察一下“蛇口效應”即蛇口工業區的發展成果。

　　早在1978年，袁庚給國務院的第一個請示報告所敍述的九大業務中，“現代化交通工業和其他工業企業”排在第一位，“集裝箱碼頭”及“港灣、房地產、倉儲”排在最後的一二位。直到1988年，袁庚才明確將“港口”放在第一位。可見1989年以前，創建工業區辦工業在袁庚的心中是頭等大事。

　　其實這也好理解，中央批的是工業區的工業用地，當然必須辦工業，這在袁庚那裏是毋庸置疑的。因此，1981年12月，招商局便提出了以“三個為主”（即產業結構以工業為主、資金來源以外資為主、產品市場以外銷為主）的經營策略。

　　然而，辦工業曾一度受到交通部內部一些人的質疑，有人提出了“主業”與“副業”的問題，主要的觀點是交通部的主業是航運業，工業只能是副業。葉飛調離交通部長後，有關質疑辦工業之聲尤甚。但是早在1979年初，招商局由原來的中遠總公司直接領導改歸交通部領導，與中遠逐漸“脫鈎”，招商局原有的遠洋船隊統統劃歸中遠總公司，招商局只能從廣州遠洋公司借船開闢幾條航線，組建了香港明華船務公司。現在看來，招商局如果完全重歸傳統航運業，很可能走入死胡同，因為世界航運業當時正處於大蕭條中，連包玉剛都已“棄舟上岸”，經營港口碼頭和房地產，招商局放棄蛇口重新登船下海還有多少優勢可言？

　　袁庚再一次顯示了“挾天子以令諸侯”的本領，他借助一批中央領導視察蛇口時對工業區的支持，堅持了“工業為主”的發展理念。

　　招商局辦工業一無資金，二無技術，三無市場，只能走招商引資之路。資金靠外資，市場靠外銷；而且從一開始，蛇口工業區引資的起點似要高於同期的深圳其他區，排除了一些勞動密集型、高污染的三來一補項目，重點引進三資企業。雖然蛇口工業區並沒有完全杜絕一些勞動密集型的來料加工項目，但也確實引進了一些好項目，這些項目或企業，有些已經成為世界或中國知名企業。

從1979年9月招商局與香港宏德機器工廠在蛇口合資興辦中宏製氧廠開始，至1991年，蛇口工業區共引進項目382個，先後建成集裝箱、軋鋼、鋁材、船用油漆、製氧、機械翻修、遊艇、拆船、麵粉、餅乾、飼料、合成材料、電子、電機、開關電源、服裝、紡織、浮法玻璃、玩具、家具、油庫、潤滑油等各類工廠，形成了五大支柱產業：以電腦部件為代表的電子工業；以平板玻璃及其深加工系列產品為代表的建築材料工業；以大吞吐量為特色的糧油食品加工業；以海運集裝箱為代表的金屬加工業和絲綢製衣業。[6]

電子工業有日本在中國開辦的第一家獨資企業三洋電機（蛇口）公司和三洋半導體（蛇口）公司，它們分別於1983年和1984年成立，擁有收音錄音機、高級音響器材、鐳射唱機、計算器、電子錶、半導體收音機、揚聲器、彩色電視機、印刷線路版等多條生產線，1990年出口額達8.2億港元，出口創匯躍居全國三資企業首位，產品出口率達100%。電子工業還有生產硬碟磁頭居全國之最的開發科技公司、生產內地最先進的電腦輔助工作站的科健公司、生產內地式樣最多的電話機的泰豐電子等。

建築材料加工產業中，投資最多、規模最大、技術最先進的，是由中國南方玻璃公司（以下簡稱"南玻"）與泰國、美國多家公司合資的廣東浮法玻璃有限公司，投資總額達一億美元，設計生產能力為年產平板玻璃350萬個標箱。在南玻的帶動下，一批玻璃生產加工企業在蛇口落戶。

金屬加工產業最成功的是由招商局與丹麥寶隆洋行合資興建的中國國際海運集裝箱股份公司（以下簡稱"中集"），該公司於1980年1月成立，總投資300萬美元，雙方各佔50%股份。1982年投產時適逢世界航運業衰退，公司一度停產。1987年，中國遠洋運輸總公司（以下簡稱"中遠"）

加盟，股權結構調整為招商局、中遠各佔45%，寶隆洋行佔10%。新中集以生產集裝箱為主，兼營登機橋等產品。中遠的加盟壯大了中集的實力，更帶來穩定的客戶。隨後不到十年，中集已成長為全球最大的集裝箱製造商，中國知名的上市公司。到2005年，中集已成為全球唯一一家提供乾貨、冷藏、罐式、特種等全系列集裝箱的製造商和供應商，擁有六大產品領域、三十多個產品系列、六百多個產品品種，擁有六百多項自主專利，是中國唯一參與集裝箱行業國際標準制定的企業代表，在全球集裝箱市場的佔有率超過一半以上。到2007年底，中集集團總資產達403.92億元，淨資產為175.42億元，銷售額為487.61億元，淨利潤達31.65億元，在中國及北美、歐洲、澳洲等擁有一百餘家全資及控股子公司，員工超過53,000人，形成跨國經營格局。

　　糧油食品加工業有招商局與台灣大成長城集團合資的大成食品（蛇口）有限公司、南山開發公司與郭鶴年合資的南海油脂（赤灣）有限公司、南順麵粉有限公司以及正大康地（蛇口）有限公司等。絲綢服裝行業由於停留在來料加工階段，經歷短暫繁榮後就逐漸式微。

　　應該說，蛇口工業區由於突出了“三個為主”（即以工業為主，以出口為主及以市場調節為主）和“五不引進”（即不引進來料加工、補償貿易、技術落後、污染環境和擠佔出口配額的項目）的發展思路，在1980年代引進了大量的三資企業，強調不引進勞動密集型、污染、殘舊設備的工業，這與深圳其他地區大量引進“三來一補”（“三來一補”是“來料加工、來樣加工、來件裝配及補償貿易”的統稱）企業相比，不僅有一定超前性，而且明顯高了一個檔次，並且取得了成功。當時出版的《深圳的全國之最》一書收入了二百個“全國之最”的紀錄項目，蛇口工業區就創造了24個“全國之最”，引領了中國早期的改革開放。

　　但是，引進的大量企業雖然超越了“三來一補”企業，但大多數仍屬於國際產業鏈上的中低端加工產業，缺少代表世界發展方向的新技術、新材料、新能源等高端產業或大型跨國企業。因此，除少數企業有較好的成長性，而逐步培育成行業品牌企業外，大多數企業生命週期極短，如絲綢服裝行業短短幾年就被市場淘汰。

　　進入20世紀90年代後，特別是隨着深圳發展高科技產業實行產業轉型和升級以後，深圳絕大部分"三來一補"企業或遷往東莞等地，或轉型升級，而蛇口大部分工業企業並沒有跟上深圳轉型升級的步伐而逐漸落伍。

　　在袁庚主政時期，除了港口和工業之外，蛇口工業區在旅遊、地產、金融等產業領域均獲得了開創性成就。

　　20世紀80年代，深圳逐步形成了著名的"五湖"（西麗湖、香蜜湖、石岩湖、東湖、銀湖）和"四海"（"海上世界"、深圳灣、小梅沙、西沖）的旅遊景點體系。在這個體系中，"海上世界"是蛇口工業區獨樹一幟的旅遊景點。"海上世界"是中國第一艘由豪華郵輪改裝的水上娛樂中心，這艘原名"明華輪"的郵輪產於法國，因法國戴高樂總統乘坐過而聞名。1983年，在廣州遠洋公司退役後，袁庚以300萬元購入，並將它改裝為集遊玩、娛樂、餐飲、賓館於一體的水上娛樂中心。1984年1月，鄧小平親臨明華輪並揮毫題詞"海上世界"，使它迅速成為深圳標誌性旅遊景點。

　　1983年4月，招商局與滙豐銀行、香港美麗華酒店等合資興建南海酒店，這是深圳第一座按國際標準興建的五星級豪華酒店，酒店背山面海，總建築面積3.56萬平方米，擁有395間客房，於1986年5月開業。建築造型正面如樓船，側面如風帆，象徵招商局這艘船乘風破浪，成為當時深圳的地標性建築。

　　招商地產源於1981年成立的蛇口工業區建設指揮部的房地產科，於1984年正式成立房地產公司，主要負責工業區內土地的徵用、經營管理，承擔區內所有物業（福利房、商品房、公寓、別墅、寫字樓、廠房和商舖）的開發建設和經營管理。房地產公司的早期傑作，有中國最早的別墅區——碧濤別墅區和全國最大的涉外別墅區，即為南海油田服務基地建立的配套住宅——鯨山別墅區。當時有阿莫科、埃索等一大批位居世界五百強的外國石油公司參與南海石油勘探開發，為了給這些外國石油公司老闆提供良好的後勤服務，袁庚選址背山面海、環境幽雅的南山圓檀廟，按國際標準設計圖紙，共建了188套別墅、5棟84套公寓，總建築面積達6萬平方米，配套的網球場、游泳池、健身房、教堂一應俱全，還配套了一條酒吧街——深圳蘭桂坊和二百餘名菲傭，使之成為異國情調濃郁的社區。這也是當時深圳乃至全國最早的高級別墅區。1997年，房地產公司正式更名為"深圳招商房地產公司"，並走出蛇口，走向全國，迅速成長為全國知名地產企業。

與招商地產相配套的招商物業管理有限公司早在1992年就已成立，目前已發展為全國知名的物業管理品牌。

招商局近百年前就曾創辦過中國第一家銀行——中國通商銀行，但創辦蛇口工業區的袁庚卻常常為資金的使用效率而煩惱。1984年4月，蛇口工業區率先成立內部結算中心，將工業區的十幾個企業的資金集中起來，統一調度，以提高資金的安全性和使用效率，這是全國第一家企業內部結算中心。次年，在此基礎上，工業區成立了財務公司，既可向銀行拆借資金，又可吸納企業存款，從而擴大了工業區的融資管道。

1986年，中國出現了在中國人民銀行、農業銀行、工商銀行及建設銀行等四大國有銀行之外的首家股份制銀行——交通銀行。嗅覺敏銳的袁庚感覺到新的機遇來了。1985年底，趁着中國人民銀行行長陳慕華視察蛇口工業區的機會，袁庚提出了由企業創辦商業銀行的想法，在獲得肯定和支持後，1986年5月，袁庚正式向中國人民銀行提交了《關於成立"招商銀行"的報告》；8月，獲人民銀行總行批准。1987年4月8日，招商銀行正式成立，袁庚任董事長，王世楨任行長。招商銀行成立後突出信用、服務和創新，在全國率先推出新的業務品種——離岸金融業務，在全國銀行界率先推出統一佈點、統一規劃、統一設備和統一管理的電子網絡資訊化建設，率先實行一卡通。

　　1991年8月，招商銀行內設證券業務部。1994年，中國招銀證券公司成立。1998年，中國招銀證券公司增資改制，股東從一家擴至十二家，並更名為"國通證券有限責任公司"，之後多次增資擴股，並再更名為"招商證券股份有限公司"。2006年，招商局斥資10.5億佔股51.93%，招商證券資本實力已位列行業前三甲。

　　一百年前，招商局就有創辦仁和保險公司之先例；一百年後，袁庚再次創辦了新中國第一家股份制保險公司，打破了國有保險公司的壟斷局面。

　　1987年12月，袁庚向中國人民銀行遞交了《關於合資成立"平安保險公司"的請示報告》。1988年3月，央行正式批覆由蛇口工業區與中國工商銀行深圳信託投資公司合資成立平安保險公司；5月27日，平安保險公司正式開業，蛇口工業區與工商銀行分別佔股51%與49%，工商銀行委派了董事長，招商局則委派馬明哲任總經理。1989-1992年，中遠總公司、深圳市財政局和平安職工合股基金成為平安保險公司的新股東。1991年，平安保險公司總部從蛇口遷址深圳中心區，公司發展開始駛入快車道，並開始走出蛇口，走向全國。1992年，經國務院批准，平安保險更名為"中國平安保險公司"。1994年，世界著名投資銀行美國摩根士丹利和高盛入股"中國平安保險"，平安保險開始向國際化管理邁進，並迅速拓展新的保險產品，在內地廣設分支機構，在美國等海外數十個國家和地區設置了四百餘個代理網點。

　　1881年，晚清時期的輪船招商局就興建了第一條中國人自己建的鐵路——唐胥鐵路。沒想到一百年後，袁庚再一次實現了興建中國第一條中外合資的平南鐵路。

　　到20世紀80年代末，蛇口港區已被交通部確定為中國遠洋運輸的中轉港，深圳港已邁入全國十大港口行列，但卻是全國唯一不通鐵路的大港。

圖36　1984年1月26日，鄧小平視察招商局蛇口工業區，為明華輪題詞
"海上世界"。

圖37 1992年初，馬志民陪同鄧小平參觀深圳中國民俗文化村。

圖38 錦繡中華微縮景區的大型表演——龍鳳舞中華

修建一條支線疏港鐵路，將深圳西部港區的貨源腹地延伸到內陸，就提上了招商局的議事日程。

1990年，國家計劃委員會正式批准立項。1991年4月，袁庚正式將這條鐵路命名為"平（湖）南（山）鐵路"；6月，由蛇口工業區等六家中外資企業合資組建平南鐵路有限公司；9月正式開工。1993年3月28日，平南鐵路通車。1994年9月，平南鐵路併入全國鐵路網。1995年6月，特快列車開通。平南鐵路的通車，為深圳西部地區經濟的發展，特別是為西部港區輸送貨物發揮了一定作用。但由於該鐵路離蛇口港還差1.9公里，導致承運貨物客源均嚴重不足，經濟效益較差。

此外，蛇口工業區還承擔了市政建設、教育、文化、衛生醫療、治安等廣泛的社會功能，創辦了在深圳享有盛譽的育才學校、蛇口工業區保安服務公司（中國第一家保安公司）、蛇口聯合醫院，以及中國第一家污水處理廠等。

四　鉛華褪盡：榮耀與遺憾

歷史本身經常重演。記得是馬克思說的。

在一百多年前的晚清洋務運動中，李鴻章創辦輪船招商局，從航運業起步，先後投資煤礦、鐵路、鋼鐵、電訊、銀行、保險、紡織、倉儲、教育等二十餘個項目，幾乎遍及當時的所有產業，從而引發了招商局第一次發展高潮。

在一百年後的改革開放中，袁庚彷彿從招商局的先祖身上汲取了靈感，他以蛇口登陸為起點，以蛇口工業區為平台，先後獨資或合資興辦了港口碼頭、集裝箱生產、銀行、證券、保險、鐵路、地產、旅遊、酒店、教育、醫院等。這幾乎是一次新時代的洋務運動、李鴻章的翻版。

晚清洋務運動是在內憂外患中開始起步的，外有東西方列強環伺侵凌，內有專制體系下的頑固派打壓阻撓，洋務運動打造的軍工產業在甲午戰爭中幾乎損失殆盡，剩下的民族工業也在半殖民社會中苟延殘喘。洋務運動上演了一齣名副其實的悲劇，李鴻章甚至背上了"賣國"的罵名。

相比之下，袁庚就幸運多了。雖也是披荊斬棘，篳路藍縷，充滿艱難和風險，但時代畢竟不同了，渴望改革、鼓勵幹大事、創大業並寬容失敗的社會氛圍正在形成，或者說是一個呼喚英雄、迸發創業激情的時代已經來臨。試想一下，華國鋒、葉劍英、鄧小平、李先念、胡耀邦、趙紫陽、江澤民、胡錦濤、胡啟立、楊尚昆、王震、谷牧、陳慕華……這些中央第二代至第四代主要領導人基本都在20世紀80年代對招商局或批項目，或親臨視察，或表態支持，蛇口工業區在改革開放早期所受到的中央關照，甚至要高於深圳經濟特區，可以說"集萬千寵愛於一身"。正是因為有這柄支持改革開放的尚方寶劍，袁庚才可以大刀闊斧施行改革，在蛇口工業區這根"試管"中，培育出了中集、招商銀行、平安保險、招商地產等一批世界或全國知名企業，招商局更是走出低谷，獲得跨越式發展。他個人也修成正果，功德圓滿。1992年12月，他以享受副部級待遇正式離休，從此含飴弄孫，安享晚年。

袁庚擁有榮耀，也值得榮耀。

但是，鉛華褪盡有"遺憾"。

2004年，袁庚87歲，他在接受香港《文匯報》記者的採訪時，反思蛇口的改革開放有三大遺憾：一是當時中央準備批給他的地方比他選中的地方大好幾倍，他沒敢要；二是當時沒能通過人大立法來保護開發區的許多制度創新；三是霍英東、李嘉誠等香港大資本家要在蛇口投資入股，囿於當時的意識形態，他拒絕了，以致蛇口終究沒能做大做強。

很難揣測袁庚這"三大遺憾"背後的心理，是感慨蛇口的發展終究受到空間的限制，還是慨歎蛇口"試管"的經驗沒有得到有效的傳承和發揚？或是傷懷於蛇口沒能實現與世界級富豪對話而站在世界經濟的巔峰？

從歷史的角度來看，袁庚當年如果"吃下"36平方公里的土地，也許

圖39 "海上世界" ——明華輪

圖40 1985年3月26日於蛇口開業的深圳市首家五星級酒店——南海酒店

能避免後來南油集團對23平方公里的南油開發區這塊稀缺資源"暴殄天物"式的揮霍、糟蹋，以致最終瀕臨破產的歷史悲劇。但是歷史無法假設，有成功就有失敗，這是歷史規律，工業開發區的運作和經營同樣逃不脫這條規律。對於第一大遺憾，我們能夠理解袁庚。他的繼任者，在21世紀初將媽灣和南油集團收至旗下，在某種程度上彌補了前輩的遺憾。

第二大遺憾則有些令人費解，其實，蛇口模式和主要經驗包括他所謂的"制度創新"，到20世紀80年代中期90年代初，就已經普及到深圳等經濟特區、浦東新區甚至內地很多城市。到1990年代，深圳、浦東等地的迅速崛起，無論是產業升級轉型還是招商引資的檔次、規模，或是城市規劃的建設水準和新的制度創新力度，均早已超越蛇口模式。歷史的聚光燈已經他移，隨着袁庚的離休，蛇口逐漸淡出人們的視野。至於深圳對蛇口工業區管理體制的調整，應該是符合市場經濟發展主流的。

第三大遺憾其實也未必是遺憾。蛇口工業區雖沒有建成世界頂級經濟區，但在當時的條件下，成功多於失敗，從蛇口走出了一批世界級和中國知名的企業如中集、招商銀行、平安保險等，尤其是招商局本身的跨越式發展，都凝聚了袁庚早年創業的貢獻。其實香港華商鉅子們，除了李嘉誠之外，在深圳作大投資的均不多。霍英東的投資主要在廣州、中山和番禺；鄭裕彤、李兆基後來連深圳市政府邀請參與開發的深圳市福田中心區的幾塊土地都放棄了；郭炳湘三兄弟在深圳也沒有大投資。因此，有華商鉅子的加盟，固然可喜可賀；若沒有加盟，也不存在多少遺憾。

其實，站在今天的角度，重新反思蛇口模式，卻可以理出一些真正的遺憾：

第一，蛇口工業區的定位是否有與時俱進，適時調整？

1988年夏，袁庚在南海酒店會晤諾貝爾化學獎得主李遠哲時曾經說過："在'振興中華'口號的鼓舞下，在這裏實行開放政策，從事一項探索性工作，把它作為'試管'，尋求一條有中國特色的社會主義道路。"[7]

在袁庚的心中，蛇口工業區始終是"探索具有中國特色的社會主義道路"的"試管"，也就是說，袁庚始終是站在國家改革開放的高度來定位蛇口工業區的發展和改革的，這本來在大原則上是對的，尤甚是改革開放早期，蛇口工業區的確擔當了國家改革開放的馬前卒和尖兵角色，為中央的新政策、新想法作試驗。但是隨着全國改革開放向縱深發展，特別是改革開放從經濟特區擴大到14個沿海城市，海南、浦東開放乃至全方位開放局面逐漸形成時，蛇口工業區早期的探路作用已經弱化。以引進世界五百強與全球金融巨頭為己任的浦東新區，無論規模、起點或檔次，都早已超越蛇口模式。蛇口工業區應該對其定位作適時調整，應該逐漸還原為企業的本色，淡出政府的角色，更多的不是關注試驗中央的新政策新想法，而是在參與市場競爭中做強做大。

1984年，是袁庚人生輝煌的巔峰時期，鄧小平視察蛇口，國慶三十五週年唯一的企業綵車參加閱兵慶典，蛇口成立了區委區管理局，袁庚名正言順地恢復了政府官員身份，而且是亦官亦商的身份，取得了經濟、行政、人事等諸多審批權，蛇口工業區開始承擔辦醫院、教育等企業社會化功能，區轄範圍達18.39平方公里。這固然會使蛇口工業區辦事更方便，效率更高，但其實質是一種回歸，一種向舊的計劃經濟方式的回歸。本來，創辦蛇口工業區是要從計劃經濟中走出去，邁向市場，探索市場經濟的發展方向，結果還沒完全走出來，就又回歸了。過去，一個大型企業不就是一個政府、一個社會嗎？如大型鋼鐵公司基本上就是一個鋼城，政府、社會的職能全部都有了。這種政企不分的狀態與市場經濟結合，會使這個擁有政府權力的企業成為特權企業，從而排斥、打壓其他競爭對手，導致市場經濟公平競爭的基本原則遭到破壞，這恰恰培育出來的是一種壞的特權的市場經濟，事實上，深圳市政府就曾接到蛇口工業區一些企業的類似投訴。而且，這種特權企業還會產生攀比效應，華僑城也曾經想參照蛇口工業區的方式，建立一級區委區政府，但未獲批准。

除此之外，當蛇口工業區承擔了太多的社會功能時，必然會導致低效率並帶來沉重的社會負擔，這也會使蛇口工業區作為市場主體的企業角色日漸淡化。後來，蛇口工業區不堪重負，蓋源於此。

其實，到20世紀80年代後期，隨着全國邁向全方位開放局面，蛇口工業區應該與時俱進，及時調整定位，還原企業本色，參與市場的公平競爭。顯然，在這個問題上，袁庚仍然沿襲過去成功的思路，以"借東風"和"通天"的政治手法，來推動企業和工業區的跨越式發展，但一旦社會進入成熟的市場經濟常態，這種非常規方式就和特權經濟無異了。1990年，深圳市政府撤銷了蛇口管理局，其主要職能併入深圳南山管理局。這個決策符合市場經濟發展的主流。往事如煙，袁庚與深圳的心結應可解開。

第二，招商局、蛇口工業區長期的多元化產業發展思路，是否從戰略上限制了核心產業的培育和核心產業的戰略佈局？

招商局搶佔蛇口作為發展基地，這是招商局在袁庚時代最濃墨重彩的一筆。但是從招商局給國務院的第一個報告，可見其奉行的是九大業務的多元化思路，這個發散式戰略的確使蛇口工業區在中國改革開放的早期，搶佔了一些產業發展的先機，但是隨着改革開放的進一步深入，如要搶佔行業的制高點，做行業的領頭羊，就必須實行有限的多元，必須集中有限的資源培育核心產業，而且必須使這些核心產業走出蛇口，進行全國的戰略佈局，以搶佔資源，形成規模和網絡。顯然，這個問題在袁庚年代，沒有得到解決，而且在袁庚之後，"多元化"變本加厲，發展成盲目擴張的無限多元化，使招商局走上了高負債經營及大規模投資之路，最終在亞洲金融風暴衝擊下，遭受了重創。好在21世紀的新一代領導人重新思考並進行了成功的實踐。

第三，蛇口工業區早年規劃設計理念的不足，是否已經制約了蛇口形象的提升和功能轉型？

　　以現代城市發展理念來看，蛇口工業區當年的啟動多少有些倉促，缺乏高水準的超前的規劃設計理念，這種粗放式的規劃設計理念帶來的主要問題，是生產、服務的功能不清，土地資源的集約開發不足等問題。隨着華僑城片區的規劃理念實施和土地集約式開發，特別是上海浦東新區招商引資和開發建設，蛇口工業區無論是規劃設計理念、城區的功能定位，還是招商引資的檔次和規模，都已經明顯落伍了。

　　到1990年代，隨着"錦繡中華"、中國民俗文化村、"世界之窗"、歡樂谷等一系列的主題公園的出現，深圳的熱點已經從蛇口轉向華僑城。蛇口逐漸淡出人們的視野。所幸蛇口工業區與華僑城不同，並沒有與香港招商局分離，於是，蛇口工業區的產業升級、城區改造和功能轉型便歷史性地落在21世紀的香港招商局新一代領導人的肩上。

五　華僑城接力

　　歷史有時就像接力賽，一棒接一棒，後浪推前浪，各領風騷三五年。歷史有時很大方，第一棒跑得精彩，所有的燈光聚集在你身上；歷史有時也很殘酷，第二棒接上來了，所有的燈光和掌聲也跟着第二棒走了。

　　香港中資企業挺進內地，跑第一棒的是招商局，是袁庚，跑得夠精彩，在1980年代聚集了太多的燈光和掌聲；進入1990年代，跑第二棒的，也贏得了燈光和掌聲，這就是港中旅，這就是華僑城。

　　進入1990年代，蛇口已經風光不再：1990年，蛇口區委區管理局被撤銷，為了理順管理體制，花了整整四年。1992年1月，鄧小平第二次到深圳，其中有一個細節沒人察覺，他到了華僑城的中國民俗文化村，在離開深圳經蛇口乘船去珠海的路上，穿過蛇口工業區，卻匆匆而過。1992年底，袁庚悄然離休。此後，蛇口幾乎沉寂了整整十年，招商局的發展重心已回師香港。

接第二棒的是港中旅，由港中旅董事總經理馬志民掌控華僑城的開發。

馬志民（1932-2006年），原名"馬啟煌"，廣東台山縣人，1949年參加廣東抗日游擊隊東江縱隊。曾任廣東省深圳水庫工程指揮部第一副總指揮，深圳鎮委書記。1979年被調任國務院僑務辦公室，並派往香港中國旅行社。1985年後，歷任香港中旅集團副董事長兼總經理、香港中國旅行社董事長總經理、香港中旅國際投資有限公司董事局主席、深圳特區華僑建設指揮部主任、深圳航空公司董事長、華商銀行名譽董事長等，正司級離休幹部，以香港中旅集團副董事長兼總經理的身份出任深圳華僑城建設指揮部主任，享有"中國主題公園之父"的榮譽。

深圳華僑城，原屬寶安縣光明華僑畜牧場沙河分場。1981年，經廣東省政府批准，沙河分場改為沙河華僑企業公司，為處級單位。1982年，全國人大副委員長廖承志曾提議將之升格為局級單位，直屬國務院僑務辦公室（以下簡稱"僑務辦"）。不久，廖承志遽歸道山，加之其他一些因素，此事被擱置起來。

後來華僑城成為港中旅在深圳開發的第一個項目，這得從葉飛將軍說起。

葉飛（1914-1999年），原名"葉啟亨"，出身於菲律賓華僑家庭，曾任新四軍和中國人民解放軍第三野戰軍的高級將領，1955年被授予上將軍銜。曾歷任福建省省長、福州軍區司令員、交通部部長、海軍司令員、人大副委員長。葉飛將軍不僅在戰爭年代指揮過著名的孟良崮戰役、渡江戰役等，戰功卓著，而且在改革開放初期，直接推動了蛇口工業區和華僑城的創建。

葉飛於1975-1979年任交通部長，正是他派袁庚駐香港掌控招商局，又因他的努力爭取和支持，中央批准了蛇口工業區的創建。1983年3月，葉飛當選人大副委員長並兼任人大華僑委員會主任委員。此時，袁庚已經把蛇口工業區搞得風生水起，在全國的影響力與日俱增。蛇口工業區的成功，再加上為了吸引海外僑胞回國投資，葉飛親自出面與他的福建老鄉、新四軍、三野的老戰友和老部下，同時也是兒女親家——剛剛履任廣東省省長的梁靈光商定，建議從廣東省華僑農場管理局轄下的深圳沙河華僑企業劃出一塊4.8平方公里的土地給國務院僑務辦，葉飛給這塊地起名叫"華僑城"，作為華僑回國投資的一個"窗口"項目。1985年2月，葉飛與僑務辦主任廖暉接見港中旅負責人，正式提出由港中旅參照蛇口模式開發華僑城；3月，葉飛考察深圳沙河並在東莞召開的全國僑務工作會議上重申建設"深圳特區華僑城"的構想；8月，國務院僑務辦、特區辦聯合發出通知，通知指出開發華僑城的報告已經國務院批准；11月，國務院僑務辦批准成立華僑城建設指揮部，時值港中旅已升格為集團公司，廣東省顧問委員會主任梁靈光兼任港中旅集團董事長，馬志民任副董事長、總經理，並被任命為華僑城建設指揮部主任、華僑城經濟發展總公司總經理，負責華僑城的開發工作，並將港中旅集團每年利潤的三分之一用於華僑城初期的開發投資。十餘年時間，港中旅共計投資17.4億港元開發華僑城。

　　蛇口模式曾經是華僑城的標桿，華僑城也確有模仿的內容，如早期招商引資發展工業的方式、早期政企不分的形式等等，但是，華僑城從一開始，就從兩個方面進行創新，走出了一條屬於自己的路，從而超越了蛇口模式：

　　第一，突出了超前規劃。馬志民上任後並不急於馬上開發，而是立足於"規劃就是財富、環境就是資本"的理念，強化"高起點規劃，高標準建設"。他以年薪11萬美元，聘請了新加坡著名華人建築師孟大強擔任常年規劃顧問。每個月來華僑城上班兩天的孟大強，制定了一部執行二十年基本不變的、具有超前眼光的《華僑城總體規劃》。

　　當蛇口模式在進行"五通一平"、大舉挖山填海時，孟大強的規劃突出了對原生態的自然環境的尊重和保留，包括山和坡地、湖泊、荔枝林等

自然資源,不破壞原有生態,根據原有地形地貌,因地制宜,並做到了兩點:

突出以人為本的理念並滲透在規劃設計中。這個理念在中國超前了十五年以上。這個規劃強調了私人的空間,其中典型的是設計了一條給人以安全感、四通八達而舒適的步行系統。

保證規劃的完整性、綜合性和可持續性,並使規劃有彈性,可易於分期開發。在規劃上有意識地控制開發量,留有餘地,避免因過度開發所造成的資源破壞。

按照這個規劃,華僑城以新加坡為標桿,以"花園中建設城市"為理念,以環境綠化為抓手,成立的第一個分公司就是園林綠化公司。多年來,華僑城先後進行了荒山造林、公用綠化、專用綠化、道路綠化和建築物的垂直綠化等城區全方位綠化。華僑城深南大道段綠化改造成了"層次豐富,四季花香,獨具海濱特色"的觀光大道,滿足了濾塵、減噪、遮蔭、降溫等要求。

華僑城城區綠化面積已達210萬平方米,可綠化面積100%,綠化覆蓋率為52%,現有植物品種一百八十餘種,花類近一百種,人均公共綠化地面積48平方米。[8] 從20世紀90年代開始,華僑城就成為深圳建設花園城市的樣板。

第二,以主題公園系列為突破口,率先打造全國旅遊文化產業和旅遊文化品牌。

主題公園是一種以遊樂為目標的類比景觀的呈現,其特點是賦予遊樂形式以某種主題,圍繞既定主題來營造遊樂的形式與內容。園內所有的建築色彩、造型、植被、遊樂項目均為主題服務。主題公園是一種人造旅遊資源,創意性是其靈魂。全球開發最早而又最成功的主題公園當屬美國迪士尼樂園。

但是二十多年前的中國,老百姓尚處於溫飽階段,政府對公民旅遊實

行 "不鼓勵，不提倡" 政策，旅遊也不是一個獨立的產業，旅遊多少被視為一種較奢侈的生活方式。美國迪士尼樂園對絕大多數中國人來說，還是一個非常陌生的概念，故 "主題公園" 概念更近乎天方夜譚。

1985年5月，馬志民赴歐洲考察，當看到荷蘭瑪林洛丹 "小人國" 時，大受啟發，聯想到：可否讓中華五千年文明和其豐富的旅遊資源濃縮於一園，讓中外遊客在短時間內領略中華民族的博大精深？於是一個微縮的 "錦繡中華" 的文化創意就這樣提出來了，儘管設想遭到很多人反對，甚至被譏笑為 "馬始皇" 修長城，也沒有動搖馬志民的決心。

"錦繡中華" 微縮景區佔地30萬平方米，建有80個景點，大致按中國版圖位置錯落分佈，景點比例大部分按1：15縮小。1987年5月動工，1989年11月完工，11月22日開業。景區開放後，遊人接踵而來，好評如潮，每天遊客上萬人，第一百零二天就迎來了第一百萬個遊客，一年左右時間就收回了近一億元的投資。"錦繡中華" 微縮景區以 "一步跨進歷史，一日遊遍中國" 的文化創意被譽為 "開中國人造主題公園之先河" 的傑作。

"錦繡中華" 取得經濟效益、社會文化效益的雙豐收，催化了系列主題文化公園的誕生。馬志民趁熱打鐵，中國民俗文化村、"世界之窗" 相繼誕生。

中國民俗文化村於1991年10月1日建成開放，佔地二十多萬平方米，匯聚了中國各民族民間藝術、民俗風情和民居建築於一園，共有25個村寨，均按1：1的比例建成。兩者相比，"錦繡中華" 定位在中華上下五千年文明的縱向文脈關係，中國民俗文化村則定位在56個民族文化的橫向文脈關係；"錦繡中華" 突出了靜態的景觀，中國民俗文化村在靜態景觀中賦予了動態的表演，中國民俗文化村以 "二十五個村寨、五十六族風情" 而贏得了 "中國民俗博物館" 的美譽。

"錦繡中華"、中國民俗文化村在主題公園中還率先創造了 "跟蹤式清掃、陪遊式清場及洗手間文化" 為代表的人性化服務方式，以文化氛圍感染遊客，作為一種文化現象受到廣泛關注。

　　"世界之窗"大型文化旅遊景區於1994年6月開業，佔地48萬平方米，按世界地域結構和遊覽活動內容分為世界廣場、亞洲區、大洋洲區、歐洲區、非洲區、美洲區、世界雕塑園及國際街等八大區域；擁有130個再現世界各國經典遺跡、建築精華、自然風光等的景點，還配有高水準的藝術演出和充滿動感刺激的各類節目。"世界之窗"以"你給我一天，我給你一個世界"為理念，將華僑城主題公園推向新的高潮，並組成了一個文化主題公園的完整系列。

　　華僑城系列主題公園開業至2009年，接待遊客累計超過1.2億人次，接待看演出的觀眾超過四千萬人次，[9] 其中包括鄧小平、江澤民、胡錦濤、朱鎔基、溫家寶等國家最高領導人，以及布殊、克林頓等離任美國總統及其他國家元首，鋒頭直蓋過1980年代的蛇口。

　　在此前後，馬志民又開始了"主題公園"在國內外的擴張。1993年在美國佛羅里達州複製"錦繡中華"公園；1995年在長沙複製"世界之窗"。

　　華僑城早期也曾以蛇口工業區模式為標桿，政企合一，對外招商引資，獨資或合資創辦了一百一十餘家企業，涉及家電、旅遊、房地產、商貿、手錶、自行車、照相機、玩具、服裝、印染、包裝等二十餘個行業。大部分工業企業檔次低、規模小，僅有康佳等少數企業創出了規模和效益，成為全國知名品牌企業。

　　康佳前身為廣東省光明華僑電子工業有限公司，由廣東省華僑企業公司控股51%（1986年1月，華僑城受讓51%股權），1980年5月正式投產，1983年產品從收音錄音機向電視機轉向，從此邁入了一個歷史新階段，並在短短幾年就發展成為全國知名品牌，後又涉足數碼電視、移動通訊研發等領域，成為中國彩色電視機行業和手機行業的骨幹行業，連續四年位居中國電子百強第四名，成為總資產100億元、淨資產30億元、年銷售收入一百三十多億的大型電子資訊產業集團和公眾上市公司。

　　1992年，馬志民還牽頭三家公司，合資成立了"深圳航空公司"，該公司成為中國第一家由企業聯合組建的地方航空公司；1993年創辦暨南大學中旅學院（現稱"暨南大學深圳旅遊學院"），該學院於1996年建成並正式開學，院址坐落於深圳華僑城；又參股華商銀行（後參股深圳城市合作商業銀行），進入金融領域。

　　1995年，馬志民功成身退，任克雷接掌華僑城帥印，十餘年來，華僑城又延續了新的輝煌："主題公園"又增加了"歡樂谷"和東部華僑城。

　　"歡樂谷"1998年建成開業，佔地35萬平方米，總投資8億元人民幣，是將文化景觀與器械遊樂融於一體的高科技現代主題公園，突出了讓遊客充分體驗與眾不同、夢幻繽紛的歡樂時空。

　　位於深圳鹽田大梅沙的東部華僑城於2007年7月試業，佔地9萬平方公里，總投資35億元人民幣，是以"讓都市人回歸自然"為宗旨、以文化旅遊為特色的國家生態旅遊示範區。東部華僑城巧妙規劃了體現中西文化交融並兼有"茶、禪、花、竹"等元素的茶溪谷，以奧林匹克運動和高爾夫球為主題的雲海谷和大峽谷三大主題區域以及茵特拉根酒店、礦泉SPA、天禪晚會等，將生態動感、休閒度假、戶外運動等功能融於一體，體現了人與自然的和諧共處。

　　在全國進行跨區域戰略佈局。先後在北京發展現代旅遊生態主題社區，在上海參與開發意大利文化主題社區，在三峽庫區參與大壩觀光旅遊開發，在山東曲阜開發孔子旅遊文化項目，以及在泰州、雲南等地進行成片綜合開發，從而打造出中國主題公園旅遊景區第一品牌。

　　依託旅遊品牌和景區，打造"旅遊＋地產"的商業模式，以華僑城西部意大利風情小鎮波托菲諾高級住宅＋高級酒店——威尼斯酒店項目為試點，逐步探索出"以旅遊主題為特定的成片綜合開發和運營"的核心競爭優勢，這種融主題公園、酒店、生態廣場、文化雕塑和住宅於一體的獨特的旅遊地產模式，使華僑城地產迅速躋身國資委確定的五大地產企業之一。

延續和發展“規劃就是財富，環境就是財富”的理念，對華僑城土地集約式開發和利用，並提升華僑城文化內涵和品味，繼早年創辦的華夏藝術中心之後，又創建國家級美術館何香凝美術館，生態廣場、雕塑走廊等，甚至借用紐約蘇荷區模式將老工業區廠房改造為後工業時代特色的創意工作場所Loft，使華僑城的景點從主題公園擴大到整個城區，遊客的觀光點邁出了景點走向了整個城區。據統計，每到假期、節日，在景區外的城區觀光遊客量與購票入景區的遊客量基本持平，將主題公園、主題酒店、主題地產、主題商業和主題創意園區融合在一起，華僑城成為名副其實的“旅遊城”、“文化城”。

整合產業結構，做強核心產業。華僑城過去曾經歷了工業為主的過程，曾經一度達到一百一十餘家企業，涵蓋三十多個行業，近九成的中小企業佔用了集團近五成的資源，產出的利潤卻不到集團利潤總額的10%，而集團90%以上的利潤卻來自少數幾家大型骨幹企業。[10]為此，從1994年開始，華僑城剝離輔業，突出主業，逐步確定了電子、旅遊和房地產等三大核心產業，同時對中小企業實行關、停、併、轉，強勢整合，從而形成了華僑城以旅遊、地產和康佳集團（以生產家電產品為主要業務）三大主力品牌和核心產業。

從政企合一向企業回歸，還企業本色。華僑城開發之初，政企合一，再加上華僑城建設指揮部與華僑城經濟發展總公司兩塊牌子和一套人馬，這是蛇口模式的翻版，一個開發區下擁有若干企業，開發區實際上是粗放經營土地和廠房的“地主”或“收租者”角色，無法調控區內各企業和產業結構。後來，華僑城逐漸向企業回歸，成為一個純粹的企業，自己掌控土地主動權，進行集約式開發，同時掌控產業發展的主導權，從“地主”變成“資本家”，從“收租者”變成“投資者”，為下一步產業結構調整和產業整合創造了基礎條件。

　　成功進行資本運作。康佳集團1992年成功上市，華僑城控股有限公司整合旅遊地產板塊於1997年也實現內地A股上市。2005年11月2日，華僑城（亞洲）控股有限公司在香港上市（股票代號：3366）。

　　華僑城開發是港中旅在改革開放後邁出的戰略性的關鍵一步，它使港中旅的品牌、規模、產業結構得到極大的提升。但是隨着華僑城的跨越式發展，也隨着關於政企脫鈎的全國國有資產管理體制的改革和調整，原屬國務院僑務辦的港中旅於1999年正式劃歸新成立的中央企業工委，華僑城也正式"脫鈎"港中旅。自此，港中旅和華僑城集團均成為中央大型企業，二者由原來的"父子"關係變成現在的"兄弟"關係。但從產權角度來看，港中旅仍持有華僑城的錦繡中華有限公司（含"錦繡中華"和中國民俗文化村這兩個景區）和世界之窗有限公司的51%的控股權。

六　中資北上潮

　　招商局在蛇口的成功登陸和港中旅開發華僑城等，拉開了香港中資企業以登陸深圳特區為重點的第一次北上潮的大幕：

　　1982年1月9日，香港南洋商業銀行（中銀香港成員銀行之一）率先在深圳開辦分行，這是在內地開辦的第一家香港中資銀行，也是內地開辦的首家外資銀行分行。此後，中銀香港多家成員銀行在北京、上海、廈門、大連等城市設立分支機構，為內地改革開放和港商在內地發展提供服務。

　　1984年6月，由深圳市駐香港的"窗口公司"──深業公司與香港合和集團、日本兼松江商合資組建的深合松有限公司與深圳特區電力開發公司簽訂合作興建沙角B電廠協定，這是中國最早以BOT方式興建的發電廠之一（BOT即Build〔興建〕，Operate〔營運〕及Transter〔轉移〕，意指把政府所規劃的工程交由民間投資興建並經營一段時間後，再由政府回收經營）。也就在1980年代，後來歸屬於深業集團的深圳鵬基、泰然公司先後啟動了深圳八卦嶺工業區、蓮塘工業區和車公廟工業區的開發。也就在1984年招商局最風光的那一年，光大集團也瞄準了深圳，瞄準了袁庚後來"遺憾"沒有拿下的南頭半島。這一年，光大集團與深圳市投資管理公司、中國南海石油聯合服務總公司三方共同投資組建深圳南油集團，光大集團投資2,000萬元人民幣，佔股32.5%，開始開發深圳南頭半島23平方公里土地；1988年，光大集團還與深圳南油集團等共同投資組建深圳海星港發展有限公司，開發媽灣港1-4號碼頭，並向媽灣電力公司參股，佔股15%。本來這可能成為光大集團於歷史發展上的一次大機遇，無奈南油集團由於過度舉債、盲目投資和管理失誤，葬送了好局，也使僅僅參股的光大失去了一次蛇口和華僑城式的歷史機遇。

　　1984年11月，光大集團還與深業公司、熊谷組（香港）有限公司在香港註冊成立香港熊谷組深業有限公司，與北京京西賓館合資興建並經營北京王府井飯店；12月，深業公司、光大集團等六家合股在香港註冊成立京廣（香港）開發有限公司與北京市華陽經濟開發公司合資興建北京"京廣中心"大廈。這是1980年代香港中資進軍北京的早期代表作。

　　1988年8月，中國海外公司（以下簡稱"中國海外"）在深圳註冊成立中國海外建築（深圳）有限公司；9月，該公司參加了深圳第一塊以美元作價的土地國際招標，以816萬美元一舉中標，後成功開發出海富花園。這雖然是中國海外地產在深圳成功開發的第一個樓盤，但中國海外登陸深圳的時間其實可追溯至1981年，當時深圳剛建特區，鼓勵外商在深圳羅湖區投資，深圳市政府為中國海外提供了一萬平方米的土地，中國海外首先開發了"海豐苑"第一期建築面積三萬多平方米368套的住宅單位，這是中國海外第一次投資的房地產項目，是深圳乃至中國第一次外銷商品住宅，也是深圳第一個通過外資銀行滙豐銀行以按揭方式銷售樓花的樓盤。然而在當時極左氣氛仍然很濃的形勢下，中國建築總公司調查組認為，承建企業搞房地產超越了經營範圍，房地產"炒賣樓花"被視為投機行為，最終"海豐苑"半途而廢,結果以第二期土地退還深圳市政府而告終。

1990年4月,國家向全世界宣佈開發上海浦東,帶動了香港中資企業以進軍上海浦東為重點的第二次北上潮。

就在中央宣佈開發浦東不久,招商局再一次捷足先登。袁庚率隊考察上海,並在浦東陸家嘴金融貿易中心區率先以外資的身份批租了浦東第一塊土地,建起了上海招商局大廈。該大廈樓高168米,共39層,於1992年底開工奠基,歷時三年,總投資1.8億美元,於1995年順利竣工,成為陸家嘴金融區第一棟竣工的智慧化5A級金融辦公樓,實現了招商局回師上海的目標。隨後,1995年4月,招商局又在浦西成都路高架公路沿線再次拿地興建第二座26層的寫字樓——上海招商局廣場。1997年7月1日,該廣場落成,與浦東招商局大廈交相輝映,成為招商局重返上海的又一標誌。

1990年,招商局還投資800萬美元,參與了上海第一個開發區——金橋出口加工區的開發建設。如今,在這個開發區裏,聚集了通用汽車、貝爾、阿爾卡特、西門子等一大批世界五百強跨國企業。同年6月,招商局與香港中銀集團投資公司應上海市政府之邀,成為全國第一個規模最大、啟動最早的保稅區——外高橋保稅區的兩家外資股東。

與此同時,招商系的招商銀行也於1991年4月在上海開辦了招商銀行上海分行;至1998年,先後在上海開辦了24個營業網點。

招商局於1990年代率先進軍浦東,為21世紀初大舉進軍上海港以及招商輪船上海上市等一系列大手筆,作了很好的鋪墊,打下了良好的基礎。

上海實業作為上海市政府駐香港的"窗口公司",曾經在上海投資了上海匯眾汽車、延安路高架橋、上海實業交通電器、上海光明乳業、上海東方商廈、上海霞飛化妝品。1996年5月,在重組上海實業控股在香港上市後,又通過上市公司國際融資、上海投資收購等方式,先後控股了上海家化、上海三維製藥;1997年,上海實業控股注資參股了上海內環線高架和南北高架35%的股權,為上海的經濟建設籌措了大量的資金,也為企業的發展注入了上海大量的優質資產，使上海實業控股迅速發展為香港中資優質紅籌企業股，並進入藍籌行列。

1990年代初期，中信香港開始投資興建並經營上海楊浦大橋、南浦大橋、打浦路隧道、滬嘉高速公路和上海延安東路隧道。上海已成為中信香港投資的熱土。

1992年，中國海外開始進入上海房地產，中海地產與盧灣區政府合作進行舊城改造"斜三地區"，建設"海華花園"。

1994年，華潤集團進軍上海房地產，興建上海華潤時代廣場寫字樓。

1990年代，香港中資也向全國其他擴展，如1992年，香港中保集團在深圳註冊成立龍璧工業區開發有限公司。1994年，華潤集團上市旗艦華潤創業入股北京華遠房地產公司，大舉進軍北京房地產市場；同年，港中旅與中石化蘭州煉油化工總廠共同投資3.5億元人民幣，建設四萬噸聚丙烯工程，隨後又投資了唐山國豐鋼鐵廠、黃山太平索道和陝西渭河電廠和華商銀行等內地項目。1995年，中遠香港集團斥資6.5億元人民幣入股河南新中益電力有限公司，並參股深圳深南石化集團。

香港中資集團在1980年代與1990年代，經歷了兩次大規模北上擴張和投資，這既引領了中國改革開放，又是自身做大做強的關鍵步驟，儘管其中也有投資失誤和管理失控，但總體上是成功的，尤其是招商局、華潤、中信香港、港中旅等幾大中資的率先北上，搶佔先機，為21世紀初躍升為中國行業巨頭，打下了堅實的基礎。

註釋：

〔1〕〔3〕〔6〕　胡政主編：《招商局與深圳》，第22頁、第26頁、第76-84頁，花城出版社，2007年版。

〔2〕〔4〕〔7〕　涂俏著：《袁庚傳》，第16-17頁、第41頁、第38頁，作家出版社，2008年版。

〔5〕　〈全球航運巨頭深圳共用思想盛宴〉，http://www.bchannel.cn。

〔8〕　熊金福、匡仲瀟著：《僑城突圍》，第128頁，海天出版社，2008年版。

〔9〕　〈新浪專訪華僑城集團CEO兼總裁任克雷先生〉，http:// main.house.sina.com.cn/new/2008-08-20/102671408.html。

〔10〕　〈任克雷總裁談華僑城改革30年〉，http://www.ipow.cn；《僑城突圍》，第28頁，海天出版社，2008年版。

第四章

"三化"大擴張

在1978年前，香港中資企業數量少，規模小，在行業內構不成影響力和競爭力，即便是四大老牌中資也基本上處於業務單一、規模偏小的留守狀態。進入1978年後至整個上世紀八九十年代，香港四大老牌中資老樹新花，新"窗口公司"如雨後春筍，向內地拓展得如火如荼，香港中資企業處於大擴張時期，並且突出集團化、多元化與國際化（以下簡稱"三化"）的特點，這構成了"窗口公司"大擴張時期的基調。

一　香港成為焦點

中資企業為什麼在上世紀八九十年代的這樣一個時段，在香港這樣一個地點，能全面擴張、閃亮登場？

香港在1970年代迅速崛起，成為亞洲"四小龍"之一，1980年代隨着國際產業轉移，迅速推進工業北上和產業轉型而發展為國際金融、商貿、航運和資訊服務中心。香港這一"經濟奇跡"以及作為全球最自由的經濟體的制度優勢，使之成為全球在資金、人員、貨物、資訊等生產要素方面流動最自由、最適合營商的地區。正是在香港崛起的關鍵時刻，中國的開放又如同加了一級火箭，助推着香港在20世紀80年代成為全球矚目的"東方明珠"。

從1970年代末期開始的內地改革開放，將封閉的中國重新拉回到開放的世界大舞台，當內地選擇改革開放的突破口時，人們不能不佩服毛澤東當年沒有對英佔香港"宜將剩勇追窮寇"而採用"長期打算，充分利用"的方針的戰略眼光，一筆懸而未決的歷史遺產，竟成就了內地改革開放的歷史突破。如果沒有香港，中國亦終將要通過改革開放走向和平崛起；但是沒有香港，中國少不了要走更多彎路、交更多學費，才能完成現代化建設的資本積累，完成從計劃經濟向市場經濟的歷史性跨越。正是鄧小平將改革開放的突破口首先放在深圳，放在經濟特區，也就在某種程度上意味着：香港將引領中國，香港將改變中國。

西方列強在19世紀強加於中國的條約體系最後退場與香港主權回歸中國也在此時提出。本來，西方列強強加於中國的條約體系早在第二次世界大戰結束時期就被當時的國民黨政府整體廢除，其實有關香港問題的"三個條約"對中國沒有任何約束力，其主動權完全掌握在中國政府手上。只是香港新界土地於"九七"大限到期的租約問題，迫使港英當局主動提出"九七"問題。1979年，當港督麥理浩正式向中國政府提出這一問題時，鄧小平本來針對解決台灣問題的"一國兩制"構想正在形成中，香港問題提出後，"一國兩制"竟優先在香港從構想進入操作。

以上三大因素是香港中資企業發展的三大機遇，香港中資有效地利用這三大因素，成功實現了整體的擴張和跨越式發展，成為香港三大資本勢力集團的重要一極。

二　高調亮相：從華潤大廈到中銀大廈

從1949年到1978年改革開放前約三十年，香港中資由於本身實力等因素，加之港英政府統治的原因，一向保持低調的風格。改革開放後，香港中資企業以香港中銀、華潤為代表，一改過去的風格，高調亮相，大舉擴張，震撼香江。

中國銀行是中國國家實力的象徵，香港中銀是香港中資財團的龍頭企業，是中國國家實力在香港的象徵。早在中華人民共和國建立初期，作為新生的共和國的象徵，香港中銀就有過一次高調的亮相。

1950年3月15日，選址香港中環德輔道中2號A的中國銀行大廈破土動工；1951年11月19日正式落成啟用。當時的中環，尚未形成高樓林立的金融區，這座高達15層的大廈甫一建成，就成為當時香港的最高建築，而且整座大廈糅合當時西方建築技術和中國特色的建築風格，外牆採用拙樸的米黃色岩石，既醒目又厚重，正門和東西各安放一對仿故宮太和門前銅獅子和仿漢朝風格的石獅，威嚴有力，中層和高層設有殿台式的陽台，刻有各類浮雕，特別是仿紫禁城的欄杆、柱頭和窗戶的石雕，花紋千姿百態，體現着厚重的中國文化的底蘊。與附近的羅馬式的立法局大樓和哥特式的聖約翰教堂風格迥異，成為新中國實力的象徵。每逢國慶節夜晚，經燈光裝飾，大廈更成為香港一道亮麗的風景。

然而，到20世紀80年代初，絕大多數香港中資企業並無自己獨立全棟的物業，受自己的實力和資金狀況的局限，實力好一點的買1-2層上萬平方呎寫字樓物業，實力弱一點的則買個幾百上千平方呎的寫字間，甚至臨時租用寫字樓以作辦公用房。1978年底，甫到香港就任招商局常務副董事長的袁庚，以6,180萬元的價格，一擲千金，在上環干諾道西買下了一棟24層的商業寫字樓。這在當時的中資企業，絕對是大腕級手筆，但在香港，這不過是一棟舊的二手樓而已。

此時的港島，正在配合一個國際金融貿易中心時代的到來，大興土木，英資、華資各路財閥紛紛爭奇鬥豔，比拚高度，比拚實力，一改上世紀五六十年代基本都在30層以下的狀態，50層、60層、70層、80層……香港高度、亞洲高度、世界高度，正被一天天刷新，一棟棟高樓拔地而起，直指天穹，矗立在維多利亞港灣沿灣仔至中環一線，形成龐大的建築群，在夕陽映照下，構成港島美麗的天際線，到20世紀90年代，即便放眼全球，能集中如此龐大體量的現代建築群落，也只有紐約曼哈頓可堪媲美了。

香港中資企業率先高調亮相的是華潤大廈。華潤大廈坐落在香港灣仔港灣道，佔地6,600平方米，工程由合和實業胡應湘先生設計和總承包施工，中國海外擔任現場管理。1983年落成，咫尺之處，就是後建的著名的香港會議展覽中心。華潤大廈由兩座高達50層178公尺的主樓和副樓組成，這在當時平了香港第一高樓怡和大廈，成為香港一流的甲級寫字樓和香港

圖41　1979年，華潤的辦公地址由香港中環的舊中銀大
廈遷至灣仔灣景中心。

圖42　1983年，香港華
潤大廈落成，華潤公司
改組為華潤（集團）有
限公司。

最具影響力的智能化建築。華潤大廈的建成，讓許多本土公司乃至外資企業對華潤這家中資企業刮目相看，由此吸引了新加坡石油公司等跨國企業將香港總部搬進華潤大廈。

就在華潤大廈建設的同期，香港最大的銀行滙豐銀行卻在重建自己的總行大樓，1979年11月19日，滙豐銀行宣佈在皇后大道中1號原總部大廈拆後重建新總行大樓，1985年7月落成啟用。這座被英國《泰晤士報》評為1980年代世界十大建築之一的大樓，似乎在這個正在形成的國際金融中心顯示自己無可爭議的話語霸權。然而這棟大樓尚未落成，另一棟代表中國實力的更高的建築——中銀大廈已經破土動工了。

20世紀80年代初期，中英關於香港前途進入實質談判階段，1982年9月，英國首相戴卓爾夫人（Margaret Hilda Thatcher, 又稱 "柴契爾夫人" 或 "撒切爾夫人"）訪華後一年多時間，中英談判陷入僵局，政治氣氛轉趨緊張，新聞媒體各種猜測和傳聞甚囂塵上，使本已進入下行週期的香港經濟更形惡化，更加劇了港人信心危機，一些外國大銀行和大企業開始從香港撤資，一些投機者大肆炒賣港元，導致港元大幅貶值。香港金融管理局總裁任志剛回憶1983年9月的情景：

> 超市日用品貨架空空如也，大廁紙尿布等也被搶購一空；自動櫃員機前以至某一兩間銀行的分行出現爭相提款的長龍。報章盡是香港貨幣及銀行危機的頭條消息，還記得其中一份有關港元匯價跌至每美元兌9.60港元的標題特別大，幾乎佔去頭版半頁篇幅……[1]

就在香港問題談判僵局引發了香港前途信心危機的時候，香港中銀於1982年聘請美籍華裔建築設計大師貝聿銘設計新的中國銀行大廈，並對外高調宣佈，中銀將興建樓高達70層的中銀大廈，以實力和行動顯示對香港

圖43　時任中國銀行香港分行經理的貝祖貽與夫人及子女於山頂道寓所前，右一為貝聿銘（攝於1920年代初）。

圖44　中銀大廈（左一）與中國銀行大廈（前右二）

圖45　香港中銀大廈設計者——貝聿銘

前途充滿信心。

此時的香港已經過1970年代的"經濟奇跡"並通過產業轉型正發展成為國際金融中心，中環已經成為各跨國銀行高樓林立的國際金融區，1950年代建成的中國銀行大廈在七八十年代新建的鱗次櫛比的玻璃幕牆新建築面前已經風光不再了。作為中銀香港分行創始人貝祖貽公子的貝聿銘沒有辜負父輩的期望，也沒有重複厚重敦實的中國銀行大廈的傳統設計思路，而是將最現代的技術、最新的建築材料、"後現代主義建築風格"糅合在一起，同時以最節省的成本設計出最新的高度：樓高315米，70層，建築面積13.5萬平方米，列當年世界摩天大樓第七位，乃當時亞洲的最高建築，成為香港的新地標。中銀大廈外形以正方形為基礎，樓身以鋁合金和藍灰色玻璃為幕牆，以四個三角形逐節上升，呈竹筍狀節節升高，象徵着中銀事業蒸蒸日上。中銀大廈從1985年4月18日動工，1988年8月8日封頂，1990年5月17日落成。

中銀大廈啟用了新的標識和新的行牌。與之相比，中國銀行大廈並沒有標識。1979年，香港中銀聘請香港著名設計師靳埭強先生設計了一款行徽（見圖46），行徽是古錢幣形狀，代表着銀行和財富，中字代表着中國，紅色既是中國的吉祥色彩，又寓意着紅色中國；外圓體現中國銀行面向全球，整個設計既簡潔、易識別，又寓意深刻、貼切，彰顯出中國文化的鮮明特色和個性。這個設計於1981年在美國Communication Art設計年展獲獎，後來也為中國多家銀行標識所借鑒。1986年，中國銀行總行決定，將此標識作為行徽，讓海內外中國銀行統一使用。

中銀大廈沒有沿用中國銀行大廈由國民黨元老譚延闓題寫的穩重的楷體行牌，而是採用了中國著名的文學家、歷史學家郭沫若先生於1955年題寫的蒼勁飄逸的行書體行牌（見圖46）。自此，一個香港新的地標性建築——中銀大廈以嶄新的形象再一次矗立在香港的中環金融區。

中銀大廈的誕生引發了廣泛的關注和不同的解讀，尤其是在盛行風水

圖46　由香港著名設計師靳埭強設計的香港中銀行徽（圖左），於1981年在美國Communication Art設計年展獲獎。行書體行牌係由中國著名的文學家、歷史學家郭沫若於1955年題寫。

學的香港，有關該大廈的建築風水問題更成為人們熱議的話題。

　　有人說，這個本意像竹筍節節升高的建築，是一柄帶有三角利刃的寒光四射的尖刀，一面直指太平山的港督府，而另一面則對着滙豐銀行總部大廈。於是港督便栽種六株柳樹，以柳葉之柔克刀刃之剛。更有人說，港督府的柳樹死了一次又補栽，而滙豐則在樓頂架設多門槍炮以壓其鋒芒。不過後來貝聿銘對此向記者澄清："滙豐銀行（大廈）比我們早五六年。它早就有了，這個'機關槍'並不是對我們。旁邊的人說這句話我不信，它是因為洗窗的關係，有東西吊，我根本不理它。很多輿論認為它對我們打，我們打回它，沒有這回事。"[2]

　　一個看似建築風水的爭論，卻透視着兩種資本實力的較量。無疑，中銀大廈的高調亮相，意味着代表中國的新中資勢力的崛起。套用風水的話題，中銀大廈更像一根定海神針，庇佑着香港的繁榮和穩定。

三　中銀集團的誕生與中資企業集團化浪潮

　　1950年6月，中國人民銀行總行派項克方率金融工作團考察香港中資銀行。次年，正式委任項為中國銀行總管理處駐香港總稽核，從此以後，一個領導香港中資銀行和保險公司的新機構——中國銀行駐香港總稽核室正式誕生。

　　直到1982年12月，"駐香港總稽核室"這個存在了三十一年的概念才正式取消。中國銀行總行決定將駐香港總稽核室改稱為"中國銀行港澳管理處"（以下簡稱"中銀港澳管理處"），作為總行派出機構，統領香港和澳門中銀13間成員銀行及附屬公司，中資保險公司已不在管理範圍，領導機構設正、副主任。中銀港澳管理處在香港運作存在了二十年，也終於在21世紀來臨之際，在香港中銀集團各行完成重組合併並成功上市後〔2002年7月25日，中銀香港（控股）有限公司在香港聯交所主板掛牌上市

（股票代號：2388）〕，完成了其歷史使命，中銀香港政企合一的歷史終於結束，開始了一個真正的現代企業和公眾上市公司的新歷程。

就在中銀港澳管理處成立不久的1983年1月，香港中銀將港澳地區13間成員銀行及附屬公司共14間機構合組而成立"港澳中銀（集團）有限公司"（見圖表4-1），這不是一個簡單的名稱的改變，而是配合公司規模擴張和業務多元化的管理架構的調整，並且引領了香港中資企業集團化浪潮。

在香港，過去沿用舊中國的習慣，公司多以"行"命名，如"商行"、"銀行"、"貿易行"等，但以"公司"、"有限公司"行世者逐漸普遍。在香港《公司條例》中，公司分類為：私人公司（private company）、公眾公司（public company）、上市公司（listed company）、控股公司（holding company）、公司集團（group companies）、海外公司（oversea company）、無限公司（unlimited company）、有限公司（limited company）、個人企業或獨資經營（sole or individual propriotor ship）和合夥企業（partnership）十類，其中有些類別也可以相互交叉。

在這十類企業中，香港《公司條例》第32章第2條對"公司集團"是這樣定義的："指任何兩間或多於兩間的公司或法人團體，而其中一間是其他公司或法人團體的控股公司"。可見"公司集團"乃由兩間或以上的公司組成的具有多元的、多層次性的一種壟斷性聯合組織，一般來說，公司集團本身並不是一個獨立的法人組織，而其組成成員公司的都是獨立的法人。作為公司集團的成員公司都有自己的名稱和章程，有自己的財產和賬目，並以自己的名義進行經營活動。公司集團成員公司的組合是鬆緊不一、形態多樣的，並非只有母子公司這樣一種組合形式。

實踐跑贏了法律。對比這個定義，香港大多數企業集團實際上卻註冊登記為獨立法人。

其實"企業集團"概念的出現是晚近的事。直到20世紀70年代末，西方學者在研究日本和韓國經濟發展的過程中，發現存在一種企業與企業之

間的類似西方企業戰略聯盟的聯合體關係，稱之為"企業集團"。這種
"企業集團"明顯具有如下兩個特徵：

　　1. "企業集團"不是指一個獨立法人企業內部的資產、業務關係，或
者是多個法人企業之間的臨時性市場交易關係，而是多個法人企業之間長
期、穩定和密切的關係。"企業集團"一般不被登記或者當作具有獨立法
人資格的企業。

　　2. "企業集團"內部成員之間的關係紐帶是多重和複雜的，存在着以
產權或者資產為紐帶的資產型戰略聯盟的關係，如控股、參股、合資、合
作的關係，也存在着以合同或者契約為基礎的非資產型戰略聯盟關係。[3]

　　日韓兩國於戰後經濟起飛，特別是上世紀六七十年代的成功，使這種
業務多元化的大型經濟聯合體的"企業集團"概念迅速在世界各地尤其是
亞洲地區擴散。香港在上世紀七八十年代，英資、華資各財團也大多形
成了不同類型的"企業集團"，香港中資企業以香港中國銀行為代表，
迅速掀起一股"集團化"浪潮。稍後中國內地亦開始出現"企業集團"
的說法，1986年國務院下發了《關於進一步推動橫向經濟聯合若干問題的
規定》，推動橫向聯合的企業之間實現"六統一"。1987年，國務院又下
發了《關於組建和發展企業集團的幾點意見》，第一次正式使用"企業集
團"的概念。

　　顯然，香港《公司條例》中關於"公司集團"的定義，更接近西方學
者眼中的日、韓式"企業集團"。而香港中銀建立"集團化"構架，實行
集團化經營，既順應了世界經濟發展大勢，也符合自己做大做強、大舉擴
張的基本思路。

　　在法律意義上，中國銀行港澳地區14家成員銀行分屬各自獨立的法人
機構，有各自不同的行標、行牌和獨立業務、財務的運作體系，這14家銀
行成立的歷史各不相同。但是除中國銀行香港分行具有進入香港大型銀行的
潛力外，其他各家在香港基本上處於中小銀行規模，市場競爭力相對偏弱。

圖表4-1　香港中資集團公司成立一覽表（1983-1995年）

公司名稱	集團註冊日期
港澳中銀（集團）有限公司	1983年1月
華潤（集團）有限公司	1983年7月
招商局（集團）有限公司	1985年11月
香港中旅（集團）有限公司	1985年10月
中國光大（集團）有限公司	1984年7月
中國國際信託投資（香港集團）有限公司	1987年
聯合出版（集團）有限公司	1988年
中國海外（集團）有限公司	1992年
香港中國保險（集團）有限公司	1992年10月
中遠（香港）集團有限公司	1994年8月
粵海企業（集團）有限公司	1985年
深業（集團）有限公司	1985年2月
越秀企業（集團）有限公司	1992年
上海實業（集團）有限公司	1993年6月
京泰（集團）有限公司	1997年
華閩（集團）有限公司	1985年
三湘（集團）有限公司	1994年
航天科技國際（集團）有限公司	1993年5月
鵬利（集團）有限公司（後改名為中糧香港）	1993年
中國航空（集團）有限公司	1995年6月
華魯（集團）有限公司	1995年10月

　　港澳地區中國銀行採用"集團"式構架，進行集團化經營，有助於降低經營成本，發揮規模經濟效益，提升中銀的整體市場競爭力，也有助於協調14家成員銀行之間的合作與競爭，有利於內部成員銀行的資金拆借，提高資金運營效益，降低交易成本；有利於業務多元化發展，以及科學化和現代化的管理。

　　因此，1983年4月正式成立的香港中銀集團，標誌着香港中銀在結構重組、業務多元化和規模擴張等方面邁出了歷史性的一步，同時，也帶動了此後的中資企業集團化浪潮。

　　當然，從此時開始到2001年中銀重組上市這近二十年時間，香港中銀還處於政企合一的過渡階段，既通過中銀港澳管理處實行對14家成員銀行的行政管理，也通過香港中銀集團實行市場化企業管理，正是這近二十年的集團化運作的歷史和經驗，為未來的重組上市完全走向市場打下了良好的基礎。

　　1983年7月8日，剛剛搬進新辦公大樓——華潤大廈的華潤（集團）有限公司在香港正式註冊成立，這是香港中資企業的第二家集團公司。

　　1984年7月，光大實業有限公司正式更名為"中國光大（集團）有限公司"。

　　1985年2月，深業（集團）有限公司正式註冊成立。

　　1985年10月，香港中旅（集團）有限公司正式成立。

　　1985年11月，招商局（集團）有限公司正式成立。

　　到1995年，主要的香港中資集團公司均已陸續成立（見圖表4-1）。

四　香港中銀集團：金融話語權的確立

　　香港中銀集團在香港有着悠久的發展歷史，但在1979年前，業務發展單一，在香港金融界的競爭力和影響力有限；1979年後，通過業務多元化、現代化和集團化經營，短短十餘年，發展為香港第二大銀行集團，到"九七"回歸前夕，就已確立了在香港金融界的優勢話語權。

　　在1979年前，香港中銀基本上經營單一的零售銀行業務；1979年後，特別是在1983年採取集團化經營後，香港中銀集團分四步駛入了快車道：

　　第一步，不斷推出金融新產品，在拓展零售服務範圍的同時，開拓批發銀行業務。

　　在繼續拓展多種存貸款、外匯買賣等傳統零售產品外，在金融市場上率先推出與外匯或貴金屬相聯繫的"外匯寶"、"外匯孖展"、"外匯夜市"、"金銀寶"、"外匯買跌"、"權利寶"以及與保險相聯繫的"定存寶"等多款新產品；針對客戶不同的投資理財需求，細分高中低檔客戶市場，推出了代理證券、貴金屬買賣、基金、個人銀行和私人銀行服務；開闢按揭市場，為政府的"居者有其屋"發展計劃提供融資安排和為香港廣大市民置業提供樓宇按揭貸款。

在拓展零售銀行業務的同時，針對香港作為國際金融中心和發達的資本市場，為來香港上市的內地國有企業和香港財團在香港股市債市籌資提供直接服務，如牽頭安排銀團貸款、上市保薦、證券發行與包銷等批發銀行業務，還拓展基金管理、財務顧問等全面的商業銀行服務。

第二步，根據香港金融混業經營的優勢，積極謀求多元化發展。

香港金融的一個優勢是，銀行可以經營投資銀行、證券、基金管理、保險等業務，即實行混業經營。於是香港中銀集團先後組建了中國建設財務（香港）有限公司、中銀集團投資有限公司、中銀信用卡公司、僑光置業有限公司、新中地產有限公司、中銀集團保險有限公司、中銀集團證券有限公司、中國建設投資管理有限公司等專業公司，以商業銀行業務為核心，積極拓展證券、保險、基金管理、地產投資等多元化業務。

第三步，率先應用資訊化技術，提升銀行服務和管理。

進入資訊網絡時代以來，廣泛採用資訊網絡技術進行管理和服務，是當代銀行核心競爭力之一。早在1979年初，香港中銀集團就成立電腦部，當年就實現了成員銀行聯機。1980年，所屬南洋商業銀行創辦信用卡公司，並發行首張中資銀行信用卡——發達卡，1991年發達卡易名為"中銀信用卡"，實行集團化經營，先後與國際著名信用卡公司合作，發行了萬事達卡、Visa卡等，總數為一百餘組（套）共三百六十餘款。1982年，中銀聯合香港部分同業合組"銀聯通寶有限公司"，提供自動櫃員機（ATM）聯網服務，發展自助銀行服務，比內地要早十五年左右。1992年，香港中銀集團還推出電話銀行服務。1998年，與IBM合作設立香港首個SET安全電子交易付款閘道，推出網上購物城以及智達流動銀行和智達網上銀行系列理財產品。

第四步，廣泛地參與香港經濟和金融事務，開始掌控香港金融話語權。

香港中銀集團吸收的資金約九成用於港澳地區的經濟社會發展：透過遍及全球一百五十多個國家和地區的逾千家代理行及分佈於國內外的四千八百多個聯行網點，為客戶提供全面的進出口押匯服務；透過香港工業區所設的六十餘個支行，為廣大工商客戶尤其是中小工商業客戶提供融資等服務；特別是參與了對香港地鐵、東區海底隧道、葵涌貨櫃碼頭、大老山隧道、青山發電廠以及三號幹線、新機場客運站、機場鐵路大角咀站、港島站上蓋物業等項目的融資安排，直接支援了香港的基建。

香港是國際金融市場的一部分，全面開放的市場也就不可避免地受到周邊市場的衝擊和影響。例如，1983年的港元匯價危機，1983-1986年的銀行風潮，1987年10月的香港股災，1991年的國際商業信貸銀行發生擠提，以及1995年墨西哥金融危機衝擊聯繫匯率等事件，都對香港金融市場造成了不同程度的影響，香港中銀集團配合金融當局及發鈔行，或通過信貸支持，或通過公開支援等方式，穩定了金融市場。香港中銀集團作為一支新的金融力量，在一次次金融危機中開始顯山露水。

伴隨中銀大廈於1990年在香港中環的閃亮登場，香港中銀集團的資本規模和實力快速提升，其社會影響力和金融話語權得到同業和社會的廣泛認可。

從1979年到香港回歸前的1996年，香港中銀集團的總資產增長了94倍，貸款增長了128倍，存款增長了59倍（見圖表4-2至圖表4-4）；分支機構從177家增至412家，員工人數從六千人增至一萬八千餘人。截至1996年底，香港中銀集團存款約六千三百億港元，約佔香港存款市場的25%，貸款總額約三千五百億港元，約佔香港本地貸款市場（含貿易貸款）的20%，資

產總額約九千七百億港元，以存款總額、分支行機構數和員工人數等指標
計，香港中銀集團已成為僅次於滙豐集團的香港第二大銀行集團。[4]

圖表4-2 中銀集團資產變化（1977-1996年）

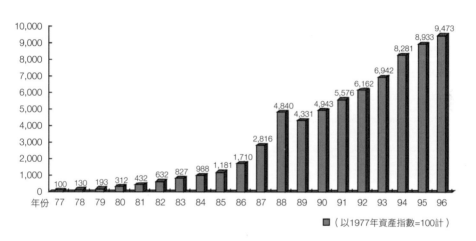

（以1977年資產指數=100計）

圖表4-3 中銀集團存款變化（1977-1996年）

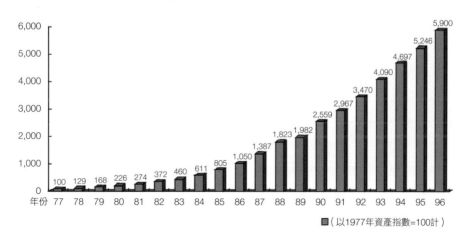

（以1977年資產指數=100計）

圖表4-4　中銀集團貸款變化（1977-1996年）

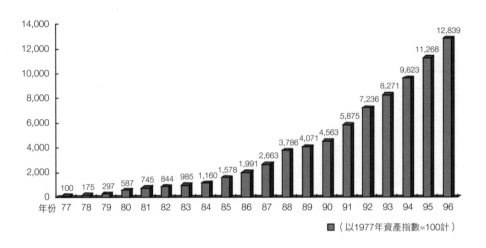

（以1977年資產指數=100計）

　　香港中銀集團在規模和實力上的擴張，極大地提升了其在香港金融企業界的話語權。1991年，中銀港澳管理處作為主要倡議者之一，發起創立了"香港中國企業協會"，時任中銀港澳管理處主任的黃滌岩連任了三屆會長。香港奉行大市場小政府的基本原則，在政府與市場之間的中介組織──行業協會發育非常充分，與內地附屬於政府的中介組織不一樣，香港行業協會是在與政府的博弈中形成自己的行業權威的，它在政府制定行業政策、行業管理、維護同業權益和自律等方面發揮了重要作用。因此，香港中企協的誕生，標誌着香港中資作為一支重要的資本財團，登上社會舞台，發出了自己的聲音。

　　1992年，在香港金融史上是一個特殊的年份。英資銀行壟斷了百餘年發鈔權的歷史開始改寫：1992年9月，中國銀行向港英政府遞交了發行港幣鈔票的方案。1993年1月，獲港英政府行政局通過；同年7月，獲立法局通過並刊憲報。1994年5月2日，中國銀行成功發行第一批港元鈔票，成為香港三家發鈔行之一。1999年12月16日,國務院通過香港中銀集團重組上市的請示。2001年10月1日,香港中銀集團重組圓滿完成,中國銀行(香港)有限公司正式成立,這是香港銀行史上最大規模的合併,涉及總資產達港幣8,000億元。從2001年10月1日起,取代中國銀行的發鈔銀行身份,於2003年7月1日起,以新的行名——中國銀行(香港)有限公司(以下簡稱"中銀香港")發行新版港元鈔票,至2006年底,中銀香港發行的港鈔流通量為347.5億港元,佔紙幣流通總量的22%。

從此以後,印有中銀大廈圖案的港元就進入香港千家萬戶。

隨着中銀香港作為港幣發鈔行地位的確立,原由英資銀行獨家壟斷的香港銀行公會輪任主席銀行、副主席銀行的名單中,增加了香港中銀的名字。1996年起,中國銀行開始與滙豐、渣打銀行一起,成為香港銀行公會三家輪任主席銀行之一,港澳管理處主任羊子林以中國銀行香港分行總經理名義首次出任輪任主席。至此,香港中銀無可爭辯地確立了在香港金融界的強勢話語權。

五 從中國保險、民安保險、太平保險到中保集團

和香港中銀的發展歷程類似,香港中國保險集團(以下簡稱"中保集團")也是由多家成員保險公司集合發展起來的,它的基本骨幹企業——中國保險股份有限公司(以下簡稱"中國保險")、民安保險有限公司(以下簡稱"民安保險")、太平保險股份有限公司(以下簡稱"太平保險")均在香港有着悠久歷史和深厚根基。歷史最久的太平水火保險公司於1929年由金城銀行獨資在上海創立,1935年11月18日在香港設立分公司,這成為中保集團在香港發展的歷史起點;其後,總部設在上海的太平人壽保險有限公司也於1939年1月在香港設立分公司。中國保險於1931年在上海創立,1939年7月1日在香港設立分公司。民安保險於1949年9月在香港

註冊成立。

1949年10月，中華人民共和國成立後，中國人民保險公司在北京成立。1951年，中國保險、民安保險、太平保險等三家保險公司完成公私合營，1956年，成為中國人民保險公司的全資附屬企業。根據國家部署，太平保險移師海外，發展海外業務。

1951年，中國銀行駐香港總稽核室成立後，香港所有中資銀行和保險公司均由中國銀行駐香港總稽核領導。

1982年，中國銀行駐香港總稽核室改稱為 "中國銀行港澳管理處" 後，香港中資保險公司正式脫離中銀系統，標誌着保險附屬於銀行的三十餘年歷史宣告結束。1984年，代表北京中國人民保險公司的中國保險港澳管理處正式成立，行使對港澳中資保險機構的領導和行政管理。

1992年10月，中國人民保險公司在中國保險港澳管理處基礎上，由中國人民保險公司、中國保險股份有限公司、太平保險股份有限公司和中國人壽保險股份有限公司合資在香港註冊成立了香港中國保險（集團）有限公司（簡稱 "香港中保"），由過去的政企合一型向企業集團化管理邁出了歷史性一步。

與香港中銀類似，香港中保集團以控股等形式管理所屬13間成員公司：中國保險股份有限公司香港分公司、太平保險股份有限公司香港分公司、香港民安保險有限公司、中國人壽保險股份有限公司香港分公司、太平人壽保險股份有限公司香港分公司、中國再保險（香港）有限公司、中國保險股份有限公司澳門分公司、中國人壽保險股份有限公司澳門分公司、中國保險集團投資有限公司、中國保險集團財務有限公司、澤鴻發展有限公司、新世紀證券（集團）有限公司和龍璧工業區開發（深圳）有限公司。

保險是以集聚的保險費為個人及機構提供保障，以免除或減少各種風險帶來的損失。保險業在發達國家已經成為重要的金融產業，其收入達國民生產總值的10%左右，接近銀行業在國民經濟中的地位。

圖47　位於中環干諾道中的中保集團大廈

香港保險業已有逾一百五十年的歷史，隨着香港經濟的崛起並逐步發展成為國際金融、貿易、航運中心，催化了對保險業的極大需求，使香港成為各跨國保險公司雲集之地，到1994年，全香港共有229家得到認可的保險公司，分別來自於28個國家和地區，其中註冊地在香港的有103家，在英國的有29家，在美國的有21家。[5] 大量跨國保險公司的進入，使香港保險市場競爭空前激烈。

香港中資保險公司雖然在港歷史悠久，但在1978年包括壽險等很多業務基本處於空白狀態，一些保險公司也處於停業、半停業的狀態。1984年，中國保險港澳管理處成立後，保險業務從中銀香港管理中獨立出來後，又遇到了一個新問題。當時，香港中保的業務銷售管道主要是通過香港中銀的分支行進行代理，中保前任董事長馮曉增稱，當時香港中保70%的業務來自於香港中銀的13間成員銀行的三百多個分號，利潤的一半同樣來自於銀行。[6] 1984年香港中保與香港中銀"斷乳"後，香港中銀也成立了附屬保險公司，招商局、粵海等中資企業也紛紛成立保險公司或保險代理公司。特別是當銀行發現存款正流向保險市場後，便借助其龐大的分支機構建立起自己的保險銷售網，這對保險公司衝擊很大。因此，香港中保既面臨着建立自己的銷售管道和銷售代理隊伍，也面臨着新成立的香港中資保險企業內部激烈的競爭局面。

面對外部激烈競爭和內部管理體制調整，香港中保積極地推進業務和規模擴張，探索集團化、多元化的新路徑：

第一，積極拓展一般保險業務。

香港保險業務通常分為一般業務和長期業務（指壽險業務）。香港中保以財產險為核心，開拓創新經營的一般保險業務新產品，包括火險、住家綜合險、財產一切險、運輸險、船舶險、汽車險、僱員賠償險、僱主責任險、後果損失險、盜竊險、公眾責任險、建築工程一切險、人身意外險、旅行人身平安險、現金險、信用保證險等，細分市場以滿足不同保險客戶需要。

在經營一般保險業務中，香港中保積極拓展大客戶、高端客戶，在"九七"前先後承保了香港新機場、澳門機場、亞太IA衛星等重大保險項目，既開拓了大宗收入，又體現了中保集團的實力、品牌、信譽和形象。

第二，進軍壽險市場和再保險市場。

隨着經濟發達和人民生活水準的提高，人們對自身生命的關注日益超過對財產的關注，故壽險業務在1980年代於香港蓬勃發展。在1980年代前，香港中保沒有壽險業務。1984年11月，中國人壽保險公司香港分公司在香港成立。1994年6月，太平人壽保險公司香港分公司正式宣佈復業。中保拓展的人壽保險業務除了有定期、儲蓄和終身等三大類外，還有團體人壽險、團體醫療險和員工公積金計劃，品種多達三十餘種。香港正向亞太地區再保險中心邁進。早在1980年9月，中國再保險（香港）有限公司（以下簡稱"中國再保險"）成立，就開始經營各險種的合約和臨分再保險業務，不僅與本地保險和再保險同業建立密切的業務合作關係，而且與多個國家和地區近五百家保險公司建有合約或臨分再保險聯繫。

第三，發展經紀代理業務，建立代理分銷網絡。

保險公司的核心資產是人才，是銷售團隊。過去依靠銀行做代理，脫離香港中銀後，香港中保大力發展經紀代理人業務，提高外勤人員的直接業務水準，將銷售業績直接與個人待遇掛鈎，設立"傑出展業員"獎勵，形成激勵機制，同時建立與保險代理公司、顧問公司的分銷網絡。

第四，開展多元化業務，壯大實力。

成立證券公司、投資公司、財務公司和工業區開發公司等，發展證券業、放款業務，投資房地產和工業區，並在澳門拓展保險業務。

經過十餘年的發展，香港中保集團業務和規模獲得跨越式擴張：1995年的保費收入與1984年比較，增長了五倍以上，平均以19%的速度增長，1989年的保費總收入為8.9億港元，到1996年已達30億港元。香港滙豐銀行

圖48 坐落於上環永樂街的中遠大廈，其入口的門面設計別具氣派。

經濟研究部報告,如以1984年全香港保險市場一般保險直接業務的保費收入為基數,到1991年的增長率為165%,而香港中保集團的中國保險、民安保險、太平保險等三家產險公司的增長率達276%。根據該份報告,中保集團旗下的民安保險、中國再保險兩家公司從1991年起開始,雙雙登上在香港註冊同類保險公司排名第一位。[7]

另外,根據香港政府公佈的1993年度統計資料,在香港產險大險種中,中國保險、民安保險、太平保險等三家產險公司的市場佔有率分別為:財產險佔15.57%,責任險佔29.47%,貨運險佔24.76%,汽車險佔11.64%,船舶險佔70.59%,意外疾病險佔2.64%,金融損失險佔3.37%,所屬澳門中保集團的毛保費收入已佔澳門業務的35.9%。

顯然,各項經濟指標表明,到"九七"香港回歸前,香港中保集團在香港保險市場已佔有相當的份額,確立了香港最大的中資保險集團的地位,也確立了在香港保險業的一定話語權。

六 航運"雙雄":招商局與中遠香港集團

從1979年開始,招商局雖然"脫鈎"總部在北京的中國遠洋運輸(集團)總公司(COSCO,以下簡稱"中遠集團"),隸屬於國家交通部,但仍由中遠總公司代管;1985年,招商局集團的成立,徹底擺脫這一代管體制,成為交通部直接領導的直屬一級企業。1999年政企分開後,兩者均隸屬中央大型企業工委;2003年後,隸屬於新成立的國務院國有資產監督管理委員會。

據專家分析,全球航運70%的投資用在海上運輸上,投資回報率平均在6%-7%,呈虧損、微利的週期波動;其餘30%的投資用在碼頭、集裝箱租賃及物流上,但投資回報率在20%以上。[8]也就是說,利潤的大頭在航運業產業鏈的前後端,而中端的傳統海運恰恰是附加值較低的部分。達到這一認識已是1990年代的事，但招商局的"上岸"和發展港口碼頭產業，卻無意中抓住了航運產業鏈中的核心環節。

1979年初，招商局原有的遠洋船隊劃歸中遠集團，作為航運企業的招商局已不是傳統意義上的航運企業。招商局已無一艘海運船舶，雖然之後通過租賃、併購等方式，組建了船隊，但袁庚的側重點已經是通過開發蛇口工業區"上岸"，其核心業務向全國最大的港口碼頭運營商轉型，正是從此開始，可以說是無意中把握了航運物流產業鏈前後端業務，也就是附加值較高、風險相對較小的業務。

而中遠集團則是典型意義上的傳統航運企業，擁有龐大船隊，已是以船舶運輸為核心業務的中國最大的航運企業和全球最大的海洋運輸企業之一，同時也通過業務多元化向產業鏈兩端延伸。而中遠（香港）集團有限公司（以下簡稱"中遠香港"）則是中遠集團最大的海外公司。

迅速集團化、多元化的招商局

1984年12月，招商局向交通部呈報《關於正式成立招商局集團的報告》，正式提出組建集團的請示。1985年10月，交通部向國務院呈報《關於香港招商局集團董事會調整的請示》；11月12日，國務院批准請示，招商局集團有限公司正式成立，為交通部直屬一級企業，由交通部長錢永昌任董事長，袁庚任常務副董事長的董事會班子也獲得批准。這份文件使招商局告別了長達六年的中遠總公司的代管體制，開啟了一個集團化時代。

招商局業務多元化的歷史基因，可以上溯到李鴻章時期的輪船招商局，從航運、煤礦、鐵路、鋼鐵、銀行、保險、紡織、倉儲、教育等，無所不包。袁庚上任以後擴張首先就從業務的多元化開始，袁庚以交通部名義起草、向國務院上報的《關於充分利用香港招商局問題的請示》，就已經提出"九大業務"，隨後建立的蛇口工業區就是一個典型的多元化範本。

袁庚並不滿足於將業務多元化局限於蛇口工業區一隅之地，香港畢竟是招商局的大本營，於是他把多元化戰略延伸到香港。

創辦蛇口工業區在交通部內從一開始就存在爭議，招商局究竟是以開發工業區為主業，還是以航運業為主業？袁庚一直承受着巨大的壓力，為了回應"工業區開發不務正業"的質疑，1979年1月底，當招商局原有的遠洋船隊奉命移交給中遠總公司後，袁庚旋即成立了船務部。1979年5月，一家美國輪船公司提出開闢一條從香港到廣州黃埔港的集裝箱支線，袁庚趁機從廣州遠洋公司租來一艘6,000噸的小集裝箱船，開闢了這條穗港集裝箱支線業務，是為改革開放後招商局貨運業的重新起步和香港聯結內地的第一條集裝箱航線。在1979年8月和11月，招商局又分別開通了香港至青島、香港至上海的航線。1980年1月8日，招商局貸款100萬港元將船務部改組為香港明華船務有限公司，主要經營船東、船舶代理、船舶買賣、船舶租賃、船舶管理、貨運運輸、集裝箱運輸及油田後勤服務等業務。

1986年6月，招商局收購香港上市公司友聯銀行，開始進軍金融產業，成為香港中資最早進軍資本市場進行資本運作的企業。六年後，以油漆為核心業務的招商局海虹集團（股票代號：0144，1997年更名為"招商局國際有限公司"）直接在香港上市，招商局在香港的資本運作進入新階段。

1988年3月，招商局又收購了董氏航運集團共約一百六十萬載重噸的散貨船及超級油輪十餘艘。1988年8月，招商局投資一億港元，建成香港第一家全空調無柱式米倉，成為香港也是東南亞最大的米倉，其米倉儲米量佔香港所需食米的一半，為穩定香港的米市場發揮了重要作用。

1992年12月，袁庚正式離休。招商局總經理江波接任招商局常務副董事長，主持招商局工作。

這一年，鄧小平南巡講話發表後，新一輪改革開放熱潮在全國興起。"多元化經營，規模化經營"理念正在將招商局推上全速行駛的投資快車。

圖49 成立於1980年9月19日的招商局駁船運輸有限公司，擁有香港最大的港口駁船隊。

圖50 成立於1965年6月14日的友聯船廠，已發展為香港規模最大、修船能力最強、修船量最多的一家船廠。

1992年,招商局出資十三億餘港元,收購香港現代貨櫃碼頭(MTL)的15%股權,後又增持至20%的股權,成為僅次於九龍倉的第二大股東;同年,招商局更投巨資購買了30萬噸級的巨型油輪,組建了中國最大的油輪船隊,在航運業細分市場上,搶佔了一塊能源運輸的市場。但在當時世界石油危機引發的油運市場不景氣的情況下,招商局也付出了昂貴的代價。

到"九七"香港回歸前夕,招商局作為香港中資航運"雙雄"之一,已是香港位居前列的大船東,擁有包括超級油輪和大型散貨輪在內的各類商船三百九十餘萬載重噸,擁有香港最大的修船廠——友聯船廠;旗下擁有的港口除了深圳的蛇口港、赤灣港外,還有香港歐亞碼頭、堅尼地城碼頭,並成為香港現代貨櫃碼頭的主要股東;擁有碼頭岸線長7,000米,倉庫面積為130,000平方米,堆場面積佔551,000平方米。

1993年9月,招商局參股專營建設香港新機場十大核心工程之一的西區海底隧道的西隧公司,該工程總投資39億港元,招商局佔股13%。1995年,又參與投資亞洲最大的空運中心——香港新機場貨運中心項目;同年,又斥資1.6億港元收購了香港上市的建築工程公司——俊和集團的三成股權,為招商局承攬香港公用事業提供便利。這一系列投資標誌着招商局進入了香港公用基建運輸產業。

1992年底,招商局與香港中銀合資開發的漳州開發區正式成立,開發區規劃面積為40平方公里,首期6.7平方公里。

1994年,招商局在香港註冊成立了招商局置業有限公司,在香港青衣島等處投資圈地,並向北京、上海、西安、武漢、南京、珠海等內地城市快速圈地,地產業成為招商局多元化業務擴張中的核心產業之一。但是,大量"二手地"也為招商局也帶來了糾纏不清的法律問題。

為了配合蛇口工業區的招商引資,招商局成立了招商局發展有限公司,該公司幾乎參股了工業區內的所有工業企業,在福建、江蘇、山東等地也有投資。

到"九七"香港回歸前夕，招商局從1978年的1.3億港元起步，經過十餘年的發展，總資產增長達五百多億港元，旗下各類合資、控股、參股企業超過二百餘家，[9]業務跨越航運、工業貿易、金融保險、基建運輸、地產、旅遊酒店、工業園區、倉儲等十餘個領域，管理構架形成了複雜的多級主體。香港作為招商局的投資重點，佔招商局總投資的69%。但是，1990年代的急速擴張為後來的危機埋下了隱患。

"下海、登陸、上天"的中遠集團

中遠的集團化經營比其他幾大中資企業晚了近十年。

中遠系統最早在香港組建的遠洋輪船有限公司創建於1957年，這個時間比1961年4月27日在北京成立的母公司"中國遠洋運輸公司"還早了四年。其後中遠系統在香港又成立了一批企業，如益豐船務企業有限公司等。改革開放後，中遠系統在香港企業如雨後春筍，紛紛誕生。如惠航船務有限公司，於1981年在香港註冊成立，主要是為發展集裝箱運輸，解決自用箱需要而設立的，同時，出於避稅方面考慮，在巴拿馬註冊了一家佛羅倫貨箱有限公司作為箱東公司，而惠航則成為佛羅倫公司在香港的代理公司。後來由於巴拿馬註冊的公司不能在香港上市，1994年7月又在百慕大註冊成立了佛羅倫集團有限公司，這就是後來中遠集團的上市旗艦——中遠太平洋有限公司的前身。

此外，還有中遠貨櫃代理有限公司、合興船務工程有限公司、中遠集裝箱船務有限公司、華怡輪船有限公司等，到中遠香港集團成立之前，中遠系統在香港註冊成立的企業已達250家，該集團屬下企業擁有的船舶數和載重噸位已在香港具有舉足輕重的分量。

但是，這些企業大多規模較小，資金不夠雄厚，信譽不夠高，大規模籌資難度較大，而且由於企業數量多，重複投資現象嚴重，造成資金、人力、物力浪費。

此時，北京總部中國遠洋運輸總公司也正在醞釀管理構架重組。1992年12月，中國遠洋運輸總公司獲准更名為"中國遠洋運輸（集團）總公司"，並以該公司為核心企業，組建"中國遠洋運輸集團"（簡稱"中遠集團"）。1993年2月16日，中遠集團在北京宣告成立。而負責組建中遠集團的是陳忠表。

陳忠表於1993年任中國遠洋（集團）總公司總裁；1994年8月，中遠（香港）集團有限公司（簡稱"中遠香港集團"）在香港正式註冊成立後，他兼任董事長。

陳忠表上任後，燒了"三把火"：第一把火就是組建集團，在北京組建中國遠洋運輸集團，在香港組建中遠香港集團，力圖建立以中國遠洋運輸（集團）總公司為核心，以國際航運業為主業，集船貨運代理、海上燃物料供應、公路貨運、空運、碼頭、倉儲、金融、房地產、旅遊、貿易、勞務輸出、工業等為一體的跨國家、跨地區、跨行業的大型企業集團。中遠香港集團則將250家企業分散的力量集中起來，將財力、物力納入統一軌道，在對原有企業清理整頓的基礎上，歸併同類型企業，形成較有實力的多元化經營的專業公司，同時利用集團規模、信譽等方面優勢，充分拓寬融資管道，進行負債經營、滾動發展，開展資本運作和資產經營，中遠香港集團的定位就是中國遠洋運輸（集團）總公司在港澳的"窗口公司"，並擁有港澳地區以及菲律賓的二百九十餘家獨資、合資、合營和合作企業。

第二把火：實施"下海、登陸、上天"的多元化經營戰略。傳統航運業務主要是指"鈎對鈎"的業務。所謂"鈎對鈎"，就是指從裝貨港出貨，塔吊鈎子從碼頭將貨櫃吊起來放到船上開始，到卸貨港塔吊鈎子將船上貨櫃吊起來放到岸上。而這塊業務恰恰是利潤薄、資金量大、風險高的業務。陳忠表提出，"下海"這塊傳統海運業務仍是主業，但要使"岸上利潤佔到集團總利潤的40%"，還要"登陸、上天"，"登陸"就是上岸搞港口、碼頭、工業、房地產等，"上天"就是搞航空貨運公司；1998年8月，與東方航空公司合資組建中國貨運航空有限公司，實現了"上天"的目標。

第三把火：就是改革船隊管理體制，組建了中遠集裝箱運輸有限公司、中遠散貨運輸有限公司、中遠國際貨運有限公司。對海外管理體制進行改革，確立了以香港、美國、歐洲、日本、新加坡、澳洲、南非、西亞等八大區域公司為中心的海外業務網絡。

按照陳忠表的多元化發展戰略，中遠香港集團確立了四大支柱性產業和八大較具實力的行業門類，每一個門類均有一家代表性企業。

四大支柱性產業是指航運、集裝箱租賃、上市公司、碼頭和房地產業務；八大門類是指船舶代理和攬貨代理、貿易、工業能源、金融、保險、資訊科技、勞務輸出、旅遊業。

中遠（香港）航運有限公司是中遠香港集團航運業務的核心企業，也是香港最大的航運公司之一，擁有和經營管理達480萬載重噸的近百艘船舶，船隊由2-7萬噸級各類型散裝船組成，其中近半數是1990年代建造的新船。船隊主要經營世界各地的乾散貨物運輸，航行於全球五大洲21個航區的各國港口，承運糧食、化肥、煤炭、礦砂、鋼材、飼料、農產品等貨物；年貨運量達二千餘萬噸，周轉量為1,600億噸海里。1996年9月，該公司分別通過中國船級社和美國船級社的雙重審核認證。

中遠太平洋有限公司是中遠香港集團四大支柱產業之一的集裝箱租賃及集裝箱有關業務的核心企業，也是中遠香港集團在香港的上市旗艦，由中遠香港集團控股65.3%。1994年12月19日，中遠太平洋有限公司正式在香港聯合交易所掛牌交易（股票代號：1199），儘管當時市況不好，仍取得成功，共發行10.2億股，集資1.15億美元。

1995年，中遠香港集團將佔股50%的香港八號貨櫃碼頭注入中遠太平洋，八號貨櫃碼頭中遠集團總投資僅3.125億港元，中遠太平洋以26.52億港元向中遠收購，使這項投資增值八倍多，中遠太平洋以新股作價，共發行5.94億股給中遠，中遠配售其中3.35億股套現14億港元。這項注資既保留了中遠在上市公司中的權益，又套現獲得高回報，而注入優質資產又使上市公司市值增加2倍。1996年9月，又在香港股市成功配售2.5億新股，集資15.5億港元。

中遠太平洋通過上市、注資、收購和配售新股等一系列資本運作，在股市的地位迅速上升；到1997年12月，亞洲金融風暴已經吹襲香港，中遠太平洋的市值仍有153.7億港元，佔所有紅籌企業總市值的3.05%，在57家已上市的紅籌企業中排第五名。〔10〕而且，中遠太平洋從初期的單一經營集裝箱租賃，發展成為擁有香港八號貨櫃碼頭50%、屯門內河碼頭10%的經營權和控股權，持有上海中集冷藏箱廠、上海關西塗料廠各20%的股份的上市公司，同時也是擁有和經營32萬隻標準箱的世界第五大租箱公司。

中遠香港集團還通過中遠碼頭控股有限公司投資管理青島遠港國際集裝箱碼頭、張家港永嘉集裝箱碼頭、上海集裝箱碼頭、北倉中遠國際集裝箱碼頭、蛇口集裝箱碼頭等，總投資約7.8億港元。

中遠香港集團還通過中遠（香港）置業有限公司在香港、澳門、廣東、上海、天津等地投資達六十餘億港元的房地產項目；通過中遠（香港）工業投資有限公司在南通獨資或合資興辦了擁有中國最大的15萬噸級和8萬噸級浮船塢的大型修船廠，1995年還斥資6.5億元人民幣入股河南新中益電力有限公司；通過中遠國際船舶貿易有限公司從事新、舊船舶買賣；還通過中遠貨運代理投資有限公司、中遠資訊科技（香港）有限公司、中遠（香港）保險顧問公司、中遠國際旅行社等，開展船舶代理、貨運代理、船舶保險、旅遊業務和電腦軟體發展。

到"九七"香港回歸前夕，中遠香港通過集團化、多元化和資產經

圖51　位於灣仔軒尼詩道的中國海外大廈

營，已經擁有兩家上市公司、一家香港最大的航運公司、一家香港最大的船舶代理和貨運代理公司，其業務包括具有一定規模的工業、貿易、金融、保險等，資產總值超過六百億港元，[11]已躋身香港中資企業前列。

七 承建地產一條龍：中國海外

嚴格說來，中國海外是改革開放以後內地國有資本在香港開辦的第一家"窗口公司"。1979年6月1日，中國海外的前身中國海外建築有限公司在香港註冊成立，而且和中遠香港集團一樣，香港公司比1982年在北京成立的母公司中國建築工程總公司還早了三年。

進入1980年代中期以後，中國海外開始了業務和管理架構的大規模擴張，業務從單純的建築承包商向承建、地產、基建投資和金融證券等多元化方向擴張；管理構架上，從1988年開始，推進集團化發展，組建各子公司，先後在深圳、上海、廣州、北京等組建以地產為主的子公司；在香港先後成立開發地產的中國海外地產有限公司以及以承建業務為主的中國海外房屋工程有限公司、中國海外土木工程有限公司和中國海外基礎工程有限公司，到1992年6月，中國海外集團有限公司正式在香港註冊成立，1992年8月，其旗艦企業中國海外發展有限公司在香港聯交所掛牌上市（股票代號：0688）。

香港中資企業最大的承建商

中國海外作為中資企業最大的建築公司在香港剛起步時非常艱難，從最簡單的勞務判頭做起，也就是從內地輸出勞工到香港，拿到私牌後，主要承攬一些私人工程或承接別人的一些子工程，由於不熟悉香港市場和香港法律，加之管理不善，大多在虧損經營。後以中國建築總公司（香港地區）的名義在香港拓展業務，並於1981年5月在香港成功申請樓宇建築、海港工程、道路與渠務、地盤開拓和水務工程等五項最高級別的施工牌照（簡稱為"五塊C牌"），從此獨立承擔政府公營和私營大型建築工程，開始奠定中國海外建築起家的承建業務線的基礎。

中國海外承建的第一個政府大型公共工程項目，是1982年2月承建的香港木湖至大欖涌輸水工程。

1985年7月，開始承建香港政府的居者有其屋計劃——大圍海福花園，公司開始盈利。

1987年10月，建築承包工程連中三元，相繼獲得天水圍造地、翠屏村四期和小西灣二期工程，年成交額躍居香港所有承建商之首。

1995年1月28日，與英國艾銘建築有限公司等四家境外公司一起組成聯營公司，一舉奪得香港新機場客運中心工程合約，合約總額為101.3億港元，成員各佔20%。該工程是香港有史以來最大宗單一合約，亦是世界上同類工程項目中最大的項目；該客運中心大樓，被國際權威機構評為20世紀世界十大建築之一。另外，還參與承建了和新機場工程相配套的西九龍填海造地等多項工程。

1995年5月和10月，中國海外再次獲得槍會山陸軍軍事醫院和昂船洲海軍基地工程，兩項工程後於香港回歸時移交解放軍駐港部隊接管使用。

除上述項目外，中國海外在香港建造的主要商業樓宇和公建項目有屯門市廣場、新警察總部、何文田政府合署、醫院管理局總部大廈、南洋酒店、伊利莎伯醫院、香港中文大學研究院等。

中國海外在香港承建的公共基建工程除了上述輸水工程外，還有天水圍土地拓展及洪溝工程、將軍澳工業村及地盤開拓、中華電力天然氣發電廠、屯門公園、香港國際機場停機坪擴建工程等；承擔的樁基工程有馬鞍山六期工字鋼樁基工程、奧港城工字鋼樁及防水工程等十餘項。

自1990年起，中國海外已多年成為香港房屋委員會當年批出的最大工程合約的承建商,並多次榮獲香港十大最佳承建商稱號。到"九七"香港回歸前,中國海外在香港已建成和在建各種樓宇面積近七千六百萬平方呎,單住宅一項可供30萬人居住,即香港每二十個居民中就有一個住在中國海外建造的住宅裏。中國海外更為香港填海造地8,360萬平方呎,相當於港島面積的九分之一;另修建長達20公里的輸水管線,輸水量佔香港全城淡水量的60%。

從承建商向地產商+承建商的成功轉型

在香港,建築承包是一個工作辛苦、投入人力多、耗費精力大、利潤率卻很低的勞動密集型行業。中國海外於初創時期,無資金、無市場、無品牌,只好以拚低價來承攬工程,因此,企業連年虧損。但香港地產一直是暴利行業,香港最成功的富豪大都是地產商。這促使中國海外在多元化業務擴張中,把地產業務作為了首選。

原中國建築總公司總經理、中國海外集團董事長的孫文傑,曾經回憶中國海外二十餘年發展的第一次歷史轉折——開始跨入房地產市場時的情形:"1980年代單搞建築,要想扭虧為盈很難很難,但是我們看到香港的地產商,卻一個個搞得很成功。所以我就開始涉足地產,那時候香港的地產界上得很快,一下子就扭虧為盈了。"〔12〕

孫文傑(1946年-)早年畢業於同濟大學,1968年加入中國建築公司;1981年,中國海外準備承建華潤大廈,應當時的中國海外總經理顧天訓的請求,中國建築總公司選派了18名專業人才支援香港,"十八羅漢"之一的孫文傑,從地盤工程師做起,在當時"十盤九虧"的狀態下,他以地盤經理的身份連續在"錦繡花園"、"康樂園"等樓盤上盈利,開始脫穎而出。1984年,他升任公司董事副總經理;1985年,更獲升任為公司的副董事長、總經理,從此執掌中國海外;2001年任中國建築總公司總經理,仍

圖52　1987年，大埔海寶花園創造了驕人的銷售業績，成為中國海外發展的一個轉折點。

兼任中國海外集團董事長。孫文傑作為中國海外集團的創始人,當其他中資企業領導人一茬又一茬走馬燈式交替時,他成為香港中資企業領導人中的一個傳奇:他是駐香港時間最長,同時擔任企業掌門人時間最長的國企領導。

中國海外早在1981年8月,就首次在深圳嘗試投資了一個地產項目——"海豐苑",但真正自覺地進行戰略轉型還是在1984年底中英兩國簽署《中英政府關於香港問題的聯合聲明》後,開始涉足房地產業。

1986年4月,中國海外投資開發香港海寶花園(坐落於大埔汀角路與安慈路交界處),該項目於一年後成功公開發售,創造了"排隊買樓不知價,只因市民信任他"的銷售業績,這成為中國海外發展的一個轉折點。

此後,中國海外在香港相繼獨立或合作開發了海聯廣場、中國海外大廈、海港花園、太湖花園、爵士花園、聚龍居、奧港城、帝景峰、御龍軒和一洲國際廣場等。尤其是建築面積超過六百萬平方呎,總投資約三百億港元的合作項目奧港城,是港九市區罕見的高級物業和品牌。

1988年8月,中海地產深圳公司正式成立,標誌着中國海外正式進軍內地地產市場;9月,公司以816萬美元在深圳拿下第一塊土地即海富花園用地,隨後又在深圳投資開發了海麗大廈、海連大廈、海灣廣場、海珠城和百仕達花園等十餘個項目,在上海投資建造了海華花園、海興廣場、海天花園等項目,在廣州獨資或合資開發了東山廣場、錦城花園等項目。"中海地產"及"中海物業"從香港來到深圳,並從深圳走向全國。

除了承建、地產業務外,中國海外還投資基建業務。1996年12月,中國海外投資經營廣西南寧"四橋一路"項目,一年內又投資經營柳州"六橋一路"、梧州市京南水電站及桂林環城公路,基建投資初具規模。

從承建業務起步,實現向地產、建築集團成功轉型,並擴至基建路橋水電業務,用十餘年時間,中國海外完成了歷史性蛻變。截止於1996年底,中國海外在香港和內地共承接工程合約318項,總合約額達389億港元，投資發展房地產及投資基建88項，投入資金總額為190億港元，累計完成營業額409億港元，累計實現稅後利潤總額為50億港元，有形資產總值180億港元。中海發展股份有限公司股票成為香港恒生指數中型成份股，在香港上市公司建築股中排名第一，公司市值達240億港元。[13]

八　從"單一"到"多元"：華潤與港中旅

華潤與港中旅，早年都是單一業務類型：一個做貿易，一個做旅遊。進入1980年代，二者都從一元走向多元。

在1980年代，香港四大老牌中資企業中，香港中銀以其依託國際金融中心和金融業本身的產業優勢，迅速崛起，而成為香港中資企業的龍頭老大；招商局則搶佔改革先機開發深圳蛇口工業區，迅速向以港口碼頭運營商為主業的多元化發展。與最快搶抓改革開放先機的香港中銀與招商局不同，華潤作為傳統計劃經濟體制下國家外貿在香港澳門地區的總代理的壟斷地位，反而在改革開放中迅速失落，面臨着極大的生存危機；在隨後十餘年，國家外貿體制變革過程中，更具挑戰意味的，不僅是總代理的壟斷地位的喪失，更是隨着貿易經營權的全面下放，純貿易公司逐漸淪為夕陽企業並面臨整體退市和逐漸消亡的命運。華潤在1980年代面臨着突圍的命運選擇。

與純貿易型公司的夕陽企業不同，旅遊業在中國是一個剛剛開始的朝陽產業，但是，在1980年代初期的港中旅，僅靠單一的旅行社業務和旅遊產業，其規模是很難做大的。因此，不約而同的，港中旅與華潤都加入了快速多元化和規模擴張的潮流。

圖53 1958年，華潤開始投資中國國貨公司，這是華潤進入零售業之始。

圖54 中藝公司於1959年創立。圖為中藝設於尖沙咀星光行的分公司。

向多元化突圍的華潤

　　華潤無疑是以貿易立業的資格最老的香港中資企業，從中華人民共和國建立開始，該集團的前身——華潤公司就以中國各進出口公司在香港澳門地區及東南亞地區的總代理身份從事貿易，是中華人民共和國開展對港澳和世界各國貿易最早的窗口，從東南亞到歐美等地區，早年的外商客戶，幾乎均由華潤公司先期建立業務關係，再推介給內地進出口公司，乃至後來開展對韓國和台灣地區的民間貿易，華潤都發揮了先驅的作用。

　　但是，華潤公司的這種總代理的壟斷地位，是內地計劃經濟體制的產物，也是國家政策保護的產物，隨着1979年國家外貿體制改革和外貿經營權的下放，中央各部委、各省市地方政府紛紛在香港開設貿易“窗口公司”，華潤公司的政策性代理業務受到嚴重衝擊：香港的轉口量下降，導致華潤公司的轉口業務隨之受到嚴重影響；中資貿易機構日益增多，過去獨家經營變成競爭對手林立；外貿體制轉軌過程中，一度管控失序，經營管道黑白摻雜，水貨衝擊嚴重，使傳統本銷商品中斷或萎縮，加之人工、寫字樓、收購價格等成本上升，依靠貿易獲取的邊際利潤逐年被擠壓。

　　華潤公司在1980年代針對貿易體制改革帶來的危機，分兩個方向實行突圍：

　　1. **貿易經營方式的改變**　從計劃經濟下的政策性代理向市場經濟下的合約代理方式轉變。在傳統計劃經濟條件下，由內地各專業進出口公司進行統一收購，收購價由政府統一確定，低價收購，再交由華潤公司代理本銷或轉口外銷。計劃經濟的壟斷代理格局被打破後，華潤公司就由過去只做內地專業進出口口岸公司的代理，轉變為直接與內地生產廠家、貨源單位建立生產與出口代理關係，這種代理關係不是政府政策主導的，而是由市場主導的契約法律關係，合約規定了代理雙方的權利、義務，確保代理收益；而且不僅能代理內地商品，還可代理海外商品。

從單純的代理貿易向代理與自營貿易結合並以自營為主轉變。1980年代初，華潤公司的自營進出口貿易的營業額僅佔整個貿易總額的8%，自從開展新的自營貿易方式，如易貨貿易、邊境貿易、進口保稅業務、內地與香港基建招投標、補償貿易、組織成套設備進出口等業務，並與合作夥伴開展聯營、合作經營、投資入股、提供融資等合作，取得穩定貨源和進口貨單後，到1992年，自營進出口貿易額達到28.48億美元，佔公司貿易總額的50.41%，首次超過代理業務貿易額，1994年自營貿易額更升至62.9%，華潤（集團）有限公司下屬19家貿易公司，6家實現了全部自營，另有9家自營貿易額超過了代理貿易額。[14]

從以港澳地區為重點向港澳市場與出口市場多元化相結合，發展直接遠洋貿易。出口市場從過去港澳、東南亞地區，向拉美、歐洲、北美、非洲、中東等遠洋市場拓展。1994年，在華潤貿易額中，第三國貿易及海外公司貿易額分別佔貿易總額的16%和2%。到1995年，華潤已與一百多個國家和地區的客商建立了貿易關係，在海外地區設立15個貿易機構。

從純貿易企業向貿易與實業結合轉變，建立貨源基地，加快新產品開發。通過向市場熱銷商品的生產企業投資入股、簽訂獨家代理協定和收購控股等方式，解決貨源流失和收購成本偏高等問題，這一方式實質上也是為自營出口作鋪墊。到1995年，華潤在貿易工業化領域的投資，包括包裝容器、造紙、製革、電子、化纖、印染、紡織、服裝、食品、飲料、機械、通訊器材、建築材料、玩具、家具、製鞋等行業共計166個項目。

從一般商品出口向培植品牌商品、機電等高科技產品出口轉變。鑒於1990年代初中期，國家對外貿政策特別是國內產品出口退稅政策實行了調整，即鼓勵高級商品和高科技產品出口出發，降低一般商品的出口退稅率，提高高技術含量商品出口退稅率，如國家在1995年將煤炭、農副產品出口退稅率調低至3%，農副加工產品出口退稅率調至6%，機電產品出口退稅率調至9%，為此，華潤積極扶植名牌產品和高壓真空開關、數控機床

圖55　華潤堂是專門為顧客提供健康產品和健康服務的零售連鎖店，現時在香港及中
國內地共有150家門市。

數控板等機電產品。

2. **向多元化業務突圍**　華潤集團從國家外貿體制的改革和政策調整中，感受到將"雞蛋放在一個籃子裏"的風險，決定從貿易行業突圍，發展多元化業務。1985年，華潤集團董事會提出了"以貿易為主，開展多元化經營"的發展方針，希望通過多元化經營，解決華潤的發展問題，調整業務結構，開闢新的增長點。1988年，華潤集團對多元化的認識發生重要變化，只有涉足新的業務領域，開闢新的利潤增長點，才能彌補貿易利潤下降帶來的虧損。從此，華潤集團開始與有影響力的大財團合作，積極發展中長期投資項目，投資重點也開始向零售、房地產、電力、基建等產業轉移。

華潤集團業務的多元化循兩個方向發展：

尋找貿易關聯產業開展多元化經營。如與貿易相關的配套設施：建立船隊、車隊、油庫、碼頭、倉庫、冷庫、商場、超級市場、展覽館等貿易輔助設施，向航運、倉儲、零售、展覽業發展；同時實施貿工一體化，增加對與貿易相關的工業投資。

在航運倉儲方面，重大投資項目有，參股李嘉誠控股的香港國際貨櫃碼頭公司（HIT），參與建造當時世界上最大的多用途碼頭——西九龍散裝貨及集裝箱倉庫碼頭。1993年後，還訂購散裝貨輪、油輪、多用途貨船、集裝箱船等，向航運業進軍。斥巨資興建香港青衣新油庫，並在青島、江陰等地合資興建大型油、汽庫。

在百貨零售方面，在香港建立起以工藝精品、百貨名品和連鎖超級市場為一體的整體網絡，到香港回歸前，擁有中藝（香港）有限公司和華潤百貨名店12間，華潤超市46間。至於內地的分店，深圳有二十餘家，廣州有一家，西安有三家，蘇州、北京、上海、哈爾濱等也相繼開設分店。

在貿工一體化投資方面，主要有無錫鋼廠、上海陽光鍍膜玻璃有限公司、山東石材有限公司、煙台錦綸絲廠、東莞水泥廠、加拿大森林採伐和

圖56　香港大老山隧道是華潤集團重點投資的基建項目之一

木材加工企業等。1994年,華潤集團收購了一家法國錶芯廠,該企業是全球第六大錶芯生產商,這是華潤集團首次進行境外企業收購。

選擇與貿易經營無關聯的長期戰略投資項目和中短期策略投資項目,培育多元的盈利增長點,包括:

在基建能源產業方面,重點投資隧道、高速公路和電廠,興建香港大老山隧道和三號公路幹線,投資徐州電廠。

在地產方面,早在1979年10月,華潤公司就開始參與香港天水圍的發展計劃,這是華潤首次在香港參與房地產公司項目開發。但此後華潤在地產業進展不大,直到1980年代末、1990年代初,才開始利用華潤原在香港青衣牙鷹洲的舊油庫基地進行改造,在拆除舊油庫後與長實、新鴻基聯手,興建高級商住樓宇,建築面積達230萬平方呎,一次收回幾十億資金,實現了該項資產的第一次增值,並用該項資金興建了現代化的新油庫。1994年底,華潤集團上市旗艦華潤創業公司入股北京華遠房地產有限公司,開始進軍內地房地產市場,華潤還斥資興建泰國曼谷時代廣場和上海華潤時代廣場等寫字樓項目。

在銀行金融業方面,華潤集團與力寶集團於1993年達成協議,增持華人銀行股份至50%,開始涉足金融領域。1999年,與外運總公司合作,在香港創辦"華潤運達保險顧問有限公司",還入股中國華泰保險公司,進軍保險業務領域。

在電訊業方面,1994年,北京中國華潤總公司參與中國聯通移動電話項目,後又向廣西拓展電訊業務,在香港則參與發展電話公司的私人無線電話網絡(PCS)項目,並收購衛星傳輸公司。

甚至,華潤集團還通過屬下公司上潤公司和隆地公司,從事建築承包工程、室內設計裝潢及物業管理業務;通過華夏旅遊公司進軍旅遊產業。

港中旅：旅遊為主的多元化格局

與華潤集團所處的貿易行業不同，單純的貿易公司已是日漸式微，純貿易作為行業已經出現危機，而旅遊業在中國才剛剛起步，正是朝陽產業。但是旅遊是一個微利行業，加之1980年代，中國旅遊市場正處在培育期，國人還剛從溫飽階段走出來，靠旅行社的本身業務迅速做大做強，顯然是不現實的，因此在香港中資集團化、多元化浪潮中，香港中旅（集團）有限公司（以下簡稱"港中旅"）於1985年10月正式成立後，在拓展旅遊業的同時，迅速走向多元化。

旅遊業是港中旅的主要業務，也是具有八十年歷史的祖業，不僅要守住，而且要擴大。港中旅所屬香港中國旅行社，是受國家委託、香港地區唯一享有辦理《港澳同胞回鄉證》、《台灣居民來往大陸通行證》的機構。1979年7月，內地公安部門開始委託香港及澳門的中國旅行社辦理港澳居民申領《港澳同胞回鄉證》業務。直到1999年1月，《港澳同胞回鄉證》才改為《港澳居民來往內地通行證》。從1987年11月開始，受公安部委託，香港中國旅行社開始簽發《台灣同胞旅行證明》。1984年7月，香港中國旅行社開始辦理內地各省市居民港澳遊業務。

1979年4月，中斷了三十年的廣九直通火車正式開通，香港中國旅行社從此開始代理廣九鐵路直通車及其他各種交通票務；還組織中國及國際的旅行團，辦理旅行簽證。到"九七"香港回歸前，香港中國旅行社在香港島、九龍、新界已經發展到23個分社和辦事處，並在海外12個國家設立了15個分社，形成了覆蓋國內外的服務網絡，每年在香港接待遊客超過五百萬人次，成為香港規模最大的旅遊機構。[15]

旅遊業作為一個產業鏈，可以向前後端業務延伸，形成以旅遊為核心的客貨運、酒店、飲食、旅遊景點、娛樂等系列配套服務產業體系。

客運系統從陸地向海上和空中發展，拓展汽車、船務和航空業務。

1992年，港中旅以17億港元投資參股國泰航空，佔5%的股權。1993年，港中旅與中國國際航空公司及深圳市合作成立深圳航空公司，佔40%股權，成為後者的最大股東。1993年後，又開通香港—澳門、香港—深圳機場的高速客船。1994年，廣深高速公路開通後，港中旅拓展香港—廣州等線路的陸路直通巴士；10月，港中旅開通長江三峽的"錦繡中華"號豪華遊輪。

酒店業是旅遊業的關聯產業，港中旅自1980年代到"九七"前就先後在香港、澳門、美國及中國內地投資興建或收購了18間酒店，客房達4,000間，如香港維景酒店、南京希爾頓國際大酒店等。

旅遊主題文化景區建設是港中旅在1980年代的最大手筆。由當年港中旅總經理馬志民一手打造的深圳"錦繡中華"、中國民俗文化村和"世界之窗"，已經成為中國旅遊史上的一個里程碑，不僅創造了經濟效益，更打造了一個知名的品牌系列，為港中旅後來佔領內地市場、成為中國旅遊業第一大企業打下了堅實的基礎。1991年9月，港中旅與美國美東國際投資有限公司合作，在美國佛羅里達州複製一座"錦繡中華"微縮景區，佔地76英畝，港中旅投資逾8,000萬美元，佔股50%；1993年建成開幕，開業後一直虧損。截至1998年底，港中旅累計投資12.5億港元，累計虧損4.8億港元，直到2003年方轉手出讓。[16]

但是賺吆喝、賺人氣的，不一定是最賺錢的。為了進一步做大做強，港中旅大步跨出旅遊業"舒適區"，進行實業投資和經營。

貨運業務和倉儲業務是港中旅的傳統業務，早在1950年代就已開始，幾十年來，港中旅一直是香港與內地之間的鐵路運輸總代理。1980年代以後，它積極拓展兩地之間的汽車集裝箱運輸，經營香港與內地之間以及世界各地海、陸、空貨物聯運及相關業務，還開拓了快遞、冷藏車、超大型機械設施等特種運輸項目。在上海、深圳，港中旅設有國家一級貨運代理公司；在東南亞、歐洲、美加等地，也設有聯營企業或辦事處；在香港，還參與投資香港新機場貨運中心等項目。

從1979年開始，到1990年代，港中旅還涉足一百餘個在香港、內地及海外的投資項目，投資總額達百億港元，如參與投資香港三號公路幹線、唐山國豐鋼鐵廠、蘭州石化項目、黃山太平索道和陝西渭河電廠和華商銀行等。除了旅遊業，港中旅還在酒店、客貨運、倉儲、貿易、基建、工業、能源、地產建築、科技開發、金融保險等十餘個領域實現多元化發展，所投資的項目參差不齊，有的項目如唐山國豐鋼鐵廠後來已經成為港中旅的主要盈利來源，有的則由於多種原因而出現投資失誤或經營虧損，埋下了危機。

九　多元化中的金融轉向：光大

"光大"在王光英主政時期以進出口貿易為主業，同時投資實業，向多元化方向發展。1980年代，光大的擴張基本上屬於"機會式擴張"，哪裏有投資機會，就往哪裏投，既沒有培育核心產業的理念，也缺少投資管控的理念和經驗，這是當時整個中國國企走向市場經濟起步時代的共同特徵，為此付出的代價也不菲。

雙總部的建立

在光大集團籌組雙總部之前，香港中資企業的管理構架大體上是兩種模式：一類是總部直接設在香港的，如中央企業有華潤集團、招商局、港中旅等，地方公司如上海實業、京泰集團、粵海集團、深業集團等，這類公司早年在內地並沒有母公司；另一類是內地有母公司管控的，如香港中銀、香港中信、中遠香港和中國海外等，這類公司在內地有強大的母公司：中國銀行、中信集團、中遠集團、中國建築工程總公司，在產權關

圖57　港中旅員工辦理行李託運（攝於1950年）

圖58　過境客運汽車服務是港中旅的業務之一

係、業務和人事任免等方面，都受內地母公司管控。

　　光大集團本來是屬於將總部直接設在香港一類的，它於1983年5月在香港創辦，1984年7月正式在香港組建成立"中國光大集團有限公司"，成為名副其實的香港總部。光大以貿易起家，以外貿和實業投資為主，與國際上二千五百多家企業建立了業務聯繫，引進技術和設備，透過多元化，在工業、農業、食品、旅遊、地產物業等領域廣泛進行投資。到1980年代末，這種泛多元化投資的弊端浮現出來，光大開始出現投資虧損。

　　1990年，原中國人民銀行副行長邱晴繼任光大董事長，開始進行業務發展戰略性調整，提出"向國內傾斜，向金融業傾斜"。1990年11月，中國光大（集團）總公司在北京成立，實際上是一套人馬兩塊牌子。至此，一個集團兩個總部的經營管理模式正式形成，這是香港中資企業雙總部模式的濫觴。隨後，一些大的中資企業紛紛按這種模式運作。

　　雙總部模式應該說是香港中資企業因應中國改革開放政策的變化而創造出來的一種總部管理模式，國際上的跨國企業包括香港的英資、華資財團均沒有這種模式，為什麼香港中資企業會創造這麼一種運作模式呢？

　　這是由中國經濟從封閉走向開放的過渡形態所決定的：

　　第一，1980年代中國改革開放剛剛起步，為了籌集現代化建設所需的資金，要引進國外先進技術、設備和管理經驗，中國對外資企業實行了稅收、用地、用工等優惠政策，如稅收上的"免二減三"等，這些優惠政策極大地刺激了外商的投資熱情，成為助推中國經濟崛起的第一級火箭。中資企業直接在香港註冊總部和子公司，然後進入內地投資項目，便可以在法律上視同以"外資"企業身份名正言順地享有所有外資企業均能享有的優惠政策。這就是內地企業曾經一度大規模地在香港開設"窗口"的主要動因之一。

　　第二，中國經濟並不是所有領域都對外資企業開放，如資本市場、金融證券、保險等領域在1980-1990年代基本未開放，即便中國加入WTO，至今也仍未完全放開，如只能透過如QFII（Qualified Foreign Institutional

Investors，即合格的境外機構投資者制度）管道和限制條款，有限地進入內地證券市場等；其他如貿易、電訊、旅遊、零售等諸多領域，均未對外資企業開放或者是有限度、有限制條款的開放。因此，在香港註冊的中資企業作為法律上的"外資企業"，同樣不能進入內地金融、貿易、電訊等領域。"光大"要"向金融業傾斜"，首先必須從法律上"變性"，從香港"外資企業"變回"國企"，才能享受內地國企進入所有領域的特殊政策。否則，以香港光大集團的身份，在當時連進入內地金融業的資格都沒有。這樣建立內地總部就成功地規避了內地政策的限制。

雙總部的建立，實際上使香港中資企業具有兩種身份：一是以香港外資企業的身份，投資內地開放的領域和市場，可以享受外資企業的各種優惠政策，這使香港中資企業比內地國企多享了一份優惠政策；二是以國企的身份進入內地未對外資開放的領域，這又使香港中資企業比外資企業多享了一些進入內地的通道和優惠政策。這就是雙總部為香港中資集團帶來的一身而二任的政策優勢，也是香港中資企業隨後紛紛籌建雙總部的根本原因。

多元化中的金融轉向

透過建立雙總部解決進入內地金融業的政策障礙後，光大集團就開始大規模地向金融業進軍。

1991年4月，光大國際信託投資公司（以下簡稱"光大信託"）成立，當時註冊資本為44.9億元，其中外匯達30,199萬美元，經營範圍為信託存貸款及投資業務、委託存貸款及投資業務、有價證券業務、金融租賃業務。這是中國光大（集團）總公司投資控股的非銀行金融機構，比榮毅仁創辦中信晚了整整十二年。光大集團透過該公司在內地大部分地區、港澳地區和新加坡等地，進行大規模實業投資、地產經營等業務。

1994年，光大信託因外匯投機交易出現重大失誤，導致數億港元的虧損，不僅光大信託自身被擊倒，也將光大拖入了債務的深淵。

1996年10月，因光大信託不能支付到期債務，中國人民銀行決定將其50億元人民幣債權轉為股權，使之暫時避免了倒閉，又苟延了六年。至2002年1月，因光大信託嚴重資不抵債，不能支付到期債務，中國人民銀行公告正式撤銷光大信託，停止其一切金融活動。

1992年8月，中國光大銀行成立。這雖然比榮毅仁成立中信實業銀行、袁庚成立招商銀行晚了整整五年，但是，光大銀行的成立，無疑是光大集團的歷史轉折點，這是光大集團打造金融業作為核心產業的關鍵一步。

1996年，光大集團將獨資擁有的中國光大銀行改制為由中國光大（集團）總公司控股、亞洲開發銀行等228家中外股東參資入股的內地第一家國有控股、有國際金融組織參股的股份制商業銀行。

1996年4月，成立光大證券有限責任公司。這也是中國光大（集團）總公司投資控股的全國性綜合類股份制證券公司，光大證券成立後迅速擴張，在全國收購了十餘家證券業務部。

1993年10月，光大集團在香港還曾參股當時由阿拉伯銀行集團控股的港基國際銀行20%的股權；隨後與國衛保險公司建立策略性夥伴關係，光大集團持有國衛保險亞洲有限公司5%的股權，而國衛集團則持有光大所屬上市公司之一的光大明輝有限公司8.7%的股權。

至此，光大集團全面進入銀行、信託、證券、保險等金融業務領域，加之21世紀初開始組建的光大永明人壽保險有限公司和光大保德信基金管理有限公司，光大的觸角幾乎延伸到金融主要業務領域。

除了金融領域之外，光大集團在中國沿海地區進行了廣泛的實業投資，"九七"香港回歸前，在深圳投資企業的資產規模就達60億人民幣，包括區域開發、工業、交通、能源等基建行業。

1988年，光大集團與深圳萊茵達集團等公司在深圳南山月亮灣共同組建了深圳光大木材工業有限公司，光大佔股51%，在佔地11萬平方米的木材加工廠，主營生產"森帝"牌膠合板，是早年光大為數不多的盈利實業項目。十餘年後，時移世易，進入21世紀，該項目因連續錄得多年虧損而被出售。

1988年1月，光大集團與深圳南油集團、中國對外貿易運輸集團共同投資組建深圳海星港口發展有限公司，佔股33%，開發經營深圳媽灣港1-4號碼頭，進軍港口運輸產業，2001年該項目轉讓給深圳市。光大還透過上市公司光大國際與深業控股、深圳能源集團共同投資參股了深圳媽灣電力公司，佔股15%，該項目提供了穩定的較高的投資收益。2006年，光大正式退出該項目。

早在1984年，光大集團就與深圳市投資管理公司、中國南海石油聯合服務總公司共同投資組建了大型中外合資企業——深圳南油集團，註冊資本為2.48億元人民幣，光大投資2,000萬元人民幣，佔股32.5%，其他兩家股東分別以土地和現金入股，分別佔35%和32.5%的股份。

深圳南油集團主要負責對深圳南頭半島一帶23平方公里的土地進行綜合性開發建設。這塊土地的面積是袁庚開發經營的蛇口工業區（最初只有2.14平方公里）與馬志民開發的華僑城（4.8平方公里）面積總和的三倍，旁邊還擁有媽灣港區，開發的時機與華僑城幾乎同步。如果開發經營成功，將比招商局開發蛇口工業區加上港中旅開發的華僑城，釋放出更大的經濟效益和社會影響力。遺憾的是，由於南油集團在開發戰略、投資決策和經營管控等方面的一系列失誤，如此優越的土地港口資源，竟然落到資不抵債、瀕於破產的境地，最後於2001年被招商局收購。由於光大不是控股股東，投資也不大，但這個大項目，卻使深圳和各方股東失去一次騰飛的機會。

20世紀90年代，上海浦東開放開發後，光大集團於1991年聯手郭鶴年等香港鉅賈組成港滬發展有限公司；光大集團佔股25%，參與投資開發上海閘北區5.8公頃土地的上海舊城區改造工程，建設集商業、貿易、金融、娛樂和住宅於一體的上海不夜城中心大廈。

　　光大集團"向金融傾斜"的戰略調整應該是正確的思路，但在進行戰略擴張時，缺乏有效的管控；在發展金融產業時，也付出了慘痛的代價。與此同時，由1980年代延續下來的多元化投資策略並沒有得到有效的管控，使得很多好的資源和項目，並沒有獲得預期的收益，留下了不少不良資產。1996年後，朱小華繼任後，採取了更為激進的資本運營戰略，進入資本市場，雖然在香港回歸前攪動香江，掀起一股"朱小華旋風"，但隨之而來的亞洲金融風暴，卻使光大延續了多年的調整。

十　香港出版界"一哥"：聯合出版集團

　　在20世紀80年代香港中資集團化浪潮中，有一個資產規模和盈利能力均不耀眼，但在香港出版業絕對是一哥地位的企業，也加入了集團化浪潮，這就是聯合出版（集團）有限公司（以下簡稱"聯合出版集團"）。

　　聯合出版集團歷史悠久，源遠流長，在香港有着深厚的事業根基。其旗下的三塊文化出版品牌：三聯書店（香港）有限公司（以下簡稱"香港三聯書店"）、中華書局（香港）有限公司、商務印書館（香港）有限公司，這從知名度、歷史發展的角度來看，與香港四大老牌中資企業不遑多讓。

　　香港三聯書店是由生活書店、讀書出版社和新知書店在香港合併而成，於1948年10月28日正式註冊成立。1932年，中國著名思想家、新聞記者和出版家鄒韜奮先生創建生活書店。1935年，中國著名經濟學家錢俊瑞等創辦新知書店。1936年，中國著名學者和社會活動家李公樸、哲學家艾思奇等人創辦讀書生活出版社（1939年起改稱"讀書出版社"）。早在20世紀30年代，鄒韜奮等人就在香港辦過《生活日報》。1946年，新知書店在香港開設永年書店，讀書出版社也在香港設有辦事處。三家出版社早年的合作，促使他們在1948年正式合併，形成"生活‧讀書‧新知三聯書店"。1949年3月，"三聯"主要骨幹離港赴京。1951年，北京三聯書店併入人民出版社。直到1986年，北京和上海的三聯書店才相繼正式獨立建制。

中華人民共和國成立後，香港三聯書店曾一度成為中國內地出版物在香港和海外地區發行的總代理機構；1957年開始從發行、門市經營轉向圖書出版。1978年改革開放以來，香港三聯書店大力拓展圖書出版業務，通過自組選題，逐步探索以中國傳統文化、文學藝術以及後來確認的以香港專題為主打產品，強調學術素養和文化品味，並形成高雅、清新、簡約的設計風格，確立了在香港和全球華文版圖書市場的品牌特色。香港三聯書店已發展成為集圖書出版、圖書報刊發行、門市零售的綜合性出版機構，建立了以電腦數碼管理為基礎的中國內地報刊發行系統和全香港17家門市的銷售網絡。

中華書局由中國近代著名教育思想家陸費逵先生於1912年1月在上海創辦，早年以"開啟民智"為宗旨，開始文化傳播。1958年，中華書局成為整理出版中國古代、近代文學、歷史、哲學、語言文學相關的學術著作、通俗讀物的專業出版社，曾出版過《資治通鑒》、《甲骨文合集》等經典名著，特別是"二十四史"及《清史稿》點校本，成為當代中國最浩大的古籍整理出版工程，形成了與商務印書館不同分工的、以介紹傳承中國國學為特色的出版傳統和風格。中華書局香港分局於1927年成立，1933年在九龍開設印刷分廠，1988年在香港註冊成立中華書局（香港）有限公司。目前，中華書局除了經營出版、代理發行，在荃灣、將軍澳、旺角、機場也開設門市零售業務。附屬品牌包括中原社、開明書店、非凡出版及中華教育。中華書局已發展成為一家綜合性和多元化的出版文化機構。

商務印書館是中國歷史最悠久的現代出版機構，在中國近現代文化教育出版史上具有深遠的影響。商務印書館創設於清末（1897年），標誌着中國現代出版事業的發端。初期在上海以印刷為主，1902年張元濟執掌商務印書館，開始延攬蔡元培等知名學者，加大研究和翻譯力度，向編譯、出版發展，曾經創辦過在舊中國出版發行時間最長、影響最大的《東方雜誌》，出版過《辭源》、《漢譯世界名著叢書》等至今仍再版的、行銷長達八十年左右的經典圖書工具書，並形成了以漢譯世界名著和介紹西方文化為特色的出版傳統。商務印書館香港分館創設於1914年，最初是門市經營。1924年，開設印刷局。1934年，在北角建立印刷廠，並開設編輯部和發行部，發展成建制完整的出版機構。1917年開始出版香港課本，1957年開始編印五年制中文中學教科書，後擴展至人文、社科圖書。1988年，註冊成立商務印書館（香港）有限公司（以下簡稱"商務印書館"）。經過幾十年的銳意發展，該公司目前已成為一家新形態的綜合性出版企業，致力於文化教育事業，因應資訊時代發展的新路向，傳統的出版、發行、門市業務與多媒體、國際網絡日益融合，並藉電腦技術的開發利用，形成跨地域、跨承載媒體的出版營銷的多元形態。

商務印書館經營了二十多間分佈於港島、九龍及新界的綜合性書店，主要經銷全世界各類圖書，每年流通的圖書超過十萬種。另在新加坡和馬來西亞亦設有門市，經銷中英文書及中國郵票。至於其網上書店則承襲實體書店的宗旨，網羅全世界不同類型的出版物，更以突破傳統書店的經營模式，以創新的"虛擬結合"經營模式，利用互聯網科技和安全的網上支付系統，發展跨地域及全球性的網上書店。截至2009年，經銷80,000種英文圖書、160,000種港版書、台版書及內地版中文圖書，是全球唯一提供兩岸三地中文圖書兼現貨最多的網上書店。

除了以上三家品牌出版機構，聯合出版集團旗下還有1958年成立的集古齋有限公司，主要經營古籍、舊書、碑帖、文房四寶、書畫等業務。

為了適應新的形勢發展，1980年，中華書局和商務印書館在港的印刷廠合併成立了中華商務聯合印刷（香港）有限公司，利用香港強勢發展為亞洲印刷基地的優勢，開拓了書刊印刷、商業印刷、包裝印刷、安全印刷、智慧卡印刷、輪轉印刷、數碼印刷等業務,並在香港和深圳、北京、上海等地擁有八個主要的生產基地,以及九個分佈於上海、廣州、日本、澳洲、英國、法國、美國等地的營銷辦事處;全公司擁有五千餘名員工,印刷網絡全面而廣泛。1980年10月至今,中華商務聯合印刷(香港)有限公司於香港及中國內地擁有十三家全資附屬公司,包括:中華商務彩色印刷有限公司、中華商務安全印務有限公司、中華商務聯合印刷(廣東)有限公司、深圳中華商務聯合印刷有限公司、深圳中華商務安全印務股份有限公司、上海中華商務聯合印刷有限公司、北京銀牡丹印務有限公司和必勝網(印刷專業網站)等等。

目前,中商印刷可為客戶提供"全面印刷方案",並承諾"印刷服務,一步到位";實行橫向多元化;按照客戶不同需要,提供優質服務,包括書刊印刷、安全印刷、商業印刷等方案,也可包括輪轉印刷、數碼印刷方案(包括提供按需印刷、可變數據印刷服務),及數碼資產管理方案等縱向"一條龍";提供配套的印刷服務,即由印前、印刷到印後的"一步到位"印刷方案,包括提供諮詢、設計、購紙、購料、分色、桌面排版、傳統製版或電腦製版、印刷、裝訂、包裝、付運(包括直接郵遞、物流管理)等服務,以此力求協助客戶增值。

1980年10月,深圳博雅藝術有限公司成立,這是由香港聯合出版集團與深圳市文化企業發展公司合資的首家港深合資的文化企業,主要經營圖書、美術用品、文物字畫、體育用品和樂器等,後擴展到中山、廣州等地,現在深圳和珠三角已經成為一個經營文化藝術品的知名品牌。三十多年來,博雅先後在香港、美國、加拿大和新加坡等地舉辦了多次大型展覽和文化活動。

1981年1月1 日,三聯書店‧中華書局‧商務印書館香港總管理處正式成立,標誌着香港中資出版機構的整合已經開始,也標誌着香港中資出版機構企業化運作的開始。但是,正如中國銀行和中國保險公司的香港總管理處一樣，"總管理處" 表明這還只是一種以行政整合和管理為主的政企不分的模式，離企業化、市場化的運作還有距離。1988年9月1日，聯合出版（集團）有限公司正式成立，繼續銳意探索集團化的運作方式。

聯合出版集團成立後，迅速走上了 "跨新領域，創新文化" 的發展之路：

1989-1990年，聯合出版集團美國公司、加拿大公司、英國公司相繼成立開業。1993年，先後收購美國紐約東方文化事業公司和三藩市東風書店的大部分股權。

1990年，聯合出版集團所屬僑商置業有限公司融資進軍地產業，於北角英皇道75-83號興建第一棟物業——聯合出版大廈。後於1994年，斥資於廣州站前橫路23號興建廣州聯合出版大廈。

1990年，斥資1.5億港元收購《香港商報》，成為該報的大股東。後於1999年9月，出售49%的股權予深圳特區報集團。

1990年，香港萬里機構出版有限公司、新雅文化事業有限公司、利源書報社加盟聯合出版集團。1993年，香港、新加坡、馬來西亞、北京及台灣等五家商務印書館合資在北京成立商務印書館國際有限公司，進軍北京。

1992年，聯合電子出版有限公司成立，成為大中華地區和東南亞地區最早的電子出版公司。

經過幾十年的業務擴張，聯合出版集團形成了以出版、發行、門市零售和印刷為核心業務，涉足新聞傳媒、電子出版、地產業，還經營唱片音帶、工藝品、文物、書畫、文化用品、郵票等業務的多元化格局，其發行網絡和零售點從香港到內地、台灣、馬來西亞一直延伸到美、加、英等全球一百餘個國家和地區。

到2008年，該集團無論是業務規模還是淨資產均已達到集團成立時的八倍，營業額從成立時的3.8億港元到2008年三十餘億港元，增長速度為每

圖59　1988年9月1日，聯合出版
（集團）有限公司正式成立，成為香
港最大的出版集團之一。圖為位於北
角的聯合出版大廈。

圖60　中華商務聯合印刷（香港）有限公司是一家享譽國際的優質印刷公司，其屬下
的企業均取得質量認證。

圖61　作為香港文化重鎮之一的三聯書店，其轄下門市遍佈香港的主要市區和生活社區。

圖62　商務印書館是中國歷史最悠久的現代出版機構，曾創辦《東方雜誌》，影響深遠。

七年翻一番；成立二十年來，出版了近二萬種新書，在香港開設了四十餘間書店，在海外開設了十餘間書店，[17] 聯合出版集團無論從營業額還是從出版發行數量等指標衡量，均已成為香港出版界的一哥。

在內地，文化出版長期被視為非營利性的文化事業，而聯合出版集團置身於香港自由的市場經濟，探索文化產業化、企業化和集團化運作，比內地早了十餘年。內地直到1999年2月，上海世紀出版集團成立，才有了出版業集團化運作模式，聯合出版集團的企業化和集團化的運作模式，無疑為內地出版業集團化和企業化的運作，提供了經驗和啟示。聯合出版集團曾經總結企業化、集團化發展歷程的幾點經驗：

"維持單位是經營的主體"，"單位"指的是下屬公司，下屬公司成為經營的主體；"小集團本部，大單位的原則"，集團總部精兵簡政，人員、資金向一線下屬公司傾斜；"集團本部不是經營者……只是最高的和最後的有限權力的管理者和經營者"，集團主要責任是"重視戰略，制定戰略，推動規劃"。正是從集團管理的宏觀戰略定位和實施出發，集團層面利用香港這個亞洲印刷基地的優勢，推動了印刷業的大發展，使印刷業在集團營業額的比重，從1987年的28%，提升到2003年的53%，佔了集團的半壁江山。近年來，該集團更在不同層面利用先進的資訊科技，銳意發展網上業務及電子出版。在印刷業務方面，該集團不斷提升技術和更新設備，擴建新廠房，進一步開拓中國內地和海外市場。此外，亦通過新的數碼網絡技術的應用，推動了香港和海外零售業務的發展，利用電腦技術建立起香港的零售系統，並形成了一個國際化的跨國家、跨地域的零售體系。[18]

從國際化跨國集團的一般經驗來看，集團總部通常是決策、投資和管控的中心，其功能是負責整個系統的發展戰略、投資決策和對下級公司的管控，集團業務應遵循關聯原則實行有限多元化，而子公司通常是利潤和成本的中心，也就是業務經營中心，強化執行力，實行專業化經營。聯合出版集團在業務多元化過程中,並沒有違背關聯原則而走向無限多元化,而是始終圍繞核心產業——出版業,實行有限多元化,這使之成為香港出版界老大。當然,進軍傳媒產業、收購《香港商報》,應該不算是一個成功之舉。

目前為止,作為香港出版界一哥,聯合出版集團已發展成為一家跨地域的綜合性出版集團,全資擁有30家成員機構,業務範圍包括圖書出版、書刊發行、零售和印刷等等。該集團旗下的子公司、附屬機構遍佈香港、中國內地、新加坡、馬來西亞、日本、美國、加拿大、英國、法國和澳洲等地。

十一　"三化"大擴張:沉重的宏大敍事

借助於內地改革開放以及1990年代香港經濟轉型和香港回歸的歷史性機遇,香港中資企業在香港實現成功崛起,集團化、多元化和國際化大擴張功不可沒。"三化"擴張之路,承載了改革開放初期,共和國企業殺出重圍,在國際市場開疆拓土的雄心和夢想,書寫了一部上世紀八九十年代中資企業宏大敍事的編年史。

但是,這卻是一部沉重的編年史。從實行了三十年的計劃經濟且對外封閉了三十年的內地殺出來的中資集團軍,來到一個陌生的全開放的國際市場環境,要與有過數十年甚至上百年市場經驗的英資、華資集團軍同台競技,無異於一個少年與成年人的較量、一個新手與老手的對峙,二者在資本實力、經驗、資訊等方面顯然不屬於同一重量等級。因此,在"三化"大擴張中,我們會發現中資企業幼稚時代所犯下的不可避免的幼稚錯誤。

在集團化浪潮中,行政性拼湊、組合和管理的痕跡非常明顯,"管理處"模式,在上世紀八九十年代,香港中資的銀行、保險及出版集團中,都曾存在過，沒有形成以產權為紐帶的產權管理的集團管理構架，就缺乏產權約束、激勵和監管，行政命令就容易代替績效管理。這是計劃經濟體制的遺產。香港中銀率先集團化，是改革這種模式的開始，但徹底改變卻花了近二十年，直到21世紀初，香港中銀重組上市才正式告別了“管理處”模式。

集團化的建立，是管理架構的擴張，但是卻沒有解決集團化母子公司的集權與分權，以及企業管理鏈等一系列問題，導致管理構架的無限擴張和延伸。在中國內地以“放權”為特徵的改革開放過程中，集團化浪潮也染上了“放權”病。1980年代的集團管理層並沒搞清決策中心、投資中心與經營中心的區別，哪些權力需要放下去，哪些權力需要收上來，於是一股腦兒放下去，每一級子公司都有決策權，都是一級投資中心，都可以決策經營方向、投資方向以及投資額度，母公司都有責任為子公司提供貸款、擔保。就像中國傳統家族體制下，兒子借債，父親還債，是天經地義的。在“放權”思維看來，“放權”就是搞活，就是市場經濟，“收權”或“集權”就是搞死，就是計劃經濟。在權力下移的過程中，子公司生出孫公司，孫公司生出重孫公司，一代一代生下去，最多的可以生出七至八代，而母公司大多混然不知，或者知情也管不了。於是盲目投資、管理鏈過長、管理失控隨之而來。從1980年代初開始放權，近二十年問題的積澱，到亞洲金融風暴，問題終於普遍爆發。直到21世紀初，中資企業才開始對集團化模式進行從理論到實踐的雙重梳理。

多元化是業務的擴張，但是卻沒有解決多元化與專業化的關係，也沒有解決有限多元化與無限多元化的關係。1980年代是一個機會式擴張的年代，哪裏賺錢奔哪裏；只看機會，不看條件，全面開花橫跨十幾二三十個行業，而且行業之間沒有關聯度，這是普遍的現象。即便是華潤、港中旅、中國海外早年跨出貿易、旅遊和承建之舉，有其戰略轉型的合理性，但也不乏無限多元的衝動。“不把雞蛋放在同一個籃子”的規避風險的理論，成為無限多元化貌似合理的理論依據，但最終在金融風暴中都遭到了市場無情的報復。我們今天能梳理出集團層面實施有限關聯的多元化、子公司實施專業化經營的清晰經營思路，是以二十餘年的沉重代價換來的。

相對於集團化、多元化，國際化幾乎是中資企業幼稚時代最為沉重的話題。

國際化貿易經營大概至少得有三個基本條件：（1）產品；（2）市場和管道；（3）人才。然而在上世紀八九十年代，中國缺乏知名工業產品或高科技產品，只有一些初加工或傳統農業產品，在國際市場上只能進入低端市場，而且中資貿易公司本身也不擁有這些產品，這也導致很多貿易公司以進口貿易為主。剛剛開放的中國，尚未建立行銷世界各地的管道和市場，只能通過香港已建立的國際銷售網絡和聯繫管道，借助香港中介溝通國際，更缺少懂外語、懂貿易、懂法律和熟悉國際市場的人才，而且也不懂如何進行跨國的管理。

唯一擁有的，就是走向世界，開展國際化經營的雄心和激情。封閉三十年後第一次走出國門，無疑會產生一種充滿激情的衝動，而不是理智和理性，這就是當時的現狀。

當時，一批香港中資企業都在世界各地佈點，試圖在全球形成一個銷售網絡或者貿易網絡，將中國產品銷出去，將外國產品引進來。但結果往往是開夫妻小店，不瞭解當地市場，短期內打不開局面，沒有盈利，而費用卻天天在產生，最後只能關門。

更大的問題是，由於管理不到位或失控，有些海外網點成了個別人員內外勾結、詐騙和盜竊國有資產的溫床。如某地方“窗口公司”在美國開設一個貿易公司，根據美國法律，公司法人代表必須是美國人，因此，費盡周折，聘請一名退休美籍華人作法人代表，然後派遣一個副經理主持公司工作，此君一去美國就夥同一不法港商在美國開設四間私人公司，然後以國有貿易公司名義，向私人公司以高價進貨、低價出貨及代開信用證等方式開展所謂"國際貿易"，將公司資金大量轉移到私人公司，最後以套現資金換取美國護照一走了之。這樣的教訓，在香港中資企業早期國際化經營中並非罕見。

海外投資的話題似乎比海外貿易更沉重，因為投資規模更大，損失可能也更大。

港中旅在美國佛羅里達州複製"錦繡中華"，以至粵海等在泰國和巴黎的"中國城"及地產投資等項目，因為盲目投資疏於管控都留下了沉重的話題。據稱，某"窗口公司"被重組以後，新任董事長去泰國考察過去的投資項目，來到一個海灘邊時，陪同的當地分公司負責人指着茫茫大海對董事長說，"就在那裏，海水退潮時，我們投資的地塊就露出來了"，弄得董事長啼笑皆非。

經歷了上世紀八九十年代盲目的海外佈點擴張以後，到1990年代後期，香港中資企業明顯開始重組和收縮海外戰略，戰略重心重返內地，而真正代表中國走向國際的，或者是已經進入世界五百強的中遠總的遠洋運輸、中建總的勞務輸出；或者是已擁有自己品牌的產品在國際上有一定市場佔有率的高科技企業、工業企業（如：華為技術有限公司、海爾集團等企業）。香港中資企業的國際化依然任重而道遠。

註釋：

〔1〕 任志剛著：〈觀點〉，2008年9月25日。

〔2〕 邁克爾‧坎內爾著：《貝聿銘：現代主義大師》，第336頁，中國文學出版社，1997年版。

〔3〕 藍海林著：〈中國企業集團概念的演化：背離與回歸〉，《新華文摘》，2007年第15期；梁憲主編：《現代企業集團管理模式和構架》，第1-3頁，經濟科學出版社，1995年版。

〔4〕 羊子林著：〈穩步發展壯大的中銀集團〉，載於烏蘭木倫主編：《發展中的香港中資企業》，第17頁，香港經濟導報社，1997年版。

〔5〕 王憲章著：〈香港保險業與香港中國保險集團〉，載於《香港中資企業發展戰略與港澳經濟研討會論文》，1995年11月。

〔6〕 趙萍著：〈中保集團籌劃整體回歸A股〉，載於《21世紀經濟報道》，2008年3月13日。

〔7〕 王憲章著：〈邁向新世紀的香港中國保險集團〉，載於〈發展中的香港中資企業〉、《香港保險業與香港中國保險集團》，第128頁。

〔8〕 〈魏家福再造〉，http://www.em-cn.com/article/2007/159233-2.shtml。

〔9〕 李寅飛著：〈為了民族富強是招商局的歷史使命〉，載於烏蘭木倫主編：《發展中的香港中資企業》，第53頁，香港經濟導報社，1997年版；王玉德等：《再造招商局》，第31頁，中信出版社，2008年版。

〔10〕 郭國燦著：《回歸十年的香港經濟》，第174頁，三聯書店（香港）有限公司，2007年版。

〔11〕 張大春著：〈壯大中遠集團，繁榮香港經濟〉，http://web.people daily.com.cn/9710/27/current/newfiles/k1030.html。

〔12〕 〈孫文傑：心有多大，舞台就有多大〉，http://finance.sina.com.cn。（2005年9月12日，第一財經）

〔13〕 孫文傑著：〈建世間精品，築香江美景〉，載於烏蘭木倫主編：《發展中的香港中資企業》，第112頁，香港經濟導報社，1997年版。

〔14〕 華潤集團市場研究部：〈一業為主，多種經營的啟示〉，香港中資企業發展戰略與滬經濟合作研討會論文（1995年11月21-24日未刊稿）；另參見〈華潤集團成長歷程簡介〉，http://www.zzhz.com.cn。

〔15〕 朱悅寧著：〈從一間旅行社邁向現代企業集團〉，載於烏蘭木倫主編：《發展中的香港中資企業》，第63頁，香港經濟導報社，1997年版。

〔16〕 香港中旅集團編：《香港中旅八十年》，第145頁，中國社科出版社，2008年版。

〔17〕 〈香港聯合出版集團慶祝成立20週年〉，http://www.gdlhbook.com。

〔18〕 陳萬雄著：〈聯合出版集團企業集團化的歷程及未來發展設想〉，http://www.china.com.cn。

第五章

紅籌企業的崛起

物流貿易乃港中旅三大支柱產業之一。圖左為香港中旅貿易有限公司設於紅磡的三號倉。

　　香港中資企業在港真正獲得歷史性突破，是在20世紀80年代末以及90年代，香港的國際金融中心已經形成，香港"九七"回歸已成定局；加之內地經濟持續快速發展，特別是鄧小平南方談話發表以後，中國出現了新一輪改革開放潮。香港中資企業抓住這些歷史機遇，利用香港資本市場，實現跨越式發展，其中最精彩的莫過於紅籌企業的崛起。

一　"九七"效應與"中國概念"的流行

　　香港問題自從1979年由港督麥理浩提出後，由於中英雙方在香港問題上的分歧和爭議，曾導致英資撤資遷冊、香港出現經濟波動、港人移民外流等問題。但隨着1984年《中英政府關於香港問題的聯合聲明》簽署，香港"九七"回歸已成定局，雖然後來又經歷了1989年"六四風波"和後過渡期彭定康政府的政治爭拗，但隨着"九七"的日益臨近，港人和外商對香港前景的信心與日俱增，移民回流、外商加大對香港的投資已成為一種大趨勢，並形成了一種"九七回歸效應"，[1]其中，最引人注目的是"中國概念"在香港資本市場的流行。

　　在證券市場，概念股是與業績股相對而言的。業績股需要有良好的業績支撐價格，概念股則是依靠某種題材來支撐和炒高價格。由於香港經濟起飛中的"中國因素"影響越來越大，特別是隨着"九七"的日益臨近，中國日益深化的改革開放所釋放的活力，正成為香港進一步發展的驅動力和助推力。因此，"九七"香港回歸中國這個題材越來越釋放出正面效應而為港人和外商所接受。而香港作為一個國際化的資本市場，一向有題材先行的概念和炒作手法。就是在這種大背景下，"中國概念"股迅速走紅香港資本市場，並直接推動香港股市一波又一波的上升浪潮。

　　"中國概念股"，是指香港上市公司中與中國內地業務有關的紅籌企業公司、H股公司，甚至包括淨資產值或利潤25%以上來自內地的香港本地或境外的上市公司。隨着香港回歸的臨近，只要是與上述有關的上市公司股票，就有可能被作為 "中國概念股" 進行炒作，導致股價大幅上揚而獲利。後來，這個概念傳入內地，變成泛指在海外上市的中國企業或與中國業務相關的境外上市企業。

在香港的 "中國概念股" 中，20世紀90年代攪動香江資本市場的首推紅籌企業。

二　從 "買殼" 到紫籌：中信泰富

中信泰富是香港中資企業首批通過 "買殼" 上市的紅籌企業，該公司股票是被納入藍籌的第一隻紫籌股。

紅籌企業股通常是相對於藍籌股而言的。這種說法起源於美國賭場，藍色籌碼價值最高，紅色籌碼次之，白色籌碼再次之，於是投資者把那些在其所屬行業內佔有重要支配性地位、業績優良、成交活躍、紅利優厚的大公司股票稱為 "藍籌股"，而香港亦將恒生指數成份股稱為 "藍籌股"。香港聯交所曾規定了入選 "藍籌股" 的三個重要條件：（1）該股必須居於所有普通股份總市值的前90%之列；（2）該股必須居於所有普通股成交額的前90%之列；（3）該股通常是上市至少兩年的本地公司（此項後因H股的入選而改變），在此基礎上，再由恒指服務有限公司進行 "優中選優" 後方能入圍。

一般認為紅籌企業股的業績遜於藍籌股，但卻優於白籌股；紅籌企業則指直接或間接來源於紅色中國內地的資本，在香港或海外註冊且已在香港上市的股份企業，這一般也是駐香港的中資企業的上市公司的統稱。

紅籌企業由於業績、規模和影響力的提升，達到入選藍籌股的條件而升格為藍籌股，又被稱為 "紫籌股"（即紅、藍色相染成紫色，意指紫籌股兼有紅籌企業和藍籌兩種身份）。而香港資本市場中，第一隻從紅籌企業股邁向藍籌股而成為紫籌股的企業，首推中信泰富。

榮智健主政中信香港的收購戰

在榮智健主政香港中信前，中信集團的業務重心主要在內地。1986年，香港中信更名為"中信集團（香港）有限公司"（以下簡稱"中信香港"），榮智健正式加盟，出任公司副董事長兼董事總經理，從此開始中信香港的榮智健時代。

榮智健曾經說過："假如我不是國家副主席榮毅仁的兒子，我也許很難有機會成為中信香港的主人；但是，假如我僅僅只是國家副主席榮毅仁的兒子，而沒有經商辦企業的才幹和本領，我也不會登上這個舉足輕重的顯赫之位。"

榮智健從1978年起隻身闖蕩香港，以生產積體電路塊起步，後又於1982年闖蕩美國加州創辦公司，開發製作電腦輔助設計軟體，到1984年從美國撤資返港時，他已初步完成了個人的原始積累，擁有近四億港元資產。正如他自己所言，踏入香港中信這個大平台，是他個人人生輝煌的新起點，也是香港中信進入大發展的歷史新起點。

主政香港中信後，擁有八年在香港和美國商戰經歷的榮智健，一開始就展現了不同於其他大部分中資企業的新手法。當大部分中資企業還在進行"提籃小賣"式的商品經營時，他開始在中資企業中率先進行資產經營，通過收購、注資、兼併、"買殼"上市一系列資本運作的新財技，實現了企業短時間的跨越式增長。

其中，以在金融業、航空業和電訊業等三大領域的收購戰震撼香江。

第一大戰役是1986年收購嘉華銀行。嘉華儲蓄銀行有限公司於1924年12月成立，1949年1月易名為"嘉華銀行"。1971年，嘉華銀行主席林子豐逝世，其控股權幾經易手，於1975年被潮汕籍新加坡僑商劉燦松兄弟掌控，並於1980年7月在香港上市，公開發售3,500萬股（股票代號：0183，1998年7月易名為"中信嘉華銀行有限公司"，2002年11月，啟用新名為"中信國際金融控股有限公司"）。嘉華在當時香港有27間分行，在美國紐約等地設有海外分行，並與亞洲、歐洲及北美等地約一百五十家銀行保持代理銀行關係。20世紀80年代初中期，由於此前華資銀行採取冒進的經營策略，紛紛將貸款投向地產、股市，隨着經濟週期性低潮以及香港問題的爭拗等政治因素，一批華資銀行現金流出現問題而導致危機，包括恒隆銀行、海外信託、友聯銀行等被收購、接管或倒閉。1985年，海外信託銀行被接管，市場盛傳與海外信託關係密切的嘉華銀行財務陷入困境，引致擠提成潮。1985年6月，滙豐銀行與中國銀行聯手向嘉華提供一筆10億港元的"備用擔保信貸便利"，使之暫時渡過難關。

然而，正是這一輪華資銀行金融危機，為正在擴張的香港中資企業提供了機會，招商局瞄上了友聯銀行，而中信則盯上了嘉華銀行。

1986年4月21日，嘉華銀行董事會宣佈與中信香港有限公司正式簽署注資協議。按照協議，中信將以現金3.5億港元認購嘉華新發行面值為一港元的普通股兩億股、優先股1.5億股，並在優先股轉換普通股前擁有嘉華92%股權。從此，嘉華銀行更名為"中信嘉華銀行"，成為一家中資銀行和紅籌企業上市公司。

第二大戰役是對國泰航空和港龍航空的收購戰。

國泰航空公司於1946年9月24日由兩名美國和澳洲機師在香港註冊成立，當時的中文名稱為"國泰太平洋航空公司"（Cathay Pacific Airways），Cathay是英文古語"中國"的意思。1948年7月，太古集團取得了國泰航空45%的股權，成為該公司的大股東。1959年，國泰航空收購了香港航空公司，成為唯一一家以香港為基地的亞洲地區性航空公司。由於自身的英資背景，國泰航空享有航空專利權，業務迅速拓展。到1983年，國泰航空航線已覆蓋到全球28個城市，形成全球航空網絡，並躋身主要的國際航空公司之列。

　　然而，到20世紀80年代中期，國泰航空在香港的壟斷經營權受到強有力的挑戰。1984年，《中英政府關於香港問題的聯合聲明》的簽署，讓打算進軍航空領域的華資財團看到了希望。《聯合聲明》附件一第九條明確規定，"在香港註冊並以香港為主要營業地的航空公司和與民用航空有關的行業可繼續經營"，於是，一家由曹光彪、李嘉誠、包玉剛、霍英東、安子介等31位港澳華商與中國銀行、華潤集團等中資企業的股東組成的港澳國際投資有限公司於1985年3月在香港創辦。兩個月後的5月24日，由港澳國際創辦的港龍航空有限公司在香港註冊成立，曹光彪任主席。

　　港龍航空從誕生那天起，就遇到了一系列困難。由於當時香港與內地的定期航班服務受制於中英雙邊航空協定，協定規定香港航空公司的大股東必須是英籍人士，於是，1985年10月，港龍航空被迫重組股權結構，由早年加入英籍的包玉剛出任港龍航空主席。包玉剛注資一億港元，佔港龍30.2%的股權，曹光彪持有24.7%的股權，港澳國際佔24.99%的股權。

　　一波未平，一波又起。1985年11月，港英政府宣佈：一條航線由一家航空公司經營，先獲空運牌照局發牌的一家，將擁有所指定航線的經營資格。這一政策顯然旨在繼續維護國泰航空的獨家經營壟斷權，那些客流量較多、利潤較豐厚的熱門航線基本被國泰壟斷，港龍航空只能被迫經營一些利潤較低甚至虧損的航線。

　　面對港龍航空的崛起，太古集團一方面通過港英政府的政策打壓港龍航空，另一方面也在考慮"九七"後的長久之策。於是，一向以穩健經營著稱的太古集團，迅速出招。

　　第一招是於1986年5月，推動國泰航空在香港上市（股票代號：0293），使國泰航空從一家英資企業轉變為有華資參股的香港上市公司，強化其本地公司的色彩。上市前，太古洋行和滙豐銀行分別持有國泰70%和30%的股權，通過上市，以每股3.88元發售22.5%的股權，既套現23.15億

港元，又使李嘉誠的和黃、長江實業和利氏家族的希慎置業各獲配售2.5%
股權，國泰員工亦獲1.5%股權，投資基金獲5%，其餘8.5%則公開發售。[2]
這次上市，太古、滙豐雖然各減持國泰股權至54.15%和23.25%，但並沒有
失去控股權，國泰不僅實現了套現和增值，當年成為香港十大上市公司之
一，更重要的是，從一家純英資企業轉型成香港上市公眾公司。

　　第二招是邀請香港中資企業加盟，這是應付港龍航空挑戰的釜底抽薪
之策，也開了英資"染紅"應變之先河。

　　而剛剛執掌中信香港不久的榮智健，也早已盯上這家老牌航空公司。
榮智健事後說："香港要穩定繁榮，處處要靠運輸，不是船就是航空，在
航空方面，國泰已有幾十年的經驗。我們分析了差不多六個月，覺得國泰
的盈利前景好，經營完善，而且有一個優秀的管理隊伍。我們就把我們的
看法向總公司和北京國務院講，結果，不到五天就等到批准，國務院還為
此而借給我們一筆錢，相當於八億港元，作為香港中信的資產"。[3]

　　1987年2月，太古、滙豐與中信香港達成協定，中信香港以23億港元收
購12.5%的國泰航空股權，太古和滙豐各減持至51.8%和16.6%，香港中信成
為國泰航空的第三大股東。

　　中信香港入股國泰航空，在某種意義上說，是港龍航空挑戰國泰航空
的結果，使中信香港與太古洋行獲得了雙贏，但對港龍航空卻造成了更為
不利的局面。

　　在港英政府與國泰航空的聯手打壓下，港龍航空慘淡經營，入不敷
出。到1989年，港龍航空累計虧損達23億港元，包玉剛等華商漸萌退意。
1989年11月初，大股東包玉剛退出港龍航空，將所持股份全部轉讓予曹光
彪，曹的股份增持至64.33%，港澳國際亦將所持26.53%股份轉讓予中信香
港，這是中信香港收購港龍航空的開始。

　　1990年1月17日，在榮智健的周旋下，由中信香港牽頭，曹光彪向太古
洋行與國泰航空分別出讓5%和30%的港龍股份，香港中信也增持港龍航空股

份至38.3%，曹光彪則減持至21.6%。因此，中信香港成為港龍航空的第一大股東，國泰成為港龍的第二大股東並接管港龍航空的管理權。國泰將其經營的內地航線轉交港龍，港龍航空遂變身為專營內地航線的香港航空公司。至此，國泰通過與中信香港的結盟，鞏固了其香港航空業獨大的地位。

而港龍航空在中信香港和國泰入股和管理後，業務迅速擴展。港龍經營內地14條航線、亞洲7條航線，平均每日15班客機離境。隨着業務量的增加，港龍航空1992年扭虧為盈，1993年載客量達126萬人次，1994年更向怡和及國泰收購了提供地勤服務的國際航空服務有限公司的70%股權。

1996年4月，榮智健決定增持國泰的持股量，從12.5%增持至25%，太古減持至43.9%，中信香港成為國泰的第二大股東。加上1992年7月，中國航空公司和港中旅受讓滙豐持有國泰的10%，香港中資企業持有國泰的股份達到35%。

第三大戰役是收購香港電訊股份。香港電訊的歷史，最早可追溯至1873年成立的英國大東電報局。英國大東電報局1936年開始進入香港電訊市場，通過港英政府獲得壟斷經營權後迅速發展，到1981年3月，香港大東電報局的營業額和利潤在大東電報集團中所佔比重分別達到29%和60%，被譽為大東手中的“金鵝”。隨着“九七”的臨近，為了維護大東“九七”後在香港的長遠利益，大東電報局於1981年10月開始與香港政府合組香港大東電報局有限公司，大東電報局持有80%的股份，港英政府持有20%的股份。該公司隨後於1983年5月從怡和置地手中購入香港電話公司34.8%的股份；後又繼續收購，合計斥資37.2億港元收購了香港電話79.2%的股權，從而一舉壟斷了整個香港電訊市場。

香港大東電報局收購香港電話後的第二個步驟就是將兩者合併，藉香港電話的上市地位蛻變為香港上市公眾公司。1987年7月，香港電訊有限公司成立，並以發行新股方式收購香港大東和香港電話並取代香港電話的上市地位。1988年2月1日，香港電訊正式在香港聯交所掛牌上市，當日收市價達7.5元，市值達721億港元，成為當時香港市值最大的上市公司。

大東電報的第三個步驟就是如太古洋行一樣，邀請中信香港等中資企業加盟以沖淡英資色彩。1988年，香港電訊以每股6.85元價格向廣東郵電局配售1,000萬股，佔已發行股份的0.1%，總價為6,850萬港元。

1988年，中信先期向英國大東電報購入澳門電訊20%的股份，並與英大東、和黃合作發行亞洲衛星一號，這為後來收購香港電訊股份作了鋪墊。1989年12月，英大東宣佈將香港電訊20%的股權轉售予香港中信。1990年3月20日，英大東與香港中信正式簽約，將香港電訊20%的股權，共計22.3億股以約一百億港元價格轉讓予中信香港。中信香港的融資安排則由荷蘭銀行、美國銀行、東京銀行、東亞銀行、法國東方銀行、柏克萊國際銀行、滙豐銀行、恒生銀行等19家銀行組成的銀團貸款，包括十年期的54億港元貸款，利息為香港銀行同業拆息加一厘，以香港電訊股息收入償還；柏克萊及獲多利聯合安排17億港元的五年期零息債券；香港中信還通過發行五年期的6.7億股香港電訊認股證，集資10億港元。

至此，英大東持有香港電訊的股權從75.2%減至58.6%，港英政府的持股亦從6.8%減至3.4%，而中信香港則持有20%的股份，成為香港電訊的第二大股東。

通過這三大戰役，中信香港已進入香港金融、航空、電訊等基礎產業；同時也為下一步將這些優質資產注入上市公司中信泰富打下了基礎。

除了在香港的收購戰外，中信香港還牽頭合組合營公司，興建經營了香港東區海底隧道公路與鐵路項目、西區海底隧道等基礎建設。還北上內地投資，上世紀八九十年代先後興辦了江蘇江陰利港電廠、鄭州新力發電廠和包頭發電廠；1990年代投資興建並經營上海楊浦大橋、南浦大橋、打浦路隧道、滬嘉高速公路和上海延安東路隧道，為中信泰富提供了源源不斷的優質資產。

旗艦策略＋槓桿收購策略：中信泰富的崛起

　　中信泰富並不是香港中資企業"買殼"上市的先行者。中資企業最早開始嘗試"買殼"上市的，是1984年1月，香港中銀聯合華潤組成新瓊企業有限公司集資1.8億港元，收購香港上市企業康力投資有限公司34.8%的股份，成為其最大股東，從而拉開了香港中資企業資本運作的序幕。但是這第一次"買殼"，因為不熟悉殼資源本身潛在的債務等財務風險，實際上是一次失敗的嘗試。

　　中信泰富是香港中資企業第一次系統運用資本運作的"買殼"、收購、注資、配股、發債等方式，它能以小博大，四兩撥千斤，短時間內取得跨越式發展，並迅速躋身於香港藍籌行列。中信香港總經理榮智健以一個紅色資本家加財技高手的身份躋身於香港富豪新貴之列，其中採用最成功的方式就是"旗艦策略＋槓桿收購"的策略。

　　中信香港通過一系列收購策略，進入了香港的金融、航空、電訊等基礎產業，但是還缺乏一個自己掌控的核心上市平台——旗艦企業。在香港，資本市場所謂的"旗艦策略"，是指一些新興的企業集團通過直接上市或"買殼"上市等方式，掌控一間上市公司，並通過不斷注資、收購、兼併、配股等方式壯大規模、開闢新業務、兼併新公司，成為集團的核心運營企業，從而引領或帶動集團所屬其他企業的快速發展。為此，中信香港通過收購泰富公司而實現了"買殼"上市，並將泰富公司迅速發展為中信香港的旗艦企業。

　　第一步，"買殼"上市。

　　在香港證券市場上市，通常有兩條途徑：一是直接上市，即依據公司法、證券法和聯交所的有關規則，將企業"包裝"成符合要求的公司，發行股票，掛牌交易；二是"買殼"上市，即非上市公司收購上市公司，獲得控股權後，將優質資產及相應業務注入上市公司即裝入"殼"中，實現間接上市。

　　直接上市是最好的方式，通過包裝自己的子公司上市，對資產負債及損益情況知根知底，財務風險最小，而且公司品牌是自己培育起來的，與母公司品牌文化是一致的，彼此融合、溝通不難。但是也要經過一系列複雜繁瑣的程序，要具備一定的上市條件以及相應的上市費用和漫長的籌備時間。

　　"買殼"上市卻可以省卻這一系列程序，規避上市門檻，減少上市費用和時間，但也存在着被收購企業本身潛藏的債務、虧損等財務風險。通常願意轉讓"殼"資源的上市公司大多是經營不善、業績出現虧損、失去籌資能力、瀕臨摘牌危機而不得不選擇出售的上市公司，偶爾也能碰到一些較好的"殼"資源。中資企業第一單收購"康力"的失敗就在於此。因此"殼"資源的尋找和選擇、收購價格的談判、收購成本和交易費用等都存在着不確定性和風險。

　　對於1980年代的香港中資企業來說，其實是沒有選擇的。以當時香港中信的條件，首先是邁不過香港聯交所的上市門檻（上市要求和條件），而且週期太長。因此當時只有"買殼"上市，才是節省程序、節省時間、節省費用，從而踏足香港資本市場的唯一便捷之道。

　　中信香港選擇泰富公司作為"殼"資源並最終"買殼"成功，也經歷了一個雙重"買殼"的過程，即中信香港買泰富的"殼"，泰富買新景豐的"殼"。

　　泰富發展有限公司（Tylfull）成立於1985年，1986年2月，通過收購新鴻基馮景禧旗下僅有15億股本的新景豐公司而獲得上市地位。泰富"買殼"上市後，發行2.7億新股，中信香港持有其中64.7%，這是中信香港第一次入股泰富公司。另外，泰富還發行了1.17億新股籌資，幫助新景豐減債。

　　至1986年，泰富的資產淨值為3.5億港元，其主要股東為港澳國際（持有51%）、馮氏家族（持有19%），1987年後，毛紡業鉅子——永新企業的曹光彪家族受讓港澳國際的股份，控股了泰富公司。

泰富公司發展經營地產及投資業務，財務狀況並不太差，只是因為曹光彪執掌的港龍航空在與國泰航空的激烈競爭和打壓下，陷入困境，資金周轉困難。曹光彪為解困而考慮出售及減持泰富股份，從而為榮智健的"買殼"提供了機遇。

為了實現收購計劃，榮智健聘請了著名的投資銀行百富勤投資公司，作為中信香港的財務顧問及收購代表。

百富勤投資公司是1988年由梁伯韜、杜輝廉以三億港元股本創辦的，除了梁、杜兩人佔35%股權外，還有李嘉誠、榮智健、胡應湘和越秀企業（集團）有限公司等13名股東持有股權。收購泰富是百富勤作為中資企業財務顧問的首次較大的收購戰。

1990年1月，百富勤代表中信，以每股1.2港元向曹光彪收購其3.1億泰富股份，並以同樣價格向小股東提出全面收購。中信香港取得泰富49%的股份，[4]成為泰富的控股股東，實現了"買殼"上市。

第二步，注入優質資產。

取得上市地位後，要使上市公司獲得跨越式發展，第二步就是要向上市公司注入優質資產，使上市公司獲得穩定的收益，並向社會公眾提供良好的業績報表和良好的前景預期。

1990年2月，就在收購曹光彪股份的同時，泰富發展有限公司發行3.1億新股，籌得資金收購母公司中信香港持有港龍航空的38.3%股權（後增持至46%）。同時，中信香港還將一些盈利較好的工業、倉儲物業以五億餘港元出售予泰富。

1991年6月，中信香港再次將名下12.5%的國泰航空股權和20%的澳門電訊股權注入泰富公司。泰富則以每股1.35港元發行14.9億新股；發行5億港元的可換股債券（兌換價為1.55港元），共籌集25億港元，用來收購母公司名下的以上優質資產。

1991年8月，泰富正式更名為"中信泰富有限公司"。

通過這種資產注入方式，泰富公司發行新股獲得了現金得以收購母公司優質資產獲得盈利前景，從而獲得市場追捧而推高股價；母公司中信香港則獲得資產套現與溢價現金收益，得以轉戰市場尋找新的資產和新的業務進行再收購，實現資金從市場流向泰富公司再到中信香港，而資產則從中信香港流向泰富的雙向良性循環和母公司與上市公司雙贏的局面。

第三步，以蛇吞象，槓桿收購恒昌。

恒昌企業是香港華資一家老牌大型綜合型貿易商行，最早可追溯至1946年由著名華商何善衡、林炳炎、梁植偉、梁銶琚等創辦的大昌貿易行。大昌貿易行先後經營的業務有大米、糧油雜貨、食品、化妝品、建築材料、機械工程、汽車代理和維修及貨倉地產，何善衡等人又是著名的恒生銀行股東，遂於1964年在香港註冊恒昌企業有限公司，作為恒生銀行與大昌貿易行的控股公司。1965年香港銀行危機爆發，恒生銀行被滙豐銀行收購後，恒昌企業主要仍以貿易為主，發展為香港最大的貿易集團，並擁有全香港最具規模及影響力的車行和維修服務中心，汽車銷量佔全港汽車總銷量的40%。

進入20世紀90年代以後，幾位恒昌大股東年事已高，漸萌退意，加之多位股東之後嗣均無意接掌家業，何善衡擬轉手於同鄉至交鄭裕彤、義子林秀峰，無奈後者的拆分加套現的收購計劃讓何善衡倍感傷心，加之收購價格亦難令幾位元老滿意，導致收購計劃持續一年後擱淺。

這一切，為榮智健的出場提供了難得的機遇。

但是以營業額只有2.42億港元的中信泰富的實力，收購淨資產達77億港元的恒昌行，被當時媒體戲稱為"蛇吞象"；再者，以鄭裕彤與何善衡的交情，尚且未收購成功，以榮智健的資歷，要收購一家由華資老前輩持有且股權分散至430名股東的老字號，談何容易。為此，榮智健分兩步走，首先力邀重量級華商李嘉誠、郭鶴年出山，一起參與這起收購戰。

雙方經過一個多月的談判，1991年9月3日終於達成收購協定，以每股330港元的價格，在三天內就收購了涉及430名股東的52.24%的股權；10月22日，共購得恒昌行97.12%的股權。中信泰富佔有36%的股份，為第一大股東，榮智健兼任恒昌行董事局主席。

收購恒昌行97.12%的股權，涉及資金69.4億港元，其中中信泰富需支付25億港元。於是，中信泰富發行12.9億股新股，每股1.55港元；另發行5億港元可換股債券，持有人可於1994年8月以每股1.55港元的價格認購3.22億新股，該債券年息6厘。

購入恒昌企業後，考慮到資金需求，兼顧何善衡先生對恒昌的舊情，中信泰富向何善衡出售恒昌大廈，收回9億港元，出售長線投資套現2.24億港元；然後以此每股派息160港元，派息後的恒昌資產相應縮小，為全面收購作了鋪墊。

完成了收購的第一步後，不到三個月，榮智健又提出了全面收購的動議。1992年1月，中信泰富以每股230元總計31億港元從李嘉誠、郭鶴年等股東手中全面收購恒昌股權，共計持有97.12%的股權。為了支付這筆收購費用，中信泰富宣佈將股份四合一（原來每股2.2港元，合併後每股8.8港元），並以每股8.8港元的價格發行新股2.92億股，籌資25.7億港元。

據稱，這兩次收購，中信泰富總共耗資56億港元，然而中信泰富基本上沒有動用自己的現金或者銀行貸款，避免了自身負債率的提高。主要通過兩次發行新股共籌得資金45.5億港元，再增加5億港元的可換股債券，加之獲得恒昌企業當年盈利2.57億港元，以及收回恒昌股息11.7億港元，無需動用現金即已支付全部收購資金。[5]這就是香港資本市場所謂"槓桿收購"（即"借錢收購"）模式。

槓桿收購，是指公司或個人利用自己的資產作為債務抵押，收購另一家公司的策略。它與傳統收購的最大不同之處是，傳統收購通常是有多少錢辦多大事，而槓桿收購則將收購的現金開支降到最低，通常的手法是借證券市場的錢或被收購企業的錢來支付收購費用，以自身實力無法做到的事，通過資本市場卻做到了，而且創造了"以蛇吞象"的神話。

1993年，中信泰富再次以配售新股方式籌資70億港元，收購了中信香港所持有的12%的香港電訊股份、20%的化學廢料處理廠股份，以及江蘇無錫利港發電廠56.3%和河南新力發電廠50%的權益。此次籌資行動，創下了香港股市集資的最高紀錄。

是年，還與太古集團合資發展九龍塘地鐵上蓋物業"又一城"（Festival Walk），並牽頭組建香港西區隧道有限公司，獲得興建及營運西區海底隧道之專營權；購入香港空運貨站有限公司10%的權益，購入萬事達卡有限公司20%的權益，還購入四間生產鋼材、通訊電纜、精密鋼管與發動機的無錫大型製造廠的55%的權益，開始向鋼鐵等製造業進軍。

1994年，購入擁有香港愉景灣物業發展權之香港興業有限公司50%的權益，開發愉景灣地產；向中信香港購入25%的香港西隧公司股權、28.48%的東隧公路段和10%的東隧鐵路段，以及50%的上海延安東路隧道及香港多項物業權益；成立一家合營公司並擁有45%的權益，興建並專營上海南浦大橋、楊浦大橋及打浦路隧道。

1995年，聯同中信香港、嘉里貿易等一起，興建位於中環的中信大廈；成立合營公司並擁有45%的權益，興建並專營上海滬嘉高速公路。

1996年，轉讓17.66%的港龍航空權益予中國航空公司，在減持至28.5%的權益的同時，增持國泰航空權益至25%；成立一家合營公司並擁有45%的權益，興建並專營上海徐浦大橋；以佔有50%權益的合營企業，興建北大嶼山的廢物轉運站；與內蒙古電力公司和新力能源公司合作，興建內蒙呼和浩特發電廠。

第四步，裂變與騰飛。

泰富公司本來只是一個小公司，經過兩次"買殼"（泰富買新景豐的"殼"、中信香港買泰富的"殼"）和一系列收購兼併，實現了裂變與騰飛。

1986年，泰富公司的淨資產只有3.5億港元。1990年，中信香港收購泰富公司時市值約十億港元。經過一系列收購注資後，到1992年12月31日，收市價每股為13.70港元，以此計算，中信泰富的市值達到172.24億港元，1993年3月底就已超過300億港元。到1993年底，中信泰富的市值更飆升至461.30億港元，純利潤達18.87億港元，名列香港上市公司第十位。[6] 到1996年底，中信泰富總市值達900億港元，中信香港的總資產也達到400億港元，營業額為127.56億港元，股東應佔溢利68.6億。[7]

1992年8月4日，是中信泰富的吉日，也是香港中資企業的吉日。這一天，中信泰富正式躋身恒生指數成份股，成為香港中資企業中首隻踏入藍籌行列的紅籌企業，也就是香港中資企業的第一隻紫籌股企業。

經過一系列收購注資和業務重整，中信泰富形成了綜合型多元化的業務結構（見圖表5-1）：基礎產業，中信泰富成為國泰航空的第二大股東（佔12.5%）、港龍航空的大股東（46.2%），持有香港電訊12%和澳門電訊20%的股權，以及路橋隧道持有香港東、西區海底隧道和上海幾座連接浦東、浦西的重要橋隧；能源電力產業，持有內地三家發電廠權益；貿易和分銷，全資擁有大昌貿易行；環保產業，持有香港翠谷工程公司和衡和化學廢料處理中心的權益；物業，擁有一幢工業大廈、兩座高級住宅樓宇和一個大型商業貨倉等。在工業製造領域，開始進軍特鋼及電機電纜產業，為後來打造特鋼核心產業奠定基礎。

1998年1月，中信泰富正式搬入位於港島核心區域金鐘的中信大廈。這座面對維港、可以飽覽全海景的新樓，成為崛起的中資企業第一紫籌的財富象徵。

圖表5-1 中信泰富有限公司的業務結構

貿易、分銷及消費信用
大昌行　　　　　　100%
Manhatton Card　　20%

航空及空運
國泰航空　　12.5%
港龍航空　　46.2%
香港空運貨站　10%

電訊
香港電訊　　12%
澳門電訊　　20%

橋樑及隧道
西區海底隧道　　　　　　　35%
東區海底隧道（公路隧道）　28.5%
東區海底隧道（鐵路隧道）　10%
延安東路隧道　　　　　　　50%
南浦大橋專營權　　　　　　45%
楊浦大橋專營權　　　　　　45%
打浦路隧道專營權　　　　　45%

發電
利港發電站　　56.3%
新力發電站　　50%
浦東發電廠　　25%
開封發電廠　　50%

環境保護
翠谷工程有限公司　30%
衡和化學廢料處理　20%

物業
投資及重新發展物業　100%
達之路購物商場　　　50%
大嶼山愉景灣　　　　50%

工業製造
江陰興澄鋼鐵　　55%
無錫華達電機　　55%
無錫通菱電纜　　55%

中信泰富有限公司

資料來源：《中信泰富有限公司1994年年報》

三　從"買殼"到紫籌：粵海投資與華潤創業

1997年年底前，香港中資企業只有三隻"買殼"上市的紅籌企業躋身藍籌股行列而成為紫籌股。除了中信泰富之外，其餘兩隻，一隻是粵海投資，另一隻是華潤創業。

粵海：貿易—實業—資產經營的三段式

粵海企業（集團）有限公司（以下簡稱 "粵海集團"）是廣東省駐香港的"窗口公司"，1980年下半年以粵海企業有限公司在香港註冊成立，1981年1月正式開業，是內地省市最早在香港開辦的經貿機構之一。1982年提出了"五個引進"，即引進資金、設備、技術、人才和管理經驗，充當溝通海外、香港與廣東的橋樑和紐帶，借助於省政府下撥的200萬美元開辦費和2,000萬港元的信用額度，開始了艱難的起步。

從1981年到1997年香港回歸的16年過程中，粵海與大多數中資企業一樣，以貿易起家，從代理貿易走向自營貿易，從而向實業轉變，然後從商品經營轉向資產經營，只是在資產經營過程中，粵海開始領跑香港中資企業。

初期，粵海是廣東省進出口貿易的總代理，享有某些政策特許的經營權，但很快隨着進出口經營權的下放，內地大中型企業紛紛享有了進出口自主權，粵海代理貿易業務日漸減少。因此，從1980年代中期開始，粵海開始了兩個轉變：從純粹的代理貿易，向代理貿易與自營貿易並重轉變；從單純貿易向實業化、多元化方向突圍，先後發展了旅遊、酒店、地產、實業、基建、保險、運輸等多元化業務。

1. **旅遊酒店業**　粵海於1983年創辦了廣東省居民"香港遊"，到"九七"前已組織了一百二十多萬人次的廣東省內居民香港遊，並以此為基礎，拓展了省內居民新馬泰海外遊和香港同胞、海外遊客內地遊；並開展了旅遊配套的酒店、飲食、旅遊貿易、汽車客運和內地包機業務，在內地、香港和海外擁有16間中檔酒店，成立了國際酒店管理公司。

2. **基建產業**　主要是投資廣東及內地的公路、橋樑、電力、港口碼頭等大型基建。參股了廣州至珠海東線幾條高速公路，參與番禺大橋、清遠新北江大橋段虎門汽車輪渡建設；投資韶關電廠、梅州電廠和中山電廠；興建總容量為21萬立方米，自備3萬噸級專用碼頭的番禺小虎島大型石油化工儲存庫以及投資經營重慶機場高速公路和四川、東北、河南等省的路橋電力等基礎設施。

3. **鋼鐵冶金業**　投資6,000萬美元參與韶關鋼鐵廠、廣州鋼鐵廠的技術改造，建造當時全國最大的年產12萬噸的中山馬口鐵廠，參與甘肅白銀10萬噸精煉鋼項目的擴建和改造。

建材業。擁有廣東英德、昌山等多家水泥廠和清遠的華海陶瓷以及香港的大華水泥製品廠和經營玻璃幕牆的香港富藝工程有限公司。

木材和家具。擁有生產規模居全國前列的湛江中密度纖維板廠和昆明集銀集成木板廠以及東莞的家具廠。

電信業。擁有生產各種高中檔電話機等通訊設備的深圳粵海通訊公司及其寶安、中山分廠和生產可用於衛星、雷達和移動電話的高科技微波通訊功放模組、收發元件和微波放大器的粵海永新公司。

4. **機電儀錶業**　擁有佛山、江蘇江陰兩家汽車空調機廠、湛江湛海儀錶廠、東莞粵恒鏡片廠、杭州托迪斯多媒體開發公司等。

食品工業。擁有年產20萬噸優質麥芽的廣州羊城麥芽廠，與台灣、日本廠商合資的寧波麥芽廠，總產量佔當時全國麥芽需求量的五分之一強。擁有全國第一個通過ISO9000國際質量認證的優質企業深圳金威啤酒廠。

5. **皮革紡織業**　擁有年產4,000萬方呎中高級牛羊皮革的南海皮廠和徐州南海皮廠以及一些服裝廠、製衣廠等。

6. **房地產業**　擁有廣州、深圳粵海大廈，擁有香港粵海集團、粵海置業、粵海投資、廣旅集團大廈，以及法國巴黎中國城、波蘭GD分撥中心和上海、汕頭、泰國等地幾十萬平方米建築面積的寫字樓、住宅和幾百萬平方米的土地儲備。

7. **百貨零售業**　持有廣州天貿中心51%的權益，收購了廣州南方大廈百貨集團56%的權益，並與香港新鴻基、華潤合組"新粵華"公司，開拓佛山、江門、瀋陽、南京等地大型現代商場。

8. **金融保險業**　設有金融、證券、保險和財務投資公司。

9. **運輸業**　擁有自營、聯營船隻三十多艘，總運力三萬多噸的內河、近海船隊，擁有二百三十多台貨運拖頭車的陸路運輸車隊。[8]

這又是一個典型的機會式擴張的案例，幾乎是飢不擇食地擴張和走向多元化。這樣大規模擴張的結果，一方面為後續的資產經營尤其是為上市公司注資、分拆準備了必要的資源和可供選擇的資產，但更大的問題是廣種薄收，投資失控、管理失控，為後來的粵海危機埋下了禍根。

進入1990年代以後，由於"中國概念"的走紅，特別是中信泰富的成功，讓粵海看到了資產經營的威力和作用，於是，粵海抓住千載難逢的歷史機遇，展開了一系列上市集資、收購、兼併、分拆、發債等資本運作，創造了粵海奇跡。

從"買殼"到分拆：粵海系的崛起

1987年1月，粵海集團就收購了香港一間空殼公司——"友聯世界"，並易名為粵海投資有限公司（簡稱"粵海投資"，股票代號：0270），當時市值為4,000萬港元。但是"買殼"後的三年，由於資本運作的經驗不足，也由於"中國概念"走紅始於1990年代，粵海投資作為粵海集團的上市公司，初期並沒有獲得多大的發展。

　　進入1990年代以後，特別是中信泰富的成功，極大地刺激了資本市場對“中國概念”股和紅籌企業股的預期和追捧。於是，粵海從1991年開始，連續對粵海投資展開大規模的注資和收購行動，先後將粵海名下的廣東旅遊、廣州麥芽廠、金威啤酒廠、麗江花園、南海皮革和多間酒店等一批優質資產注入粵海投資。與此同時，粵海投資則採取發行新股、認股證、可換股債券、銀行債券等形式在1991-1994年共集資了60.45億港元，粵海集團注資套現後，又收購省內企業。而粵海投資通過母公司的注資，獲得一批優質資產，規模迅速壯大，並形成了工業、基建、旅遊酒店、房地產、百貨零售五大支柱產業。粵海投資的資產規模更是呈現幾何級增長：從1987年到1996年6月，粵海投資資產總值從1.3億港元增長到130億港元，淨資產從8,700萬港元增長到62億港元，1996年底的總市值達150億港元。

　　1994年11月，粵海投資從香港近五百家上市公司中脫穎而出，躋身33間恒生指數成份股行列，成為香港中資企業中的第二隻藍籌股和紫籌股。

　　粵海投資奇跡尚未結束。比中信泰富走得更遠的是粵海嘗試着裂變分拆，竟將粵海投資一拆為四，先是分拆粵海實業在澳洲上市，後又分拆廣南集團、粵海制革和粵海啤酒在香港上市。

　　廣南（集團）有限公司（以下簡稱“廣南集團”）的前身是廣南行有限公司，由粵海集團控股，於1981年在香港註冊成立，被國家外經貿部授權為廣東省供應香港鮮活商品的總代理和總經銷，日均供應香港塘魚佔香港市場的95%，蔬菜佔85%以上，生豬佔17%，活家禽佔85%，[9]以及供應大批水果、醬料等副食品，是香港鮮活商品市場的主要供應商之一。

　　通過收購，廣南集團還擁有全國最大的鰻魚養殖加工基地，擁有廣東省最大的飼料企業。在香港參股有相當市場佔有率的元祿壽司經營，成功購入香港第四大的KK超級市場集團70%的權益。在廣州、上海等地設有超級市場。在法國巴黎設有公司與商場，並創出廣南牌食品系列，以其經營業績和獨特的食品概念，具備了分拆上市的條件。

　　1994年12月，廣南集團成功從粵海投資分拆上市（股票代號：1203），在市場氣氛不甚有利的條件下，發售1.1億股仍獲得50倍超額認購，上市當日逆市上揚。到1997年2月27日，股價達10.4港元，比上市當日收報1.09港元上升8.5倍。

　　廣南集團分拆上市成功後，1996年12月，粵海投資又將名下的南海皮廠易名"粵海制革有限公司"（股票代號：1058）以在香港分拆上市。南海皮廠是由粵海集團、廣東畜產等五家公司合作以補償貿易形式建成的一家製革廠，由於經營管理不善，1989年投產後企業連年虧損。1991年，粵海集團增持控股後進行改造調整，扭虧為盈後，於1994年注入粵海投資。到1995年，總資產、淨資產翻了一倍，等於再造了一個"南皮"。分拆上市時新股發行超額認購667倍，打破了當時香港證券市場的歷史紀錄。

　　1997年8月8日，粵海啤酒集團有限公司（股票代號：0124，今稱"金威啤酒集團有限公司"）再次從粵海投資分拆成功上市。

　　到1997年12月5日，粵海系四間公司粵海投資、廣南集團、粵海制革、粵海啤酒總市值達到201億港元，其中粵海投資為124.96億港元，以粵海系四間公司總市值計，在紅籌企業股中排名第五；以粵海投資市值計，在紅籌企業股中排名第十一。

　　與此同時，粵海集團還進入國際債券市場，建立發展基金，向國際金融市場直接融資。1993年，粵海按國際債券市場要求，改革企業財務會計制度，請標準普爾和穆迪兩家世界知名公司評級，被評為良好；公司財務狀況定期向社會公佈，粵海集團成為非上市的公眾公司。這一條件促使粵海在美國和亞洲成功發行四億美元債券。1995年，又在美國成功發行7,200萬美元商業票據。1993-1994年，粵海還以1,000萬美元為種子基金，聯同英國柏克萊銀行從歐美吸引9,000萬美元，組成擁有一億美元的"廣東發展基金"，並先後在倫敦和香港上市，這些資本運作新手段開闢了新的低成本融資管道。

但是，正是這種來得太容易的資本市場的集資和瘋狂投資擴張，一場危機正向粵海集團逼近。

第三隻紫籌股：從永達利到華潤創業

華潤創業是華潤集團的上市旗艦（股票代號：0291），但早年卻緣起於一個嚴重虧損瀕於破產清盤的小上市公司永達利企業。

華潤旗下的華潤紡織公司早年曾入股了一家叫"永達利"的香港公司，該公司於1973年上市，主要經營紡織品貿易和物業租賃，1986年因有兩個租戶破產，導致永達利嚴重虧損，當時，該公司市值不足4,000萬港元，負債卻達7,800萬港元，唯一的資產是一處位於葵涌工業區的一幢舊廠房，該公司黃姓大股東迫於無奈，於1986年向華潤出售了公司26.4%的股權。

1988年，華潤召開年度董事會，提出了創造條件從參股的上市公司中拿出一個公司，上市集資的設想。1989年5月，華潤集團將永達利移交企業發展部，並派企業發展部負責人寧高寧加入永達利董事局，負責該公司發展和管理，企發部調研後提出通過發行新股集資及向銀行貸款的形式，籌資發展葵涌工業區的物業，並通過出售物業實現扭虧的計劃，獲得董事會批准。

1990年，永達利發行新股集資1.08億港元，同時拆除舊廠房，並成功地向銀行取得了4.5億港元的無擔保貸款，開發位於葵涌的物業。

隨着葵涌物業發展計劃的實施，如何處置永達利被提到了董事會。據時任華潤集團董事長的沈覺人回憶，1991年6月，華潤集團第九屆董事會在討論永達利時主要有三種意見：一是永達利的物業主要用於收租，維持現狀；二是以高價出售給馬來西亞商人，華潤集團退出永達利；三是華潤集團不但不退，而且要持股達50%以上，轉入其名下，使之成為華潤集團的上市公司。最後董事會權衡利弊，採納了第三種方案。1992年，葵涌工業大廈完工，成功分層售出，永達利多年來第一次錄得盈利3.6億港元。

　　同年9月，華潤將作價八億港元的沙田百貨倉及沙田冷倉注入永達利，持股達51%，並改名為“華潤創業有限公司”。[10]是為紅籌企業股華潤創業的誕生。

　　隨後，華潤創業展開了一系列配股、擴股、發行可換股債券、銀行融資等方式籌集資金，收購華潤集團名下的優質資產，華潤集團先後將物業、倉儲、貨櫃碼頭、油庫等資產注入華潤創業。

　　此外，華潤創業還將收購的目標指向外部，拓展新業務。1993年，華潤創業用3,000萬港元收購了經營辦公家具的勵致國際集團有限公司30%的權益。1994年，該公司於香港聯交所上市（股票代號：1193，2008年10月易名為“華潤燃氣控股有限公司）。1996年，華潤創業注資成為勵致國際第一大股東，取得控股地位。1993年12月，華潤創業聯手南非SAB集團與瀋陽啤酒廠，合資成立瀋陽華潤雪花啤酒有限公司，向啤酒產業進軍。1994年底，華潤創業聯手兩家美國基金入股北京華遠房地產有限公司，向內地房地產業進軍。1997年9月，華潤創業以20億港元收購華人銀行50%的權益，使華人銀行成為華潤旗下的又一家紅籌企業。

　　華潤創業經過一系列收購、注資後，形成了倉儲、飲料、香港地產、北京地產及策略投資五大板塊業務。在“九七”回歸效應和“中國概念”及紅籌企業股熱潮中，勇立潮頭，由最初的市值不足兩億港元，發展到1997年12月5日，市值達到294億港元；在香港紅籌企業中，僅次於中國電信、中信泰富而居於第三位。是年年底，營業額達59.66億港元，股東應佔溢利15.6億港元，淨資產達89.47億港元，負債率僅25.6%。[11]這種低負債的資債結構和良好的盈利能力，為其在亞洲金融風暴中平安過冬打下了基礎，也成為華潤創業能在經濟寒冬中率先向內地擴張並一舉奠定行業巨頭地位的本錢——這在香港紅籌企業中，只有少數幾個能夠做到。

圖表5-2　華潤創業主要收購和投資行為（1992-1997年）

日期	資產	擁有股權	投資金額（百萬港元）
1992.9	冷庫和貨倉	80%	800
1993.6	青衣一塊土地用於再開發	100%	1,907
1993.12	瀋陽雪花啤酒	51%（後增至90%）	225
1994.2	一空調壓縮機項目	30%	39
1994.12	北京華遠（通過堅實發展）	52%	342
1995.10	五豐行	26%	790
1995.12	山東博信油脂化學有限公司	55%	28
1996.1	大連渤海啤酒	100%	34
1996.2	深圳怡寶食品飲料	67.25%	13
1996.3	堅實發展（增持）	10%	100
1996.4	瀋陽一酒廠	58%（後增至90%）	63
1996.12	香港國際貨櫃碼頭（HIT）	10%	3,500
1997.9	華銀控股（通過力寶華潤創業）	50%	2,000
1997.9	中港水泥	80%	776

資料來源：〈華潤併購檢討〉，http：//www.pinggu.org/bbs。

　　1997年9月1日，華潤創業成功躋身為香港恒生指數成份股，成為香港中資企業中第三隻躋身藍籌的紅籌企業股，也即香港第三隻紫籌股。

　　華潤創業的成功上市，直接推動了五豐行的直接上市。五豐行有限公司成立於1951年，為華潤集團全資附屬公司。它是香港最大的鮮活冷凍食品的供應商和分銷商，並發展為集食品研發、生產、加工、零售、運輸和國際貿易於一體的綜合性食品企業，其業務與香港市民的日常生活息息相關。僅僅組織供應"三趟快車"，從1962年到1996年，就為港澳市場供應活豬八千七百餘萬頭，活牛五百二十餘萬頭，凍貨二百餘萬噸，以及大量的活禽、蔬菜、水果、蛋品等鮮活商品，總值達1,116億港元。[12]

　　五豐行於1995年10月25日成功上市，配售和公開發售新股3.9億股，每股發行價3.2港元，公開發售超額認購110倍，凍結資金近二百億港元，這

圖63　2000年11月20日，五豐行成為華潤創業的全資附屬公司。

次上市，共籌集資金六億多港元，為進一步收購食品工業項目、拓展業務提供了資金。到1997年12月5日，五豐行的股價升至9.1港元，市值達92.7億港元。不過到了2000年，為滿足華潤集團重組的需要，五豐行被私有化，並被注入華潤創業。

華潤創業的成功上市，也推動了集團地產業務的重組上市，1994年成立華潤北京置地有限公司，1996年11月在香港上市，由於在北京、上海、深圳、成都、武漢、合肥擁有大量的土地儲備和優質物業，華潤北京置地迅速發展成為香港恒生綜合指數成份股和恒生中資企業指數成份股。

至此，華潤集團擁有旗艦企業華潤創業以及五豐行、華潤北京置地、勵志國際和華人銀行等五間上市公司。到1997年12月5日，這五間公司的總市值達507.47億港元，其中華潤創業市值達294.33億港元。

四　"九二"上市潮：海虹集團、中國海外發展、中旅國際、越秀投資

1992年注定是一個歷史的拐點，而這個拐點和一位老人的南巡講話相聯繫。鄧小平在1992年初考察深圳時說："你們要搞快一點。"於是中國經濟的發動機重新啟動，中國經濟活力在積壓了幾年之後，迅速出現井噴。

香港資本市場迅速作出反應，"中國概念熱"、"紅籌企業熱"持續升溫。香港中資企業第一批直接上市的紅籌企業在熱烈追捧下，誕生在1992年：招商局的海虹集團（股票代號：0144，先後更名為"招商海虹"、"招商國際"），中國海外發展（股票代號：0688），中旅國際（股票代號：0308），越秀投資（股票代號：0123）。

從收購友聯銀行到海虹集團直接上市

招商局在其一百三十餘年歷史中，曾經無數次引領潮流。這次在香港中資企業從商品經營向資產經營轉型過程中，又一次站在歷史的潮頭。

20世紀80年代中期華資銀行爆發危機，中信香港於1986年4月收購了嘉華銀行；6月，招商局與美國兆亞集團合組新思想有限公司，並通過該公司集資四億港元，收購了當時陷入財務危機的友聯銀行，新思想擁有友聯銀行51%的權益及5,000萬股面值2元的優先股，友聯銀行成為又一家中資企業控制的上市公司。

1995年2月，招商局收購兆亞集團持有的新思想公司的股權，新思想公司遂成為招商局的全資附屬公司，招商局及所屬公司遂持有友聯銀行62%的權益。

招商局收購友聯銀行後，擴充資本實力，重組管理層和業務，迅速扭虧為盈，股價持續攀升，到1997年12月5日，友聯銀行市值達34.7億港元。

收購友聯銀行，還只是眾多香港中資企業收購上市公司或"買殼"上市的案例之一而已。而1992年7月在香港上市的海虹集團則是招商局開創了一個直接上市的先河。

海虹集團最早可追溯到1978年10月在香港成立的"海虹船舶油漆有限公司"，當時，世界船用塗料基本由丹麥等幾家大型外國公司壟斷。為了打破這種壟斷，招商局決定建立自己的船用油漆廠。

海虹集團最初在香港主要承擔船舶油漆的加工生產，為遠洋船隊提供配套服務，由於引用丹麥老人牌的技術專利，海虹船舶漆起點高，適應性強，很快佔領了香港市場的半壁江山。1981年，海虹遷入剛開發的蛇口工業區。1982年，海虹集團自主開發的建築乳膠漆開始生產，並成功主導了深圳大多數市場，深圳國貿大廈就採用了海虹的內外牆塗料。1990年，海虹集團的建築乳膠漆成功應用於北京亞運會主會場。1991年，海虹集團將

圖64　越秀投資擁有虎門大橋24％的權益

圖65　1978年，招商局香港海通有限公司在香港註冊成立"海虹船舶油漆有限公司"，生產"海鷗"牌船舶保養油漆。1981年為擴大業務，將廠房遷至蛇口工業區。

內外牆塗料技術轉讓到澳洲。與此同時，海虹集團還先後開發了冷塗和熱熔道路標線漆以及防腐塗料等。

1991年，招商局集團在香港海通有限公司旗下註冊成立了Attington Investment Ltd.，在梁伯韜的建議下，將Attington更名為"海虹集團有限公司"，同時聘請百富勤作為財務顧問。選擇海虹，一則概念清晰，業績良好，二則公司小，可作試驗性探索，不成功也不會影響"招商局"品牌。

1992年7月15日，海虹集團正式在香港聯交所掛牌交易，出乎意料的是，一間中資企業持有的小油漆企業的上市，竟獲得超額認購374倍，上市當天升幅超過200%。

由於海虹集團的上市是香港中資企業的第一次直接上市，沒有現成的經驗可供借鑒，因此在上市籌備中，遇到了一系列新的問題：如香港會計準則與內地會計制度的差異導致海虹集團的會計師審計報告需要按上市要求予以調整，如對三年業績的理解以及如何選擇法律顧問、會計師、上市顧問、公關公司等一系列程序，這對於第一次直接上市的招商局來說，都是新課題。

隨着上市的成功，招商局展開了注資行動。1994年，招商局將擁有六艘船的明華船隊和持有的南玻B股13.4%的權益注入海虹，套現4.2億港元現金。同年，海虹集團更名為"招商局海虹有限公司"（以下簡稱"招商局海虹"）。

隨後，招商局不斷向招商局海虹注入香港和內地港口碼頭、公路、集裝箱生產等優質資產，使招商局海虹從一家油漆業務公司轉型為以香港和內地港口碼頭業務為核心產業的碼頭運營商，並成為招商局的旗艦。1997年5月，招商局海虹有限公司更名為"招商局國際有限公司"（股票代號：0144，以下簡稱"招商局國際"）。到1997年12月5日，招商局國際的市值從不到一個億飆升到152億港元，位列紅籌企業股市值第六位。到1997年底，營業額為14.45億港元，股東應佔溢利3.13億港元，總資產69.53億港元，淨資產56.5億港元，負債率只有13%，長期貸款只有9,200萬港元，被美林證券評為財務最健康的企業。[13]

圖表5-3　招商局國際有限公司的投資項目（1997年）

日期	項　　目	收購性質	港幣（百萬元）
1997年4月23日	中國國際海運集裝箱有限公司（23.73%權益）	投資	32,000
1997年7月15日	集團及其他附屬公司所持有的內地五條收費公路權益	併購	不詳
1997年11月5日	香港現代貨箱碼頭有限公司（20.3%權益）	投資	310,900
1997年11月5日	中國南山開發（集團）股份有限公司（28.5%權益）	投資	不詳

資料來源：郎咸平著，《整合》，第186頁。

搶佔先機的中國海外發展

早在1988年，中國海外集團就開始提出上市請求，但由於各種因素制約，未能遂願。四年後的1992年，中國海外喜事連連，先是中國海外集團正式成立，接着中國海外集團的旗艦中國海外發展有限公司（以下簡稱"中國海外發展"）一舉實現了成功上市。

中國海外發展有限公司於1979年在香港註冊成立，核心業務為地產開發和銷售。1992年8月20日，中國海外發展在香港聯交所掛牌上市，獲得了超額認購99倍，凍結資金758億港元，成為第一家以香港業務上市的中資企業。

在香港資本市場，地產業務是高風險、高回報的行業，當時"地產"作為一個投資概念並不為市場所看好，但也有如此好的市場反應，可見當時紅籌企業熱之盛況。

為了解決上市公司規模不大、地產收益不夠穩定、單一地產股風險較大等問題，在中國海外發展上市一年後，即於1993年8月，中國海外集團將承建業務注入中國海外發展，使中國海外發展擁有地產和承建兩大板塊業務。中建總公司甚至還將在香港承接的全部工程項目交由上市公司代管，並按7%的合約額交管理費，使上市公司的承建業務成為穩定的收益項目，形成了以承建保地產，以地產養承建，地產與承建業務互補互動的良好局面。

隨之而來的，便是中國海外集團借助上市平台開闢新的融資管道。1993年12月，中國海外發展向歐美投資者發行1.25億美元可換股債券，並獲准在盧森堡證券交易所和香港聯交所掛牌上市。由於可換股債券在歐美反響熱烈，最後超額發行，總值達1.5億美元。這筆年期長、利率低的巨額資金，為中國海外發展帶來了新的動力。1995年8月，中國海外發展又通過超額發行浮息票據9,000萬美元，籌資全數行使1995年8月到期的認股權證，認購34.82億新股，帶動小股東行權認購新股，使總發行新股達6.42億股，集資8.22億港元；1996年，中國海外發展又以"先舊後新"方式，配售中國海外發展近10%的股份，集資7.8億港元，使中國海外集團的持股量從75%減至68%，仍保持絕對控股地位。中國海外集團通過行權認購到配售新股，既帶來了豐厚的收益，又融入了大量資金，為地產開發提供了資金基礎。

1997年12月5日，受亞洲金融風暴影響，中國海外發展的市值從最高峰超300億跌至131.8億港元，但仍是香港中資企業中為數不多的市值超百億港元的紅籌企業，市值列紅籌企業股第十名。到1997年底，中國海外發展營業額為30.32億港元，年度溢利9.5億港元，總資產186.86億港元，淨資產98.35億港元。[14]

然而，在金融風暴爆發中競投而得的高價地塊，幾乎陷中國海外集團於絕境。

中旅國際：從主攻旅遊產業到多元化發展

　　旅遊作為一個投資概念，並不是市場所看好的概念，然而，港中旅集團搶佔先機，在第一批直接上市企業中捷足先登，也實現了成功上市。

　　港中旅集團於1992年7月成立了香港中旅國際投資有限公司（以下簡稱"中旅國際"），並於1992年11月11日在香港上市，隨後將深圳錦繡中華發展有限公司（含"錦繡中華"、民俗村旅遊景區）51%的權益及香港中旅貨運有限公司（含鐵路運輸、公路運輸及貨物運送）注入該公司，1993年11月，以10億港元購入香港中旅"港澳遊"業務、京港酒店（即今日的"旺角維景酒店"）及星港酒店（即今日的"灣仔維景酒店"）；1995年12月21日又以4.22億港元收購深圳世界之窗公司51%的權益；1996年10月，再以9.1億港元收購京華國際酒店（即今日的"九龍維景酒店"），逐步從單一旅遊概念股向綜合概念股的方向發展。

　　1997年，在紅籌企業狂潮時期，時任港中旅集團董事長的朱悅寧，開始了大規模的收購和擴張，並將中旅國際的旅遊概念引向了路橋、電廠、房地產和高爾夫球會的多元化，僅1997年就收購了10個項目，其中還收購了一家物業發展的香港上市公司——新福港有限公司43.7%的權益（1997年改名為"興港集團"），使之成為一家紅籌企業；除此之外，還收購了城巴集團有限公司20%的權益，渭河電廠、深圳聚豪會高爾夫球會、內地路橋等項目（如圖表5-4）。同時，上市公司採取配售新股及發行可換股債券等形式，為企業提供充裕資金。1997年12月5日總市值達82億港元，升幅跑贏大市。到是年底，中旅國際營業額21.07億港元，股東應佔溢利4.99億港元，資產總額達99.80億港元，淨資產72億港元。[15]

　　好景不長，隨着亞洲金融風暴的來臨，香港資產價格的大幅下跌，港中旅蒙受了巨大的投資虧損，留下了大量不良資產。

圖66　港中旅自1980年代到"九七"前先後在港澳、美國及中國內地
投資興建酒店，圖中的灣仔維景酒店便是其中一間。

圖表5-4　中旅國際投資有限公司的收購活動（1997-1998年）

日期	項　目	性質
1997年2月	投資內地路橋	非核心業務
1997年2月	收購運輸業務	非核心業務
1997年3月	收購巴士營運上市公司城巴集團有限公司20%的股權	核心業務
1997年5月	收購渭河電廠15.3%的股權，收購上市公司 新福港有限公司43.7%的股權	非核心業務
1997年6月	收購新福港（於1997年8月改名為"興港集團"， 2001年再改名為"威新集團"）	非核心業務
1997年6月	收購內地收費公路	非核心業務
1997年7月	擴展主題公園及高爾夫球會	核心業務
1997年11月	再宣佈擴展主題公園及高爾夫球會	核心業務
1997年11月	收購銅鑼灣酒店地皮及發行新股	非核心業務
1997年12月	投資北京住宅	非核心業務
1998年9月	投資收費公路	非核心業務
1998年11月	增持渭河電廠股權至51%及發行4.7億港元可換股票據以支 付部分差價	非核心業務
1998年12月	成立中外合資公司深圳聚豪會高爾夫球會	核心業務

資料來源：郎咸平著，《整合》，第207頁。

從香港到新加坡：越秀的資本運作

越秀是廣州市駐香港的"窗口公司"，原名"越秀企業有限公司"，1985年4月在香港註冊成立，1992年註冊為越秀企業（集團）有限公司（以下簡稱"越秀集團"）。

越秀集團起步時期非常不順。和大多數中資企業一樣，也是以貿易起家，但由於經驗不足，在對台貿易中蒙受較大損失，加上短貸長投，負債累累，幾至資不抵債。所幸1980年代後期較早轉型房地產，在香港、廣州和澳門購入一批土地，在廣州和內地擁有土地儲備502萬平方呎，建築面積達1,930萬平方呎；在香港擁有土地10萬平方呎，建築面積72萬平方呎，並因此而分別在香港、廣州和澳門成立了房地產開發公司。[16]

　　隨着經濟步入復甦繁榮週期，香港、內地房地產市場在1990年代隨之興旺，越秀不失時機地將業績較好的三家房地產公司組建為越秀投資有限公司（以下簡稱"越秀投資"），由中國建設財務（香港）有限公司作保薦人，以中建材、百富勤、新鴻基國際、加拿大怡東、獲多利等投資銀行為包銷商，向香港聯交所申請上市。

　　1992年12月15日，越秀投資以每股作價1.05港元，發售4.25億股公眾股，實現順利上市（股票代號：0123），集資4.4億港元。隨後，越秀投資展開了一系列資本運作，並將資本運作空間，從香港推至美國和新加坡。

　　越秀投資上市成功後，迅速在內地收購了四間水泥廠和一間造紙廠，包括：收購了年產120萬噸的珠江水泥廠、年產均為110萬噸的廣州水泥廠和唐山啟新水泥廠，持有三間水泥廠51%的權益，還持有年產40萬噸的花都水泥廠50%的權益，並將這些水泥廠組建為中國新世紀水泥集團；收購了全國最大的新聞造紙廠廣州造紙廠51%的股權。

　　越秀投資進入實業後為摩根士丹利等投資大行所看好，於是1993年下半年，摩根士丹利以及法國、瑞士、德國、香港等國家或地區的八家券商，為越秀投資發行了利息為4.5%的五年期可換股債券，集資1.05億美元。

　　1993年2月，越秀投資以每股作價3.025港元，配售33.4億股新股，集資10.08億港元。1995年，越秀集團持有廣東新豐縣公路55%的權益，於1996年初注入越秀投資，後者以每股作價1.93港元，批出3,520萬股新股予母公司，這一進一出，母公司增加了上市公司的控股比例，上市公司增加了優質資產。1997年2月，越秀投資又以每股3.98港元，批出3.2億股，集資12.43億港元。隨着越秀投資上市後商譽的提高，許多銀行也願意貸款支持，幾年間，越秀投資新增貸款18億港元。

　　在資金源源不斷流入後，越秀投資展開了更大規模的收購和投資等行動。先後擁有虎門大橋24%的權益以及廣深、廣汕、廣從公路80%的權益，還投資興建廣州北二環高速公路，加上新豐公路55%的權益，形成了較強實力的路橋基建板塊，於是，越秀集團將以上幾個基建項目合組為越秀交通有限公司，於1997年1月30日在香港成功實現分拆上市。

除了路橋基建項目，越秀投資還參與投資了廣州汽車製造廠、珠江鋼鐵廠、乙烯工程、珠江電廠和為珠江電廠運送煤炭的三艘三至五萬噸級的遠洋船隊，以及廣州東方賓館、越秀天安大廈、北京越秀大飯店、西安萬年酒店、廣州鳴泉居度假村和香港粵華酒店等。

越秀投資在香港的證券市場、信貸市場取得大量融資的同時，目標更瞄向海外。在香港第一東方投資集團有限公司的策劃下，從1994年下半年起，越秀投資以香港為跳板，進軍亞太區另一個金融中心新加坡。與新加坡淡馬錫、吉寶（這是兩家國營控股公司）等近十家國際企業一起，集資5,100萬美元，在新加坡註冊成立基金性質的越秀中國投資有限公司，專門用於投資廣州等實業、基建項目。

1996年8月28日，越秀投資更實現在新加坡第二上市，發行6,120萬新股，每股定價2.55港元，集資1.56億港元。同年3月，越秀投資還通過美國萬國寶通銀行，將其股票在美國掛牌進行櫃枱交易。[17]

在香港中資企業中，越秀投資無疑也是第一批直接上市且資本運作成功的紅籌企業之一，運用上市、第二上市、注資收購、兼併、資產置換、國際基金等一系列資本運作方式，在上市後的短短五年時間，就籌集資金三十多億港元，行業橫跨房地產、水泥、製造業、造紙、酒店旅遊、基建、電力、金融、貿易、儲運等十個行業，資產規模和業務迅速膨脹。越秀集團在上市前的1991年總資產為33億港元，1996年底達到149億港元，至1997年12月5日，越秀投資的市值為56億港元，越秀交通的市值為29億港元。

但是，來得太容易的資金和迅速膨脹的業務規模，由於投資管控缺位，也潛藏着巨大的危機，隨着亞洲金融風暴的來臨，危機逐漸浮出水面。

五　紅籌狂飆：上實控股、深業控股與北京控股

"中國概念股"熱和"紅籌企業熱"從1990年代初開始，特別是1992年第一批紅籌企業直接上市，到1993年和1994年，香港中資企業陸續將一批紅籌企業推上股市；1993年，第一批H股企業也開始在香港上市，均獲得了較好的市場反應，1994年繼內地開始宏觀調控之後，香港政府也對過熱的樓股兩市採取調控措施。香港經濟出現了1994-1995年短暫的收縮，"中國概念熱"和"紅籌企業熱"進入了短暫的低潮期。

隨着"九七"的日益臨近，從1996年初開始，市場藉着"九七"效應，又重新點燃人們對"中國概念熱"、"紅籌企業股"追捧的熱情。不過，這次不是籠統的"中國概念熱"，而是將"中國概念"賦予了深度內涵，轉化為中國發展最快的"中國城市概念熱"，即創造了"上海概念"、"深圳概念"和"北京概念"，這就是上海實業控股有限公司、深業控股有限公司和北京控股有限公司三大城市概念股的上市，從而掀起了新一輪的紅籌企業狂飆。

上實控股："一包香煙、一本掛曆、一袋味精"的裂變

上實控股是上海市政府駐香港的"窗口公司"，1981年以"上海實業有限公司"名義在香港註冊成立，註冊資本200萬港元，上海市政府將所屬三家香港公司：南洋兄弟煙草公司、永發印務有限公司和香港天廚味精有限公司劃歸上海實業，總資產為兩億港元，銷售收入1.7億港元，利潤達一千三百多萬港元。[18] 這就是上實控股"一包香煙、一本掛曆、一袋味精"的來歷。1980年代後期，上實控股開始了多元化的探索，開始向房地產、公交、出租車、零售百貨、財務金融等領域拓展。

隨着浦東開發的開始，在1990年代，內地改革開放的重心開始轉向上

圖67　上實前董事長蔡來興（左）和香港長實集團主席李嘉誠

海和長江三角洲，上海成為舉世矚目的焦點，上海實業作為上海市政府的香港"窗口公司"也加快了發展步伐。1993年6月，上海實業有限公司正式更名為"上海實業（集團）有限公司"（以下簡稱"上海實業"）。1995年10月，上海市委市政府副秘書長和市政府政策研究室主任蔡來興被派任為上海實業集團任職董事長，從此開始，他一幹就是十三年，直到2007年退休。蔡來興也是被派駐香港任職香港大型中資集團掌門人時間最長者之一。正是從蔡來興開始，上海從生產經營跨入資產經營，通過一系列資本運作，使上海實業開啟了一個新時代。

　　1995年11月，上海實業與著名的上海三維有限公司成立合資企業——上海三維製藥有限公司。上海三維的前身是1958年創辦的上海第二製藥廠，是上海最大的藥品製造廠和全國十大藥品製造廠之一；同時，上海實業又與一家1898年創辦的老牌化妝品企業家化聯合有限公司成立了合資企業——上海家化聯合股份有限公司。到上市前的1995年底，該公司淨資產已達31.05億港元，稅後利潤達5.44億港元，與1981年相比，資產增長79.2倍，利潤增長38.5倍，所屬企業從原來的三家發展到一百三十多家，[19] 逐步形成了工業、貿易、商業零售、房地產、酒店旅遊、基礎設施等多元化結構。

　　1996年1月，上海實業集團以成員企業香港的南洋兄弟煙草、永發印務、上海家化及上海三維等四間公司，合組為上海實業控股有限公司（以下簡稱"上實控股"）在香港註冊成立。5月30日正式在香港聯交所掛牌上市（股票代號：0363）。

　　上實控股是第一家真正的"上海概念股"，由此引起國際投資者的濃厚興趣，股票推介高潮迭起，創造了同類企業在香港以外地區招股的新紀錄。上實控股原計劃發行5.16億股，每股定價為5.5-6.5港元，但因為國際配售部分獲得38.2倍的超額認購，在香港公開招股則獲得158.3倍的超額認購，凍結資金268億元，並曾經一度扯高了銀行同業拆借利率，發行價格隨即定為6.5-7.3港元，最後定價為7.28港元。這次調整加上超額認購配發的因素，共為上海實業集團多籌集資金2.7億港元，總數則達到13.79億港元。

上實控股上市當日，股價即有較大升幅，收市報9.15港元，比發行價上升25.69%，成交額佔當日港股總成交量的8.95%。

在上市成功集資後，上海實業集團於1996年11月22日，將其屬下較成熟的業務和上海市其他業務共六項，注入上實控股，包括上海匯眾汽車、延安路高架、上海實業交通電器、上海光明乳業、上海東方商廈、上海霞飛化妝品，使其原來業務由原先的五項變成了十一項（見圖表5-5）。此次配股，上海實業控股在市場上獲得集資額31.60億港元，其中母公司認購了65.1%的股份，股東貸款3,000萬美元，籌資總額為33.5億港元，且不到兩小時就獲得近十倍的超額認購，復牌第一天升幅即達17%。

1997年4月9日，上實控股進行第三次注資：上海內環線高架和南北高架35%的股權，整個籌資額為44.7億港元，而這次配股集資高達47.70億港元。上實控股將全部收購資金交給合作夥伴上海城市建設投資公司。

圖表5-5　上海實業控股有限公司的業務結構

	南洋兄弟煙草股份有限公司（100%）
	永發印務有限公司（91.92%）
消費品	上海家化有限公司（51%）
	上海霞飛日化有限公司（51%）
	上海光明乳業食品有限公司（50%）
	上海三維製藥有限公司（48%）
汽車零部件	上海匯眾汽車製造有限公司（50%）
	上海實業交通電器有限公司（30%）
商業零售	上海東方商廈有限公司（51%）
基礎設施建設	上海延安路高架路發展有限公司（50.2%）
	上海新建設發展有限公司（35%）

資料來源：張維迎、沈懿著，《上實控股注資收購案例報告》。

上實控股通過上述三次集資、三次注資，總共集資93.09億港元，其中除了三億港元用於在香港的南洋煙草和永發印務的發展上，其餘的90多億港元全部投入了上海的建設項目。

其業務範圍從煙草、印刷、調味品擴展到化妝護理、乳業、製藥、汽車零部件、零售百貨和路橋基建等領域，資產更是獲得超常規擴張。到1997年12月5日，上實控股的市值達260億港元，僅次於中國電信、中信泰富、華潤創業而排第四位；1997年底，營業額達35.57億港元，年度溢利10.16億港元，總資產121.33億港元，淨資產達98.08億港元，只有19.16%的負債率，[20]是當時中資企業紅籌企業財務狀況最健康的企業之一。

1998年1月27日，上實控股與中國電信一起躋身恒生指數成份股，從紅籌企業股變身藍籌，成為香港中資企業的第四隻紫籌股。

"深圳概念"助推深業控股成功上市

深業（集團）有限公司是深圳市政府駐香港的"窗口公司"。1983年5月17日，以深業（S.Z）貿易有限公司在香港註冊成立。1985年2月8日於香港註冊成立深業集團有限公司（以下簡稱"深業集團"），深圳市副市長甄錫培兼任董事長。

和大多數中資企業一樣，深業初期以進出口貿易起家，1980年代經營的貿易業務主要有汽車、鋼材、電梯空調、紡織服裝、手錶、電子產品、化工原料、通訊器材、建築器械、成套設備、糧油、醫藥等，並在內地和國外建立了銷售網絡和貿易代表機構，先後在廣州、武漢、北京、上海、大連、青島、哈爾濱、西安、烏魯木齊設立商貿辦事處和合資公司；在美國紐約、德國漢堡、俄羅斯莫斯科、馬來西亞吉隆坡等地設立貿易機構或合資企業，開始邁入1980年代香港中資企業大擴張的行列。

與此同時，深業集團開始探索引進外資的新方式，既當"橋樑"，又當股東，與外資捆綁式投資內地項目，先後與香港合和實業有限公司、熊谷組（香港）有限公司、日本兼松江商株式會社、日本航空公司、華潤集團、光大集團、越秀投資等外資企業、華資企業和中資企業合資合作，參與了廣東省沙角火力發電廠、北京京廣中心、王府井飯店、香港日航酒店、深圳地王大廈、深圳華潤超級市場等二十餘個項目。其中，沙角火力發電廠是深業集團1983年與合和實業胡應湘一起開創的中國首個BOT項目；北京京廣中心、王府井飯店項目，則是深業集團與香港熊谷組于元平先生以及光大集團合作的首批北京高級酒店、寫字樓項目；日航酒店是深業集團首次在香港與日航公司、香港熊谷組等一起興建的香港高級酒店；深圳地王項目是深業集團與熊谷組在1990年代的第一次合作，這個項目揭開了深圳土地國際公開招標的序幕，創下了當年的地價之最，地王大廈亦是當年亞洲第一、世界第四高樓，現已成為深圳的地標性建築。

　　1992年初，鄧小平視察深圳，啟動了中國新一輪改革開放潮，深圳樓股兩市暢旺。深業當年銷售位於深圳火車站附近的華民大廈，一舉創下了每平方米1.68萬元人民幣的歷史高位。地產業的成功，帶動了深業集團的發展，深業開始在全國跑馬圈地，迅速在大連、哈爾濱、青島、西安、烏魯木齊等地興建了多座深業大廈，完成了從貿易型企業向地產為主的集地產、貿易、運輸、旅遊、工業於一體的綜合型企業的歷史轉變。

　　然而，與一些已經成功進行資產經營的中資企業比較，深業集團顯然已經落後一拍了，於是，1990年接替盧祖法擔任深業集團董事長的許揚，開始籌劃直接上市問題。

　　為了支持深業控股有限公司（以下簡稱“深業控股”）上市，深圳市政府於1993年3月將一家作價8,000萬港元的財貿實業公司注入深業控股。1994年3月，中國證監會批覆同意深業控股在香港上市的申請。遺憾的是，以貿易起家的深業控股本身並沒有太多優質資產和業務，加之1980年代以來大規模擴張帶來的高負債及償債能力等問題受到聯交所的質疑，深業控股第一次上市流產。

　　但是，第一次失利並沒有能阻擋深業控股加快上市籌備的步伐，對深業來說，必須搶在"九七"回歸前上市，否則將失去一次千載難逢的歷史機遇。這是深業控股也是當時深圳市政府的共識。

　　於是，1996年8月6日，深圳市政府決定，將深港實業總公司（以下簡稱"深港實業"）、泰然實業發展總公司（以下簡稱"泰然實業"）以及東歐集團併入深業集團，其中將淨資產總額達2.79億元人民幣的泰然實業51%的權益與深港實業80%的權益注入深業控股。泰然實業擁有深圳車公廟工業園的大量優質土地儲備，而深港實業則擁有現金回報好的公用交通項目，從而使深業控股的地產、運輸兩大板塊得到充實，資產質量、規模和盈利能力得到顯著提升。

　　而且，深業控股突出了經濟發展最快、改革開放最前沿的中國第一個經濟特區——深圳經濟特區的"深圳概念"，使"中國概念"和紅籌概念獲得了新的內涵和新的延伸。

　　深業控股新股發行總數為2.5億股，發行價為每股1.85港元，新股發行全球協調人、保薦人、主經辦人為百富勤公司。按照原計劃，新股中的1.75億股作為國際配售，獲得20倍的超額認購，7,500萬股在香港公開發售，獲得了438倍超額認購，凍結資金552.46億港元，獲五千餘萬港元利息收入。百富勤行使超額配股權，多發行3,750萬股，使深業控股上市的集資額達5.32億港元。上市後，深業集團仍持有深業控股60.72%的權益，社會公眾佔27.71%，李嘉誠、百富勤等策略投資者持有11.57%的權益。

　　終於，1997年3月7日，深業控股在香港聯交所成功掛牌上市（股票代號：0604，後改名為"深圳控股有限公司"）。深業控股的股票價格以高出發行價60%的3.175港元開盤，在香港當日股市疲軟、恒生指數下挫79點的情況下，深業控股的股價一路上揚，以4.525港元收市，比招股價1.85元上升144.6%，被港報評價為"創下香港上市公司首日升幅最高紀錄"，首

圖68　1997年3月7日，深業控股在香港上市，香港新聞傳媒颳起了一股"深業旋風"。

圖69　深圳深業中心大廈（右）

個交易日,成交金額達10.10億港元,佔當日香港證券市場成交總額的十分之一,成交額排名第一;成交股數2.57億股,成交股數排名第二。深業控股在香港上市,香港新聞傳媒颳起了一股"深業旋風",據不完全統計,上市前後共計有268篇中英文報道和評論(其中英文報道35篇),倫敦《金融時報》、德國世界電視新聞、《南華早報》、《信報》、《明報》等中英文傳媒以顯要版面和較大篇幅報道"深業控股"上市。[21]

深業控股在香港資本市場的迅速竄紅,使一系列融資活動得以實現:1997年7月15日,深業集團獲得由德國商業(東亞)銀行與日本住友銀行牽頭,11間國際知名銀行組成共計6,300萬美元銀團貸款;同年8月4日,由國際知名投資銀行牽頭組成的國際推介小組,為深業控股成功發行歐洲可換股債券,超額認購2.5倍,融資2.3億美元,並於8月11日在盧森堡成功上櫃交易。1998年6月,通過配售深業集團持有的6,000萬股深業控股股份,套現1.25億港元,減持至55.69%股份,但仍佔控股地位。通過三次大的融資活動,深業控股共計融資30億港元。

隨後,深業控股展開了一系列注資收購活動:

以1.97億元人民幣,收購深圳國信持有深圳筍崗倉51%的權益,進入倉儲物流業;以2.64億元參股深圳國信證券公司,進入金融證券業;以2.9億元人民幣收購深圳媽灣電廠19%的權益,進入能源產業;以1.55億元,收購賽格中康;以7,267萬港元認購香港創科實業4,436萬股新股,進入工業;收購深圳有線電視天威視訊21%的權益;以3.6億元人民幣,參建湖南岳陽洞庭湖大橋,控股60%;在折讓25%的前提下,作價2.39億元,以70%的現金、30%的發行新股方式,市盈率7.86倍,收購母公司持有的鵬基集團40%的權益,從而使深業集團持有深業控股的權益升至58%。

通過上市等一系列資本運作,深業發生了歷史性變化:

實現了資產超常規地增長,深業集團上市後的1997年底總資產比上市前的1996年增長了77.4%,淨資產增長了28.8%。上市公司深業控股總資產

圖70　深業集團積極引進外資作捆綁式投資內地項目，既當"橋樑"，又當股東，而與香港熊谷組合資興建深圳地王大廈便是其中一個項目。

45.02億港元，淨資產19.8億港元，由於還有17.08億現金結餘，這使深業控股淨負債率不到20%。該年度營業額7.08億港元，經營溢利3.43億港元。[22]到1997年12月5日，深業控股的市值達41.75億港元，先後進入恒生中資企業指數成份股和大摩中國自由指數成份股，通過一系列注資收購，深業進入了基建、電訊、金融、能源等新的產業領域，為後來徹底退出高風險的貿易領域打下了基礎；改善了深業的資債結構和資金狀況，降低債務風險，改變了現金流短缺的狀況，為渡過亞洲金融風暴和廣信危機，打下了堅實基礎。一批中資企業在廣信粵海危機中倒下，而深業活了下來，無疑得益於這次成功上市。

北京控股上市："首都概念"與紅籌狂飆

京泰實業（集團）有限公司（以下簡稱"京泰集團"）是北京市政府駐香港的"窗口公司"。京泰集團的前身——京泰有限公司係於1979年6月在香港註冊成立，最初隸屬於北京市國際信託投資公司。1988年，改制為北京市政府駐香港的"窗口公司"。1997年，改組為"京泰實業（集團）有限公司"；1997年，將北京市八項優質資產重組為"北京控股有限公司"（股票代號：0392，以下簡稱"北京控股"），實現在香港成功上市。

京泰集團在20世紀80年代亦是以貿易起家，經營紡織、服裝、輕工、機械、五礦、化工、醫藥、土畜產品等。進入1990年代以來，不僅貿易開始向高科技產品貿易、國際知名科技產品代理貿易、大宗汽車貿易轉變，而且開始了多元化經營的探索：進軍房地產業，與香港新世界集團聯手，進行北京崇文區舊城改造；與交通銀行、北京西城區合作興建通泰大廈，與北京市房地產開發經營總公司聯合開發北京華僑村，興建京泰大廈；進入食品行業，引進國外先進設備，合資開發北京西餐食品有限公司、北京京泰食品有限公司；進入紡織服裝產業，與北京襯衫廠合資成立北京坦博服裝有限公司、北京超羽纖維製品有限公司；進入建築建材產業，與北京木材公司，合資成立北京萬方木業有限公司。

同時，協助北京優質企業向境外拓展，與北京同仁堂合作開設香港同仁堂御膳有限公司，與北京工業大學合作在香港創辦了廣元電子有限公司，與北京房地產開發經營總公司聯手在澳洲興建京城大廈等。

但是，上世紀八九十年代京泰公司顯然還處在鋪攤子、打基礎的階段，多元化之後，業務太分散，資產質量不高，規模太小，靠本身的實力還不足以實現紅籌企業上市。

於是，北京市政府抓住"九七"回歸的歷史機遇，直接將北京市屬八間優質企業，包括首都機場高速公路、王府井百貨、八達嶺旅遊、建國飯店、國際交換、三元牛奶、西餐食品和燕京啤酒，以現金收購、行政劃撥和以股換股等方式，注入北京控股，於1997年5月28日，實現在香港成功上市。

北京控股尚未上市交易，就在香港掀起了一股爭相認購新股的狂潮。1997年5月20日，香港幾間發放認購新股表格的銀行各分行門口，早早就排起了長長的人龍，短短兩個小時，首批40萬份表格已一掃而空，連上市保薦人百富勤所在的新世界大廈，也圍起了人群，表格也在幾分鐘內發光，一時洛陽紙貴，每張表格被炒至40 -100元不等。於是，百富勤連夜加印，短短兩天，共派發了110萬張認購表格，平均每六個港人便擁有一張表格。[23]

這次上市，北京控股不僅資產優質，而且打出"首都旗幟"，樹立"首都形象"，推銷"首都概念"，發揮"首都影響力"，概念鮮明、清晰，給人無限憧憬。在全球巡迴推介時，國際市場反應非常熱烈，令包銷商將招股價從每股8元，調升至每股12.48元，市盈率調升至19倍，是連續幾年紅籌企業上市定得最高的市盈率。這次發行1.5億股新股，其中90%作國際配售，只有1,500萬股在香港公開發售，在包銷商反響熱烈的情況下，可額外發行，總計在香港發售4,000萬股，獲得超額認購1,276倍，創造港股歷史新紀錄，凍結資金2,149億港元，幾乎達到香港外匯儲備的一半，被香港金融界視為"特大洪峰"，以致金融管理局罕有地發函給全香港銀行，不准超出信貸額度借錢給股票投資者，北京控股僅從凍結七天的資金中就獲利2億港元。

北京控股上市後，股價一路上揚，最高曾飆升至40元以上，到2007年12月5日，股票市值仍達144.7億港元，公司亦躋身於香港十大紅籌企業之列。

1997年底，北京控股營業額33.7億港元，經營溢利9.46億港元，總資產96億港元，淨資產56億港元，加之銀行存有27.46億港元現金，[24] 淨負債率非常低，成為亞洲金融風暴下幾個財務狀況最好的中資紅籌企業之一。

六　光大系併購與"染紅"潮

所謂"染紅"，是指紅籌企業對香港非紅籌企業上市公司進行參股或收購，引發市場對"染紅效應"的憧憬而追捧參股方和被參股方，導致雙方股價飆升。早在1980年代，太古洋行面對港龍航空的挑戰，以藍籌的身份邀香港中資企業中信香港加盟，一開"染紅"之先河，但當時這只是出於與中資企業結盟買一份政治保險的考量。

1990年代後，"中國概念熱"特別是"紅籌企業熱"中，紅籌企業股跑贏大市後，香港一些非紅籌企業上市公司豔羨不已，欲藉紅籌企業股參股"染紅"後股價上漲而獲利，而一些紅籌企業也藉此概念進行參股收購，拉高雙方股價以達至雙贏。特別是在1997年6月20日國務院頒佈《關於進一步加強在境外發行股票和上市管理規定》（香港俗稱為"紅籌指引"）後，紅籌企業公司收購內地優質資產的"注資"問題受到"三年經營期"限制和逐級審批約束，"染紅"達到高潮，"染紅"成為取代"注資"概念後的又一炒作概念。其中，光大系在香港資本市場上大規模併購，成為"染紅"潮的典型。

　　光大集團在邱晴主政時期，就已開始向金融方向的戰略轉型，同時開始了從生產經營、商品經營向資產經營的轉向。

　　1992年，光大斥資收購香港上市的寧發國際有限公司74%的股份，實現"買殼"上市，隨即將這家地產業務為主的上市公司調整為以內地的工業投資和金融業為主，並改名為"中國光大國際有限公司"。1994年，光大國際收購了在美國上市的中國玉柴國際有限公司24.4%的權益，該公司持有中國最大的中型柴油機生產廠家——廣西玉林柴油機股份有限公司76.4%的權益。光大國際還透過旗下中國光大證券（香港）有限公司，參與香港的證券買賣，以及包銷、分銷、股票配售等業務。

　　1993年，光大集團又收購了從事電視機及音響製造的香港上市公司恒華集團，並易名為"中國光大科技有限公司"，主要業務逐漸轉向發展通訊電子及資訊技術，以及以"依波錶"（Ebohr）為品牌的鐘錶製造和分銷等。

　　1993年8月，光大集團還收購了在新加坡上市的新加坡高登公司，成為該上市公司的最大股東，後更名為"中國光大亞太有限公司"。高登公司在新西蘭等地擁有房地產項目。

　　1994年，光大集團收購了香港另一家從事零售和物業投資的上市公司明輝發展有限公司51%的權益，並易名為"中國光大明輝有限公司"（以下簡稱"光大明輝"）。光大明輝旗下的英保良集團是新加坡最大的零售商之一，在新加坡、香港、上海等地擁有37間零售商店、超級市場、運動用品店和酒樓。至此，光大集團擁有三間香港上市公司和一間新加坡上市公司（見圖表5-6）。

圖表5-6　中國光大集團架構表（1999年）

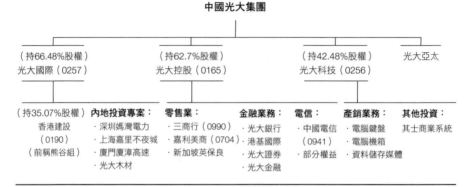

中國光大集團			
（持66.48%股權） 光大國際（0257）	（持62.7%股權） 光大控股（0165）	（持42.48%股權） 光大科技（0256）	光大亞太

| （持35.07%股權）
香港建設
（0190）
（前稱熊谷組） | 內地投資專案：
·深圳媽灣電力
·上海嘉里不夜城
·廈門廈漳高速
·光大木材 | 零售業：
·三商行（0990）
·嘉利美商（0704）
·新加坡英保良 | 金融業務：
·光大銀行
·港基國際
·光大證券
·光大金融 | 電信：
·中國電信
（0941）
·部分權益 | 產銷業務：
·電腦鍵盤
·電腦機箱
·資料儲存媒體 | 其他投資：
其士商業系統 |

資料來源：《資本》雜誌

　　1996年8月，朱小華被派任中國光大集團董事長，他提出 "超常規發展，全方位經營"，以更激進的方式，在香港資本市場以連串併購掀起一股 "朱小華旋風"。

　　朱小華上任後，正值紅籌企業熱潮的興起，一些外資上市公司紛紛向光大表示加強合作的意願，"染紅" 之意盡在不言中。而朱小華一方面致力於打造以金融為主的四大板塊業務；另一方面，"染紅" 能迅速提升股價和市值，是一個很好的炒作概念，於是將光大明輝改名為 "中國光大控股有限公司" （股票代號：0165，以下簡稱 "光大控股"），打造上市旗艦，開始了一連串的併購行動。

　　1997年上半年，朱小華陸續將光大明輝出現虧損的零售業務如英保良百貨公司及超級市場的全部權益以2,730萬港元出售並賣出相關物業，另將上海東方明珠萬邦百貨等清盤歇業，退出零售業務和物業投資，同時開始了一系列收購 "染紅" 行為（見圖表5-7）。

圖表5-7　光大明輝1997年期間主要購入的公司股份權益

公司名稱	購股份額	公司性質	併購性質
中國電信	1.5%	上市公司	投資
嘉利美商國際	7.83%	上市公司	投資
三商行	19.93%	上市公司	投資
國衛亞洲	2.5%	上市公司	投資
港基國際	20%	上市公司	聯營公司
光大銀行	20%	非上市公司	聯營公司
光大金融	100%	非上市公司	子公司

資料來源：郎咸平著，《整合》，第226頁，東方出版社，2004年版。

　　上表是光大明輝在1997年的七項併購行為，仔細分析就會發現，只有後三項是戰略發展需要的併購行為，其他的，參股中國電信則屬於香港通行的新股發行時的策略投資；收購的國衛亞洲雖然也屬大金融行業（保險），但2.5%的股份加上以前的5%，所佔權益有限，仍屬"染紅"炒作需要；收購從事家居用品和貿易的嘉利美商國際和三商行的動機沒有任何合理的解釋，更屬於典型的"染紅"行為。

　　經過一系列"染紅"式併購後，光大控股股價從朱小華上任時的1.5港元（1996年8月）到1997年8月飆升至歷史高位23港元，市值達281億港元，但幾個月後，到1997年12月5日，收市價跌至7.7港元，市值為94.11億港元。

　　朱小華的併購主體並不僅限於光大明輝即光大控股，另一家光大系紅籌企業光大國際從"染紅"到入主香港熊谷組，更將"染紅"潮推向新的高潮。

　　在"紅籌指引"出台前，香港資本市場炒作的概念是"注資"概念，最典型的是北京市政府將八項優質資產注入北京控股，掀起了紅籌狂飆；但"紅籌指引"出台後，對注資進行"三年經營期"的限定，使紅籌企業上市和注資的節奏大大放緩。此時，"染紅"就成為香港資本市場主流的炒作概念，也就是說，當內地資產無法短期收購注入時，就收購香港上市公司資產。

　　朱小華將光大控股的主營業務定位於金融，而將光大國際定位於工業基建投資，於是將目標鎖定熊谷組（香港）有限公司。

　　熊谷組（香港）有限公司創立於1973年，主營大型基建項目，曾參與過香港新老機場、青馬大橋、填海等工程。祖籍遼寧的于元平先生早年創辦東升行工程公司，1970年代日本熊谷組（株式會社）投標拿下香港啟德機場跑道工程，于元平是該項工程的分包商，工程完工後，熊谷組因海外業務虧損拖欠東升行工程費，于元平得以債務入股"熊谷組"的地區經營權，控股熊谷組（香港）有限公司並獲得五個建築牌照。

　　1980年代，熊谷組與深業集團、光大集團合資投資北京京廣中心、王府井飯店，這是光大與于元平聯手之始。1987年，于元平決定投資開發海南洋浦半島30平方公里的開發區，區內土地使用權一次性出讓給熊谷組，期限70年。1989年，由於五名全國政協委員指責此為海南"喪權辱國"而釀成洋浦風波，開發歷經受阻後，于元平將開發區的債務以債轉股的形式全部轉讓於光大銀行，這是光大與于元平的再次聯手。1990年代，于元平在廣州、深圳承建了兩座城市地標性建築——廣州中信廣場（中天廣場）和深圳地王大廈，于元平與熊谷組在內地一時風頭無兩。無奈于元平已達八十高齡，後輩又無接班之意，他漸萌退意。

　　這對朱小華來說，是又一個併購的好機會。

　　1997年8月，適逢香港回歸、全港興起紅籌企業熱和"染紅"狂潮，朱小華開始了從"染紅"到入主香港熊谷組的新的收購行動。

　　第一步：朱小華於1997年8月7日讓光大集團以8.37元人民幣/股的價格收購了香港熊谷組上市公司10.1%的股份（約四千一百萬股），一共花費了3.58億港元。一經"染紅"，熊谷組股價一個月後就飆升了94%。

　　第二步：9月下旬，朱小華又策劃光大國際收購于元平持有的香港熊谷組4,500萬股（佔香港熊谷組總股票的10.92%）的股票。當時熊谷組的股價已從8月初的6.9元飆升到13.4元，漲幅高達94%。最後，光大國際以14.5元/股的價格（高出市場價7.6%）受讓了于元平手中的4,500萬股，總共受讓價是約6.53億港元。支付方式是光大國際先支付3.19億元現金，餘款以光大國際發行新股的方式支付。

第三步：光大國際在入主香港熊谷組之後，以每股7.89元的價格向于元平發行了3,300萬股新股，總計發行價約2.61億元。這樣，光大國際就以現金加股權的方式持有了香港熊谷組10.92%的股份。

第四步：在光大國際受讓于元平持有股份的同時，光大集團將8月份收購的熊谷組10.1%的股份注入到光大國際中。具體操作過程是：（1）光大集團以14.5元/股的價格（共6.1億港元）出售給光大國際；（2）光大國際並未以現金的方式支付，而是將其持有的廣西玉柴的股份以每股作價9.31美元（共6.1億港元）轉讓給其母公司光大集團。於是，光大國際共計持有香港熊谷組20.92%的股份，成為熊谷組的第一大股東。從此，一家知名的香港承建商轉到光大國際名下。

如果沒有亞洲金融風暴的襲擊，這又是一起類似於中信泰富收購恒昌行的漂亮的槓桿收購案例，雖然這項交易涉及的總金額約為12.6億港元（4,500萬×14.5＋4,100萬×14.5），但是光大國際實際支付的現金只有3.9億元，其餘全是通過發行新股和資產置換等方式進行；而且收購後，使雙方股票價格迅速上揚，市值攀升。

但是，隨着亞洲金融風暴和廣信粵海危機的來臨，光大系股票全線狂跌，旗艦上市公司光大控股從最高的23元狂跌到3元以下，這一系列併購還沒來得及套現，很多項目被高位套牢，造成不良資產和現金流問題。

實際上，光大集團還透過光大金融等非上市公司進行了其他一些“染紅”收購行為，大多數持股比例低於20%，其他一些中資企業紅籌企業也參與了這次“染紅潮”（見圖表5-8）。

1999年7月，朱小華因涉嫌受賄被捕而辭職。

圖表5-8　中資企業及紅籌企業"染紅"（收購）香港上市公司情況

（1997年6月底至8月初）

公司名稱 （股票代號）	收購對象 （股票代號）	收購價 （百萬港元）	收購股權 （%）	收購價 市盈率 （倍）	8月5日 股份收市價 （港元）	較買入 價升跌 幅（%）
光大金融	其士國際 （0025）	180.4 （每股 $1.804）	10.98	5.6	2.4	+33
光大科技 （0256）	其士商業 （0508）	54.47 （每股 $0.658）	10	5.5	1.4	+114.3
光大金融	深建國際 （0152）	84.1 （每股 $1.45）	1.86	131.8	2.075	+43.1
光大金融	華利資源 （1215）	46.5 （每股 $1.55）	9.68	3.4	3.1	+100
光大集團	香港電訊 （0008）	11390 （每股 $12.6）	7.74	13	19.4	+54
光大明輝 （0165）	三商行 （0990）	387.5 （每股 $3.1）	20	37.3	4.3	+38.7
華潤集團	Goldtron （0524）	10.75 （每股 $0.5）	4.95	66.3	1.29	+158
華潤集團	華地 （0156）	583 （每股 $5.3）	增持 8.1 （共持有 9.6）	12.6	8.95	+68.9
華潤創業 （0291）	華人銀行 （0655）	2000 （每股 $4.5）	37.5	10.5	7.95	+76.7
華潤集團	大同機械 （0118）	272.9 （每股 $0.9）	24.3	4.1	4.825	+436.1
廣南集團 （1203）	益通國際 （0530）	120 （每股 $0.4）	22.5	——	1.73	+332.5

資料來源：《香港經濟日報》，1997年8月6日。

七　紅籌崛起、紅籌泡沫與"紅籌指引"出台

香港中資企業從20世紀80年代"買殼"上市算起，至1997年亞洲金融

風暴對香港的衝擊時止，僅用短短的十年時間，就走完了從誕生、發展壯大到紅籌企業狂潮和紅籌企業泡沫泛起的歷程。

紅籌企業群的崛起

紅籌企業群的崛起，是香港資本市場發生的重大事件，為之帶來了根本的結構性變化和新的資本力量。紅籌企業群的崛起也是香港中資企業從一般企業走向財團式發展即產業資本和金融資本相結合的一個標誌；紅籌企業群的崛起，出現了如下一些新的變化：

1. 從圖表5-9可見，1992-1997年，是紅籌企業發展的黃金五年，前三年，恒生紅籌企業指數基本與恒生指數同步。1996-1997年，恒生紅籌企業指數明顯跑贏了恒生指數，紅籌企業整體表現好過大市。

圖表5-9　紅籌企業、恒生指數及H股的表現比較（1993.7-1997.5）

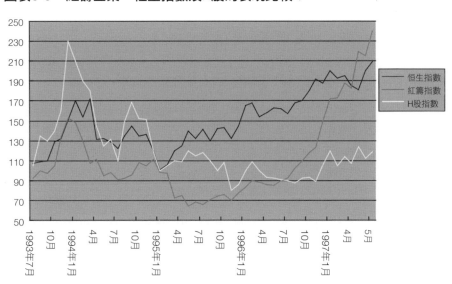

資料來源：香港《經濟導報》，總2524期。

　　2. 紅籌企業在1990年代已經從生產經營、商品經營向資本運營和資產經營轉型，並且能嫻熟地運用國際資本市場運用的買殼上市、初始上市、第二上市、分拆上市、投資基金、銀團貸款、可換股債券等方式，通過旗艦策略、槓桿收購、注資和"染紅"等概念炒作等一系列手法和財技，掀起一輪又一輪高潮。也就是說，只有到1990年代，香港中資企業才開始真正融入香港國際資本市場。

　　3. 紅籌企業作為一個群體已經在香港資本市場正式閃亮登場，從圖表5-10來看，無論是紅籌企業公司數量、市值還是成交量，都已經成為香港資本市場一支不可忽視的力量；從紅籌企業公司數量來看，不到十年時間，通過"買殼"、收購、初始上市、分拆上市等方式，到1997年底就已發展到57間，數量佔香港股市的8.7%；從市值來看，到1997年底，紅籌企業股市值已達5,048.56億港元，佔香港股市總市值的15.7%；從成交量來看，到1997年12月5日，紅籌企業股的成交量為10,112.45億港元，更佔到香港股市總成交的27.6%。顯然，紅籌企業已經是香港股市的新生的、不可忽視的資本財團。

圖表5-10　紅籌企業的數量、市值、成交量變化情況表（1993-1997年）

日期	紅籌企業數量（間）	佔香港股市百分比（%）	紅籌企業股市值（億港元）	佔香港股市百分比（%）	紅籌企業股成交量（億港元）	佔香港股市百分比（%）
1993年底	30	6.3	1,229.31	4.1	955.61	7.9
1994年底	39	7.4	834.01	4.0	548.54	4.8
1995年底	43	7.9	1,121.92	4.8	452.15	5.5
1996年底	47	8.1	2,598.21	7.5	1,377.59	9.8
1997年12月5日	57	8.7	5,048.56	15.7	10,112.45	27.6

資料來源：BNP百富勤

4. 從個股來看，也出現了一批較大規模甚至超大規模的紅籌企業，顯示出其向財團發展的態勢和潛力。從圖表5-11來看，到1997年12月5日，市值超百億的紅籌企業股有中國電信（中國移動）、中信泰富、華潤創業、上海實業、中遠太平洋、招商局國際、北京控股、嘉華銀行、中國（香港）石油、中國海外、粵海投資共11家，其中，中國電信更突破千億市值，佔紅籌企業股市值的31.74%，成為紅籌企業中首家千億巨無霸企業；中信泰富高峰時接近千億市值，到1997年12月5日，市值仍有708億港元，約佔紅籌企業股總市值的14%。市值從1980年代的幾個億到1990年代的超百億上千億，紅籌企業實現了歷史跨越。

圖表5-11　紅籌企業股情況一覽表（1997年12月5日）

企業名稱	上市日期	收市價 （港幣）	已發行股數 （百萬股）	市值 （百萬港元）	佔所有紅籌企業股之比例 （%）	市值排名
中國電信	1997.10.23	13.6	11,780.788	160,218.72	31.74	1
中信泰富	"買殼"上市	33.2	2,133.186	70,821.78	14.03	2
華潤創業	"買殼"上市	19	1,549.08	29,432.53	5.83	3
上海實業	1996.5.30	31.1	837.32	26,040.65	5.16	4
中遠太平洋	1994.12.19	7.5	2,049.927	15,374.45	3.05	5
招商局國際	1992.7.15	10.15	1,497.355	15,198.15	3.01	6
北京控股	1997.5.29	23.25	622.5	14,473.13	2.87	7
嘉華銀行	被紅籌企業收購	9	1,569.275	14,123.48	2.80	8
中國（香港）石油	"買殼"上市	2.825	4,670.769	13,194.92	2.61	9
中國海外	1992.8.20	2.575	5,120.063	13,184.16	2.61	10
粵海投資	"買殼"上市	5.3	2,357.801	12,496.35	2.48	11
光大明輝	"買殼"上市	7.7	1,222.225	9,411.13	1.86	12
五豐行	1995.10.25	9.1	1,018.264	9,266.2	1.84	13
中旅國際	1992.11.11	2.75	2,983.015	8,203.29	1.62	14
華人銀行	被紅籌企業收購	5.05	1294	6,534.7	1.29	15

（續）

企業名稱	上市日期	收市價 （港幣）	已發行股數 （百萬股）	市值 （百萬港元）	佔所有紅 籌企業股 之比例 （％）	市值 排名
廣南集團	1994.12.9	7.15	786.66	5,624.62	1.11	16
越秀投資	1992.12.15	1.73	3,235.213	5,596.92	1.11	17
光大國際	"買殼"上市	2.625	2,068.316	5,429.33	1.08	18
華潤北京置地	1996.11.8	4.3	1,245	5,353.5	1.06	19
鵬利國際	"買殼"上市	1.95	2,444.836	4,767.43	0.94	20
中遠國際	被紅籌企業收購	4.45	967.68	4,306.18	0.85	21
深業控股	1997.3.7	4.025	1,037.5	4,175.94	0.83	22
方正（香港）	1995.12.21	6.05	661.387	4,001.39	0.79	23
航太科技	"買殼"上市	2.85	1,365.719	3,892.3	0.77	24
友聯銀行	被紅籌企業收購	11.6	299.378	3,472.79	0.69	25
深建國際	"買殼"上市	1.05	2,918.427	3,064.35	0.61	26
光大科技	"買殼"上市	2.275	1,292.471	2,940.37	0.58	27
越秀交通	1997.1.30	2.8	1,037.503	2,905.01	0.58	28
興港	紅籌企業 "買殼"分拆	2.375	1,115.298	2,648.83	0.52	29
新海康	被紅籌企業收購	3.55	628.147	2,229.92	0.44	30
中國食品	"買殼"上市	3.175	660.371	2,096.68	0.42	31
首長國際	"買殼"上市	1.05	1,781.883	1,870.98	0.37	32
航天通訊	1997.8.11	3.05	600	1830	0.36	33
銀建國際	"買殼"上市	1.96	892.344	1,748.99	0.35	34
聯想控股	1994.12.14	2.2	761.499	1,675.3	0.33	35
珠江船務	1997.5.23	2	750	1,500	0.30	36
粵海啤酒	1997.8.8	1.16	1,250	1,450	0.29	37
駿威投資	1993.2.22	1.09	1,320.006	1,438.81	0.28	38
保興投資	"買殼"上市	0.98	1,213.516	1,189.25	0.24	39
第一上海	"買殼"上市	1.06	1,067.261	1,131.3	0.22	40
中國製藥	1994.6.21	0.95	1,043.857	991.66	0.20	41
東方有色	"買殼"上市	1.27	749.108	951.37	0.19	42
廣信企業	1997.5.26	2.2	410.166	902.36	0.18	43
閩信集團	"買殼"上市	2.15	418.269	899.28	0.18	44
四通電子	1993.8.6	1.02	818.25	834.61	0.17	45
首長科技	"買殼"上市	1.04	786.11	817.55	0.16	46

（續）

企業名稱	上市日期	收市價 （港幣）	已發行股數 （百萬股）	市值 （百萬港元）	佔所有紅 籌企業股 之比例 （％）	市值 排名
首長四方	"買殼"上市	1.15	686.395	789.35	0.16	47
申銀萬國	"買殼"上市	1.26	513.152	646.57	0.13	48
華凌集團	1993.12.20	0.75	800	600	0.12	49
東方鑫源	1994.12.15	0.7	813.151	569.21	0.11	50
榮山國際	1993.4.7	1.08	507.068	547.63	0.11	51
粵海制革	1996.12.16	1.01	528	533.28	0.11	52
首長寶佳	"買殼"上市	0.67	770	515.9	0.10	53
招商中國投資基金	介紹上市	4.25	95.24	404.77	0.08	54
太陽神	1995.12.19	0.29	815.1	236.38	0.05	55
勵致國際	1994.11.7	0.5	321.146	160.57	0.03	56
北京發展	"買殼"上市	1.65	85.759	141.5	0.03	57

資料來源：BNP百富勤

　　5. 正是通過資產經營，紅籌企業股進入了香港各主要產業領域。在金融產業，除了中銀香港已經成為香港的發鈔行外，上世紀八九十年代，中信、招商局、光大和華潤還先後控股或參股了嘉華銀行、友聯銀行、港基國際銀行、華人銀行；中信泰富、華潤及招商局更進入了香港航空、機場、電信、路橋、隧道、供水等公用事業領域，如國泰航空、港龍航空、香港電訊、東西隧、新機場等，這表明，香港中資企業不僅自身得到了發展壯大，同時也成為香港繁榮穩定的一支重要力量。

紅籌泡沫與"紅籌指引"出台

　　紅籌泡沫是指紅籌企業股的價格嚴重背離其實質價值（淨資產值），股價的飆升並不反映公司的盈利狀況，甚至股價的升幅遠遠拋離公司盈利的增長幅度，表現為P/E值（市盈率）即每股市價與每股盈利之比的倍數

圖71　時隔一個世紀，招商局再度涉足金融業。1986年6月12日，招商
局收購香港友聯銀行。

增長脫離了基本面的業績增長。

　　中國經濟的持續增長和1997年香港回歸極大地刺激了投資者的信心，當香港中資企業運用資本市場的"財技"運作上市時，一些炒家和中介機構和媒體則不斷製造新的炒作概念來引導股民，令紅籌企業股招股認購屢破紀錄，股價節節飆升。這些炒家在紅籌企業上市初期是炒作"中國概念"、"紅籌企業"概念，上市後就炒作"收購"概念、"注資"概念和"染紅"概念，也就是說不管紅籌企業公司有無收購、注資、染紅的實質運作，先發佈小道消息，引發股民追捧，從而導致1997年三十多家紅籌企業股PE值超過一百倍，個別紅籌企業股市盈率達到2,629.6倍。[25] 據BNP百富勤集團按1997年預測利潤計算，即使到亞洲金融風暴已經吹襲香港後的1997年12月5日，紅籌企業股市盈率最高者仍達1,141倍，平均市盈率為20.6倍，高於同期藍籌股平均市盈率的12.7倍。

　　按照通行的國際經驗分析，一般認為，P/E值在20-30的區間是較為合理的。在1980年代初，日本股票的市盈率為20左右。1986-1989年達到60-70倍，股市幾近崩潰。在1980年代以前，美國股票的市盈率也在20以下，1999年為35倍左右，但網絡股高者達876倍，[26] 引致網絡股泡沫破滅。至於紅籌企業股高者，其市盈率至2,000以上，已屬天文數字，故股災也是難免的。

　　在紅籌企業泡沫泛起的時候，有幾個問題已引起北京證券監管當局的高度注意：

　　1. 在上市問題上，過去通常是由香港中資企業包裝自己經營的優質資產或再由地方政府注入一些優質資產在香港上市，北京控股的上市，直接開啟了一個由地方政府通過行政手段，臨時重組一批優質資產成立一個公司，並直接在香港上市的北京控股模式，這導致北京控股上市後，各地方"窗口公司"，不管自身條件如何，均在推動地方政府循此模式，紛紛向北京申報在香港上市。

2. 紅籌企業上市後，通過提升P/E值提升股價，引導投資者追捧和對公司前景的憧憬，從而提高公司配股集資價格、擴大融資規模，其中重要的途徑就是後續 "注資" 和 "收購"。紅籌企業上市時，母公司多已將優質資產包裝到紅籌企業中，因此，上市後的後續注資、收購通常直指內地的國有資產，但是，由於內地與香港兩地會計制度的差異，尤其是在每年提取壞賬撥備和物業評估等方面與內地的差異甚大，按照香港 "注資" 的要求，將內地國有資產注入紅籌企業的上市公司，必須有10%-30%的資產折讓，這也引起境內外一些學者專家和官員對注資作價折讓合理性的質疑和對國有資產流失的擔憂。

3. 紅籌企業泡沫的泛起以及這種一哄而上的爭相上市潮，必將加大泡沫的膨脹。因此，從長遠來看，紅籌企業股的上市、注資節奏必須放緩。

因此，為了規範香港中資企業上市及收購境內資產和注資行為，1997年6月20日，國務院頒佈《關於進一步加強在境外發行股票和上市管理規定》（香港俗稱為 "紅籌指引"）。該規定的主要內容是：

第一，境外中資企業非上市公司和紅籌企業股公司以其擁有的境外資產，和由其境外資產在境內投資，形成並實際擁有三年以上的境內資產，在境外申請發行股票和上市時，其境內股權持有單位，應當按照隸屬關係，事先徵得省級人民政府或者國務院有關主管部門同意。

第二，持有時間不滿三年的境內資產，不得在境外申請發行股票和上市，如有特殊需要的，報中國證監會審核後，由國務院證券委審批。

第三，以下兩種情況，境內企業或者紅籌企業股公司母公司的境內股權持有單位，應當按照隸屬關係，事先經省級人民政府或者國務院有關主管部門同意，並報中國證監會審核後，按國家產業政策、國務院有關規定和年度總規模審批：（1）將境內企業資產通過收購、換股、劃轉以及其他任何形式，轉移到境外中資企業非上市公司或者紅籌企業股公司，在境外上市；（2）將境內資產通過先轉移到境外中資企業非上市公司，再注入紅籌企業股公司在境外上市。

　　由於 "紅籌指引" 關於收購資產上市或注資必須具有三年經營期的規定，實際上，等於北京控股那種臨時重組內地國有資產包裝上市的模式被叫停。香港中資企業申請上市和注資的節奏大大放緩，上市和注資管理更加規範，上市的企業資產質量、經營業績的門檻實際上提高了。以上市為例，1996年實現在香港上市的紅籌企業是五家，到1997年猛增至11家；1998年後，數量持續減少，加之亞洲金融危機和廣信危機、粵海危機的影響，中資企業紅籌企業進入痛苦的調整期，紅籌企業泡沫在消化，紅籌企業發展進入低潮。

註釋：

〔1〕 郭國燦著：《回歸十年的香港經濟》，第32-68頁，三聯書店（香港）有限公司，2007年版。

〔2〕 馮邦彥著：《香港英資財團》，第363頁，三聯書店（香港）有限公司，1996年版。

〔3〕 蔡克健、楊東溢著：〈榮智健細說公平〉，載於香港《資本家》雜誌，1995年第5期。

〔4〕 〈中信泰富・歷史・1990〉，http//www.citicpacific.com。

〔5〕 梁憲主編：《現代企業集團管理模式和構架》，第138頁，經濟科學出版社，1995年版。

〔6〕 《中信泰富有限公司1992年年報》；另參見寒波著：《榮智健傳》，第113頁，經濟日報出版社，2007年版。

〔7〕 《中信泰富有限公司1996年年報》；另參見榮智健著：〈掌握現代經營方式，加速壯大企業實力〉，載於《發展中的香港中資企業》，第103頁，香港《經濟導報》，1996年版。

〔8〕 何克勤著：〈在市場經濟的風浪中拓展壯大〉，載於《發展中的香港中資企業》，第85-102頁，香港《經濟導報》，1997年版；何克勤著：〈利用香港優勢，學會在市場經濟中開拓發展〉，載於香港中資企業發展策略與滬港經濟合作研討會論文（1995年11月）；何克勤著：〈粵海實業投資工作的一些情況和體會〉，載於香港中資企業聯席會議，1996年1月。

〔9〕 何克勤著：〈在市場經濟的風浪中拓展壯大〉，載於《發展中的香港中資企業》，第96頁，香港《經濟導報》，1997年版。

〔10〕 參見〈永達利更名〉，載於《華潤》雜誌，2008年第5期。

〔11〕 《華潤創業有限公司1997年年報》。

〔12〕 李言賦著：〈中資企業發展概述〉，載於《發展中的香港中資企業》，第334-335頁，香港《經濟導報》，1997年版。

〔13〕 《招商局國際有限公司1997年年報》。

〔14〕 《中國海外發展有限公司1997年年報》。

〔15〕 《中旅國際投資有限公司1997年年報》。

〔16〕〔17〕 張伯華著：〈努力創辦以實業為支柱、多元化發展的跨國集團〉，載於《發展中的香港中資企業》，第155-163頁，香港《經濟導報》，1997年版；越秀集團著：〈加強資產經營的實踐和體會〉，載於《香港中資企業資產經營問題研究》，新華社香港分社經濟部（未刊稿）。

〔18〕 蔡來興著：〈發揮雙重優勢，促進滬港合作〉，載於《發展中的香港中資企業》，第193頁，香港經濟導報社，1997年版。

〔19〕 張維迎、沈懿著：《上海實業控股有限公司注資收購與資產營運的案例報告》，1998年10月。

〔20〕 《上海實業控股有限公司1997年年報》。

〔21〕 張勝強、郭國燦、謝偉榮：〈"深業控股"成功上市的幾點思考〉，載於《港澳經濟》1997年第4期。

〔22〕 《深業控股有限公司1997年年報》。

〔23〕 〈認購北京控股掀起狂潮〉，香港《明報》，1997年5月19日；香港《經濟導報》，1997年第21期。

〔24〕 《北京控股有限公司1997年年報》。

〔25〕 香港《航科資訊》，1997年第6期。

〔26〕 李玲瑤著：〈美國股市泡沫與新經濟〉，《信報財經月刊》，2000年1月號。

第六章

中資紅籌
的低潮與復興

港中旅在珠海投資的海泉灣度假區，為全國首家"國家旅遊休閒度假示範區"。

一　亞洲金融危機對香港的衝擊

1997年7月2日，在索羅斯等國際炒家的瘋狂狙擊下，泰國中央銀行放棄固定匯率制，被迫實行浮動匯率制，結果是泰銖當日暴跌20%，亞洲金融危機爆發。

隨後，國際炒家一路南下，攻擊馬來西亞、菲律賓和印尼等國的貨幣，這些國家的貨幣如多米諾骨牌一般紛紛"倒下"而大幅貶值。

9月，炒家開始掉頭狙擊新台幣；10月17日，台灣金融當局放棄台幣與美元掛鈎，放任新台幣自由浮動。

10月，炒家北上韓國，韓元隨即貶值。

進入1998年，印尼危機加深，導致其債權國日、韓發生金融危機。隨後，韓國危機又波及到俄羅斯和巴西，俄羅斯拒付美國債務，導致美國長期資本管理公司幾近倒閉，索羅斯終於失手，美聯儲出手拯救，以免這場危機向發達國家蔓延。

亞洲金融危機對香港的衝擊是由遠而近、由弱而強的，最終導致香港經濟衰退，並催生了香港中資企業信貸危機。

1997年7月-10月，國際炒家狙擊港元，特區政府以提高利率一招將其輕鬆擊退。整個社會尚未估計到金融危機的嚴重性，還沉浸在回歸效應的喜慶氣氛中。

1997年10月-1998年8月，國際炒家開始大規模狙擊港元，利率扯高，資產價格大幅下降，一些外資、華資及中小企業破產，香港特區政府與國際炒家展開"官鱷大戰"的殊死對決。

10月中旬，風雲突變。國際炒家開始大舉進攻港元聯繫匯率制，在1997年10月20日開始的一周內，在香港、紐約、倫敦大舉拋空港元，不少銀行為這些炒賣活動提供資金，甚至自身也加入炒家行列。香港金融管理局在兩天內拋售36億美元的外匯儲備，以捍衛聯繫匯率制。同時，由於金融管理局在推出"即時支付結算系統"後，不再允許銀行結算賬戶出現透支，10月23日（周四）結算當日，銀行爭逐港元以進行結算，而金融管理局又沒有向銀行體系注資，導致隔夜利率扯高至280%，迫使拋售港幣者遭受重創。但是利率飆升導致證券市場暴跌，恒生指數於當日暴跌1,211點，是為"黑色星期四"。10月27日，恒生指數又急瀉646點；28日，再暴跌1,438點。香港股市市值兩個多月蒸發48%。到年底，恒生指數從最高點下跌20.3%，物業價格由最高峰下跌25%。

1997年最後兩個月，在金融危機的衝擊下，一些債務沉重、現金流短缺而又經營不善的香港國際企業被迫宣告破產，其中影響最大的是兩家日資企業八佰伴和山一證券的破產倒閉。

1998年甫一開始，恒生指數從1997年底的10,722.76點跌至1998年1月12日的8,100點，港元銀行同業隔夜拆息則從4%升至13%。亞洲和香港金融市場的急劇動盪和危機日深，不僅摧垮了一批日資企業，也摧垮了一批香港華資企業，其中引發震盪的要數華資企業百富勤投資集團有限公司（以下簡稱"百富勤"）的破產和正達集團的清盤。

百富勤是香港華資中最大的投資銀行，在印尼金融危機衝擊下被迫於1998年1月12日宣告清盤。百富勤以三億港元資本於1988年創立，不到十年就發展到總資產達242億港元；1990年代先後以中信泰富、上海實業、北京控股、深業控股等紅籌企業和H股企業的財務顧問、保薦人和主承銷商身份，在香江紅極一時，百富勤的總經理梁伯韜更被稱為"紅籌之父"。

轉折來自百富勤在東南亞印尼等國的投資業務出現戰略決策失誤。1998年1月，百富勤資金鏈斷裂。同年2月，西班牙國際銀行率先收買了百富勤的"證券部門"，法國巴黎國立銀行（BNP）投入3,960萬美元收購了其"大中華業務部門"。至此，華資百富勤已被肢解。

就在百富勤宣佈清盤一周後的1月19日，中太集團旗下的正達集團子公司正達財務、正達證券申請清盤，這是第二起香港本地金融機構倒閉事件。

　　1998年5月29日，香港特區政府對外公佈香港於1998年首季經濟為負增長2%，[1]這是1985年以來首次出現的負增長，也是特區成立以來出現的首次經濟負增長，對社會震動很大。

　　就在香港面對亞洲金融危機的強烈衝擊而陷入經濟衰退之際，1998年8月，國際金融炒家再度襲港，從匯市、股市、期市展開立體攻擊。從8月14日到8月28日期指結算日，香港特區政府動用一千多億港元投入股市與期市，與國際炒家展開世紀金融對戰，最終是險勝，但也付出了沉重的代價。

　　1998年9月-1998年年底，印尼、日本、韓國金融危機加深，並波及世界其他國家；廣信粵海危機爆發，香港中資企業出現全面信貸危機。

二　廣信破產與粵海重組

　　在亞洲金融危機爆發的時候，人們大多認為，這場危機不會對中國發生實質性影響，因為人民幣資本項目不可兌換，流入中國的外資是長期直接投資，而且中國的出口和外匯儲備形勢良好，但是，誰也沒有想到，這場危機的因子早已進入中國，埋伏在開放較早的廣東地區，廣信破產與粵海重組事件引爆了這場危機。

廣信危機的起源

　　"廣東省國際信託投資公司"（以下簡稱"廣信"），比中信晚一年成立，1980年12月正式註冊成立，是廣東省政府的全資直屬企業，是全國第二家成立的國際信託投資公司（以下簡稱"國投公司"），也是數百家國投公司裏第二大規模的公司，僅次於"中信"。廣信在香港擁有兩家子公司，並控股一家香港中資紅籌企業公司——廣信企業發展公司。

　　1983年，廣信被中國人民銀行批准為非銀行性金融企業，同時擁有外匯業務經營權。1986年，廣信在日本發行"武士債"，融資200億日元。1989年，廣信與中信、天津、上海、福建、海南、大連等七家國投公司和中國銀行、中國投資銀行、交通銀行共十家企業，被國家授權為可在國外發債的"窗口"級信託投資公司。在當時，連國有商業銀行工、農、建行都未能獲得此種"窗口"特權。

　　進入1990年代後，享有政策特權的廣信，先後獲得美國穆迪公司和標準普爾公司的債信評級，而且是相當於主權債的評級。這更激發了廣信的境外融資的衝動。1993-1994年，廣信先後在歐洲和美國各發行1.5億美元債券。到1997年底，廣信共計從海外融資五十多億美元，發展成為擁有總資產達327億元人民幣的中國第二大信託投資集團。

　　隨着資金的滾滾流入，廣信開始了大規模擴張，先後投資參與了三千餘個項目，涉及金融、證券、貿易、酒店旅遊、投資顧問以及交通、能源、通訊、原材料、化工、紡織、電子、醫療、高科技等數十個領域，並在房地產傾注巨資，成為廣東省最大的"地主"。[2]

　　廣東省國際信託投資公司還將投資延伸到香港，在香港擁有兩間全資附屬公司，即廣東國際信託投資香港有限公司（以下簡稱"廣信香港"）和廣信實業公司。廣信香港於1989年在香港註冊成立，業務包括融資、物業按揭、地產和貿易等。廣信香港於1997年3月在尚未經中國證監會審批的情況下，擅自將持有58%的廣信企業在香港掛牌上市，招股期間曾一度被中國證監會叫停，後經香港證監會斡旋，於5月26日正式上市，竟獲得超額認購891倍，但發行規模不大，到1997年12月5日，市值僅9億港元。廣信香港還通過"染紅"等手法投資二三線股市和樓市，1997年將旗下物業廣信大廈作價六億港元注入上市公司DC財務，獲取其15%的權益，後該股票狂跌九成，市值僅1,700萬港元，損失慘重；廣信香港還貸款三億元予DC

財務作豪宅按揭，結果淪為負資產。[3]

與此同時，1990年代，信託投資面臨着新的政策變化：國家開始調整對外引資戰略，更多發行主權債，政策上放鬆對國有商業銀行和政策性銀行對外融資的限制；1995年，國家更明確規定，地方政府不可自行舉借外債，政府也不能再為"窗口公司"提供擔保，並決定對外債實行全口徑管理。這樣，廣信這類"窗口公司"不再擁有原來的特權地位。

長期過度舉債，又缺乏有效的管理和監督，再加上大量的高息攬存、賬外經營、亂拆借、亂投資等違規經營活動，給廣信埋下了巨大的支付風險，公司財務的天平逐漸失衡。

從1990年代中期開始，廣信逐漸進入還債的高峰期。由於資金周轉不靈，廣信不得不採用"借新還舊"、"借短還長"、"借高還低"的辦法加以應付。然而，廣信深圳公司經理1996年下半年因涉嫌經濟犯罪被捕，深圳公司的巨額債務曝光，廣信的問題露出了冰山一角，廣信的信譽受損嚴重。當亞洲金融風暴開始肆虐時，廣信已經顯出某些衰敗跡象。1997年下半年之後，廣信仍在海外金融市場奔走，籌劃新一輪發債或銀團貸款，仍在玩弄着借新還舊、借短還長、借高還低的融資遊戲。

這大概就是廣信從成立到危機爆發前的大致歷程。

如果不對廣信危機的背景稍作分析，我們可能會輕易地認為，這只是一個孤立的個別事件。其實"廣信事件"是中國絕大多數國投公司和香港中資"窗口公司"的縮影而已，因此它的危機也是國投公司與中資公司潛在危機的體現。

1. **它是信託投資"雙全能化"的危機**　榮毅仁先生創辦中信後的1980年，國務院就曾批示要求各部門試辦信託業務，中國人民銀行也要求銀行逐步開展信託業務，於是各專業銀行、各部委、各地方政府紛紛設立信託投資公司，到1982年，全國信託投資公司達620家，1985年更達745家。[4]

於是便出現了信託公司發展迅猛、轉移銀行信貸資金、衝擊信貸收支平衡、擴大固定資產投資規模、變相辦銀行業務甚至違規違法操作等問題，這導致政府在1980年代（於1982年、1985年、1988年）及1990年代（於1993年、1999年）先後開展了五次對國投公司的清理整頓，包括機構整頓、業務整頓、行業整頓、資格整頓。在廣信關閉前後，中央政府就先後關閉中國農村發展信託投資公司（以下簡稱“中農信”）、中國新技術創業投資公司（以下簡稱“中創”）、海南發展銀行、中銀信託和光大信託。廣信危機後的第五次清理整頓歷經五年，國際信託投資模式才恢復了信託的本來面目，信託投資才從全能回歸本業的正常狀態。

正如本書第二章所指出，信託業本來並不是現代金融產業的主流產業，甚至也不是傳統金融產業的主流產業，在發達國家或者是紐約、倫敦、香港、新加坡等國際金融中心的產業格局中，信託產業在大金融產業中充其量只能排在銀行、保險、證券之後。但是，為什麼在中國20世紀80-90年代，信託業卻成為中國經濟中的主流產業？

這是榮毅仁先生的創新，核心的創意是信託投資全能化、多元化，他利用鄧小平所給予的尚方寶劍，在當時銀行功能單一（存貸功能），中國市場經濟剛剛起步、尤其是中國資本市場尚付闕如的情況下，將信託功能泛化，使中信模式變成一個覆蓋了從多元化融資到多元化投資的雙全能化企業，中信是信託投資全能化和多元化以及金融產業混業經營的先行者，這一創新為中國早期改革開放招商引資發揮了巨大作用。

第二章還指出，信託投資全能化是榮先生對過去上海歷史經驗的借鑒，並不是對當代西方發達國家和國際金融發展主流的借鑒。美國的金融發展也經歷了從分業經營到混業經營和全能化發展的過程，正是早期的分業經營，才奠定了銀行、證券、保險、基金主流產業的成功基礎。投資銀行的崛起，導致商業銀行的收益日漸減少，投資銀行對商業銀行生存空間的擠壓，促使美國商業銀行試圖繞開法律對混業經營的限制，於是從20世紀70年代起，混業經營的銀行控股公司大量出現，並發展成為當今覆蓋商業銀行、投資銀行、保險等綜合業務的金融控股公司。

國際信託投資模式產生的年代，中國的商業銀行及保險公司才剛起步，證券及有關法律尚屬空白，當時並沒有產業全能化的金融控股公司的基礎，但中信實行的卻是金融銀行、保險、信託全能化；中信的國際信託投資模式還是全能化投資，這更是中國獨創，在市場經濟發達國家，從事銀行、證券、保險的金融企業對從事實業投資是有嚴格限制的，但是，國際信託投資模式是全能化金融加全能化投資，任何產業任何項目都可投資，這樣的一個全能特權企業，本來就只能作為改革開放早期的“特例”，但榮先生始料未及的是，這種“特例”卻被常態化推廣；國際信託投資的“雙全能”特權，更可怕的是缺乏基本的風險監控體系，中國在1980年代缺乏風險監控制度，不僅國投公司，商業銀行也一樣，貸款收不回變成不良資產，最終四大國有商業銀行在1999年產生了四大資產管理公司。廣信危機就孕育於這種全能化模式中。

2. **它是中資窗口公司的信用危機**　從中信開始，從中央到地方，建立了大量的窗口公司，窗口公司作為政府在香港的經貿代表機構，在資金匱乏的1980年代，借助於政府信用，舉借了大量無擔保無抵押的外債和內債，由於有政府包底，債務人不以自己的償債能力和公司自身的現金流平衡和資金安全為出發點，大量採用借新還舊、借短還長、借高（息）還低（息）的手段；而債權人也不根據債務人的財務狀況、盈利狀況作為放貸的依據，而是將窗口公司信用混同於政府信用，地方政府信用混同於中央政府信用，大規模地放貸。隨着政府不再包底，窗口公司面臨着支付危機而在國際債權人即銀行面前喪失信用，導致信用危機。

3. **它是機會式擴張的危機**　機會式擴張就是指企業的發展不根據自身的戰略發展需要，而是以短期的利益為依歸，市場上什麼行業賺錢就投資什麼行業，伴隨而來的是業務多元化、管理鏈條長線化、投資項目零散化。整個1980年代，香港中資企業和國企大抵都經歷了這樣一個過程，到處投資，到處辦公司，擺攤設點，缺乏基本的投資風險管控，於是出現廣信這樣跨越幾十個行業、兒孫公司數百家的外延擴張。積累了十餘年的無序擴張，最終是要付出學費和代價的，隨着廣信危機的爆發，香港中資這種機會式擴張的問題也逐漸浮出水面。

4. 它是兩股熱錢在廣東匯聚造成的金融危機　雖然前有中農信、海發銀行的關閉，但真正破產的第一家是廣信。為什麼將首家破產企業選擇在廣東？這是與廣東當時所處的金融環境有關的。

廣東是中國最早開放、最具活力的地區。據稱當時有兩股巨大的資金流入廣東：一股來自國際金融市場。雖然中國人民幣資本項目並未開放，但廣東省各級政府的四十餘家國投和香港紅籌企業公司和各"窗口公司"，通過各種管道從國際商業銀行借錢。到1990年代末，廣東省官方登記的借款總額高達180億美元，其中尚未包括不按規定向國家外匯管理局登記的大量借款，也沒有包括廣東省在香港的紅籌企業和"窗口公司"不需要向國家外匯管理局登記的大量外債。

另一股是來自內地其他地區的"熱錢"。正規銀行系統在利率及貸款方面受到政府較為嚴格的管制，導致各地有大量資金在銀行系統外尋求高額回報。繼中信之後，廣信及廣東各地國投以及全國各省市的國投，還有城信社、農金會等非銀行金融機構，如雨後春筍紛紛冒起，它們利用廣東高速發展的鮮活現實編造各種淘金神話，在全國各地向存款人許諾投資廣東的高額回報。廣東省官方估計，有上千億人民幣資金通過各種非金融機構湧向廣東。僅廣東恩平縣，先是農村信用社，後是建設銀行支行，用興建水泥廠這樣樸實的項目，用高達30%的高額貼水，就從全國各地吸引了上百億資金。[5]

朱鎔基總理上任後，有兩大動作對建立規範的市場經濟，功不可沒：整頓海關和整頓金融秩序。海南發展銀行的破產導致了內地存款從地方非金融機構向四大商業銀行的大規模轉移，廣東各地的信用社、農金會都發生了大規模擠提事件，引發了支付危機和信用危機。

　　亞洲金融風暴衝擊香港，導致香港中資紅籌企業的市值暴跌，資產價格大幅縮水，國際銀行尤其是日本銀行為了拯救本土企業而採取收縮戰略，導致國際銀行提前要求還貸。據估計，當時全國各地國投、中資紅籌企業的外債規模達到800億美元以上，相當於當時中國外匯儲備的60%左右。而彼時為了支持香港特區政府打擊國際炒家的 "官鱷大戰" ，中國正在作出人民幣不貶值的重大承諾。

　　因此，當廣東省向統一管理外匯支付的中央政府尋找緊急援助時，中央政府需要考慮的不是該不該援助，而是面對越來越多的中資企業的請求，中央政府有沒有錢全額支付外債。這是當時的現實，於是廣信破產被提上日程。

廣信危機：從關閉到破產

　　1998年是廣信的還債高峰年，廣信的到期外債超過12億美元。當時為應付金融危機，確保中國的對外經濟安全，中央開始加強對外匯市場的管理，並於1997年12月調派中國建設銀行行長王岐山，出任廣東省常務副省長，整頓廣東金融秩序；由於廣信存在違規嫌疑，中國人民銀行調查小組於1998年6月進駐廣信。廣信債務危機的黑洞隨即被陸續揭開。

　　1998年10月6日，對廣信和香港中資紅籌企業來說，是一個災難性的日子。中國人民銀行宣佈關閉廣東省國際信託投資公司，取消其總公司及分支機構的金融和外匯業務經營權，停止其一切業務經營活動，由中國人民銀行依法組織成立清算組，對該公司進行組織清算。在清算期間，原公司的債權債務由中國銀行託管，公司下屬的證券交易營業部，委託廣發證券公司管理。

　　1998年10月12日，廣信在香港的兩家子公司——廣信香港和廣信實業因資不抵債分別按香港特別行政區的有關法律宣告清盤。據清盤人畢馬威會計師行初步估計，兩家子公司及廣信集團所欠債務及或有債務達110億港元。其中，沒有向國家外匯管理局登記的債務超過35億港元。廣信香港的清償率尚可達到54%，而廣信實業的清償率只有6%。

按照人民銀行於1998年10月6日發佈的公告，廣信被主管部門關閉，其登記外債將全部償還。但隨着對廣信清查的展開，廣信存在的嚴重問題逐漸暴露出來。為了整頓金融秩序、防範道德風險，中央政府決定改變過去為被關閉金融機構償還外債的做法，讓廣信破產。

1999年1月10日，廣東省省長助理兼廣信清算小組組長武捷思正式宣佈，因為資不抵債，廣東國際信託投資公司、廣東國際租賃公司、廣信企業和廣信深圳公司分別向有關法院提出破產申請。廣信從被關閉轉為正式進入破產程序，經過初步審核，廣信的總資產為215億元，總負債為362億元，資產負債比率為168%，資不抵債147億元。其中境外債權人數超過130家，金額近160億元，償還比率為59%。

4月20日，廣東省高級人民法院清盤委員會宣佈，廣信資不抵債高達323億元人民幣，比原先估計高出一倍；債權回收率僅為17%。廣信估計負債243.36億元，估計虧損166.47億元。

粵海危機與粵海重組

粵海危機與廣信危機幾乎是同時爆發的。

據主持粵海重組的原廣東控股集團董事長武捷思回憶：

1998年8月29日，粵海向廣東省政府告急：粵海在1995年發行的7,200萬美元的商業票據將於1998年9月4日到期。按照慣常思路，粵海還想借新還舊，以債養債，然而亞洲金融危機後，銀行不再借貸，粵海面臨交叉違約的風險。當廣東省政府想盡辦法以現金解決這一筆到期債務後，一單接一

圖72 粵海重組後，廣東省政府將優質資產東深供水項目注入粵海集團。圖為深圳水庫。

單到期債務像洪水般湧來，僅1998年9月-12月，粵海陸續到期的債務就達十餘億美元，粵海面臨嚴重的支付危機。[6]

　　與此同時，廣東在澳門的企業南粵集團也向廣東省政府發出關於支付危機的緊急報告。

　　根據國際知名會計師行畢馬威的審計報告，粵海問題主要是在融資環境寬鬆的條件下，大規模舉債經營，投資不善，管理失控；缺乏制約，監控無力；弄虛作假，賬實不符；參與投機，損失慘重等原因造成的。[7]畢馬威的審計結果表明，截至1998年12月31日，包括南粵集團在內，粵海集團共有正在營運或持有資產的企業572家，合併報表總資產287.56億港元，總負債489.86億港元，資不抵債202.3億港元。僅粵海企業已資不抵債121.86億港元，廣南集團資不抵債10.79億港元。[8]粵海集團隨時面臨破產。

　　廣信破產已經在香港中資企業引發了嚴重的信貸危機，如果粵海集團再走破產之路，不僅廣東省的對外形象和信譽受到影響，整個香港近兩千家中資企業都將面臨全面的信貸危機而陷入大面積破產，而佔有香港證券市場總市值15%的中資紅籌企業的危機，將勢必嚴重影響香港金融和證券市場的穩定，而導致金融危機在香港爆發的災難性後果。

　　無論對廣東省政府還是香港中資企業，破產之路都已經走不通了；那麼，還能救活嗎？

　　根據畢馬威的審計報告，從1998年11月-1999年9月，粵海集團的現金淨流出為86.6億港元，意味着廣東省政府必須拿出86.6億港元才能使粵海集團像植物人一樣維持一年左右時間；如果要使粵海集團起死回生，各項財務指標達到正常運營狀態，則須注入157億港元現金，而當時廣東省級財政一年可支配的財政收入才161.78億元人民幣，[9]因此讓廣東省政府單方面救活粵海集團的代價太大，無法承受。

　　剩下的只有第三條路，讓債權人債務人雙方回到談判桌，共同承擔責任和損失，重組粵海集團。

圖73　1994年11月，"粵海投資"從香港近五百家上市公司中脫穎而出，躋身33間恒生指數成份股行列，成為香港中資企業中的第二隻藍籌股和紫籌股。

圖74　歷盡劫波之後的新粵海經受住了新的金融危機的考驗

　　1998年12月16日，粵海集團正式宣佈債務重組，並暫停向債權人支付到期債務本金，並宣佈聘請高盛為粵海集團的重組顧問、畢馬威為重組財務審計師，參與債務重組的還有羅兵咸、麥肯錫等近百家中介機構。這一消息震驚了香港金融界和企業界，轟動了國際資本市場。

　　粵海重組包括重組粵海集團、廣南集團、粵海投資和南粵集團，經過債權債務雙方討價還價，粵海重組的基本思路是：廣東省政府將優質資產東深供水項目注入粵海集團，債權人削減相應的債務，共擔責任和損失。

　　東深供水項目是中央政府為解決香港同胞食用淡水困難而批准興建的一項跨流域大型引水工程，1965年3月開始為深港地區供水。按照測算，該項目的市場價值至少在22億美元以上。

　　在將東深供水項目注入粵投的前提下，用重組企業新發行的股票和債券換取債權人的債權，在延長債務期限和將部分債務股本化的同時，降低債務利息的負擔。重組按照如下操作程序進行：

　　1. 由廣東省政府在香港註冊成立新粵企──廣東控股有限公司（以下簡稱“廣東控股”），並把東深供水項目注入新粵企。

　　2. 由新粵企把東深供水項目注入粵海投資，壯大粵海投資的實力，解決粵海投資流動性不足的問題。具體做法是：成立一家特殊功能公司以持有供水項目，並發行債券，然後再將已經發行了債券的供水公司的股權注入粵海投資，以換取粵海投資的股份。

　　3. 把南粵集團變為粵海集團的全資附屬公司，使南粵債權人與粵海債權人一起參加重組，為用一個東深供水項目同時解決粵海集團、廣南集團、粵海投資和南粵集團的問題創造條件。

　　4. 通過廣南集團增發新股的途徑解決廣南集團資不抵債的問題；以廣東省政府下屬全資公司──新粵企認購新股75%的形式，向廣南集團注入資金；把廣南集團的不良資產和非核心業務剝離出來，成立資產管理公司。在此基礎上，由廣南集團發行一定數額的廣南債券，由廣南資產管理公司發行一定數額的債券。

　　5. 粵海集團出售一部分非核心業務，取得一定數額的現金。同時，粵海集團發行一定數額的優先股。

　　6. 用粵海集團出售資產得到的現金、粵海投資的債券和粵海集團50%的優先股，換取粵海集團和南粵集團的債權人的索償權；用廣南集團配股所得現金、廣南債券和廣南資產管理公司的普通股，換取廣南集團的債權人的索償權；與此同時，新粵企得到粵海集團50%的優先股、粵海投資一定數額的普通股和廣南集團一定數額的普通股。

　　7. 把粵投債權人的舊貸款變為新貸款。[10]

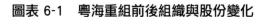

圖表 6-1　粵海重組前後組織與股份變化

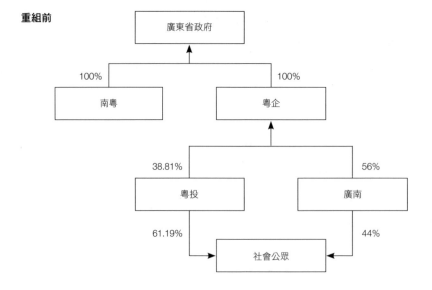

重組前

重組後

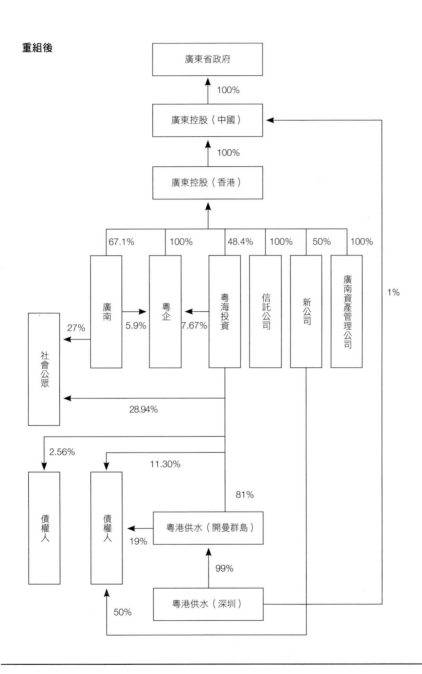

資料來源：武捷思著，《粵海重組實錄》，第128頁。

　　從1998年12月16日開始至2000年12月22日，粵海重組債務重組交易結案、交割正式完成，歷時兩年。經過債務人的股東——廣東省政府與債權人的討價還價，最終確認在由雙方共同承擔損失的前提下，廣東省政府將評估價值為150億港元（22億美元）的東深供水項目注入粵海；而全體債權人回收的金融資產有各類債券、各類股份和現金三大類，參加重組的債權為49.46億美元，經濟回收率為57.22%，削債21.16億美元，削債率為42.78%。也就是說，當廣東省政府注入22億美元的優質資產時，債權方削減粵海集團近22億美元的債務，體現了對等承擔風險和損失的原則，經此重組，新粵企總資產約為483億港元，總負債約為339億港元，負債率為67%。[11]上市旗艦粵海投資在注入供水項目後，逐步解決了流動性問題。粵海重組被稱為“亞洲最佳重組交易”案例。

　　廣南集團則在重組期間，更爆出所謂“廣南財務疑案”。1999年1月28日，廣南集團發出通告，將對傳言有人挪用公司資金炒賣股票一事進行調查。2月8日，公司董事長孫觀、董事總經理黃曉江被撤職。隨後，黃曉江被廉署逮捕，孫觀則在內地被拘捕。2000年11月1日，廣南集團公佈了31.73億元債務重組方案，廣東省政府將其非核心業務剝離到廣南資產管理公司，留下食品和超級市場業務作為核心業務，按2股供17股的配股計劃籌集1億美元的新股本，新粵企——廣東控股與公眾股東各佔75%與25%，並向債權人發行6.5億港元新債。

　　至此，粵海終於從死亡的邊緣被拉了回來。

三　中資信貸危機與紅籌企業低潮

　　廣信粵海危機一爆發，“在金融界、國有企業特別是香港中資企業界，猶如一顆廣島原子彈，引發了銀行收緊信貸、企業支付危機等一系列衝擊波”，[12]並帶來長時期的紅籌企業低潮。

1. 亞洲金融危機與廣信粵海事件加速了外資銀行特別是日資銀行的全面收縮信貸，引發了一系列中資支付危機。

1990年代初，日本經濟泡沫開始破滅，亞洲金融危機的衝擊，更加劇了在股市樓市投資被深度套牢的日本本土銀行、證券公司等金融機構破產倒閉。為應付國內金融危機，日本銀行早已部署在全世界各地撤資，據香港金管局《金融數據月報》稱，僅1997年9月至1998年9月這一年間，就有日本債權信用銀行、北海道拓殖銀行、橫濱銀行等18間日資金融機構放棄在香港的金融牌照，日資銀行佔香港本地借貸總額的比率，從1995年底的55%降至1997年底的39%。

廣信破產和粵海事件發生後，外資銀行總行紛紛將各地分行的信貸權收上去，特別是日本銀行更是加速收縮信貸。由於中資紅籌企業對日資銀行貸款依賴較大，有的紅籌企業日資銀行貸款高達45%（見圖表6-2），因此日資銀行的撤資離場和追債，對中資紅籌企業信貸產生嚴重影響：銀行凍結授信額度，新的貸款拆不進，到期償債資金一時難以落實；未到期的債務尤其是短期拆借面臨被追討或提前還款。

圖表 6-2　部分中資紅籌企業依賴日資貸款狀況

公司名稱	日資銀行借貸 （億美元）	總借貸 （億美元）	佔總貸款的比例 （%）
中信香港及中信泰富	13.52	35.43	45.09
華潤集團	5.59	12.78	43.74
招商局集團	3.64	8.44	43.14
上海實業	3.46	8.43	41.06
中遠香港及中遠太平洋	1.97	9.20	21.46
港中旅集團	1.14	2.53	45.09

資料來源：Basic Point及《投資理財週刊》（1998.07.13-07.19）

　　由於中資長期以來高負債經營，通過借新還舊、以債養債保持公司的運作，現在銀行對中資紅籌企業的信心受到嚴重打擊，突然"斷閘"、"關水喉"，到期違約的中資支付危機連番出現：粵海集團、港中旅、華閩集團、首鋼控股香港公司等企業相繼面臨債務危機，招商局、中國海外等出現支付困難，各省市、自治區、直轄市在香港的"窗口公司"更是危機四伏，青海、四川、新疆、貴州等省區的"窗口公司"相繼被迫清盤，湖北宜豐公司、河北燕山公司亦出現支付危機，其中燕山公司被浙江興業銀行入稟申請該公司清盤，宜豐公司也陷入法律訴訟。[13]

　　2. 亞洲金融危機、廣信破產及粵海危機使中資紅籌指數、股價、市值等受到重創，引發了紅籌企業的低潮。特別是廣信粵海危機引發基金洗倉，紅籌股承受嚴重拋壓，絕大部分跌破發行價。如果說經過第一次衝擊，紅籌企業股是跟隨大市一起進入低迷期，那麼，經過第二次衝擊後，紅籌指數逐漸被大市拋離，許多紅籌股跌至蚊蠅仙股。

　　1997年8月28日，紅籌指數達到歷史最高點4,221.52點。10月，國際炒家開始大舉狙擊港元；在10月23日"黑色星期四"當日，恒生指數暴跌1,211點，紅籌指數隨恒生指數急落，跌至1,960.59點，隨後一路下滑，到1998年8月31日，跌至歷史最低點558.9點，與歷史最高點比較共跌86.76%。1998年8月底，香港特區政府擊退國際炒家後，紅籌指數隨恒生指數開始回升；11月3日，紅籌指數曾升至1,139.46點，隨後受到廣信破產及粵海危機衝擊。到1999年1月25日，紅籌指數又跌至當年最低點654.71點，比廣信危機剛爆發時跌了42.54%。[14]紅籌指數逐漸被恒生指數大市拋離。

　　到1998年底，紅籌指數成份股總市值1,496億港元，比1997年底減少了44.38%。

　　從個股來說，在1997年8月至1998年8月這一年時間，40隻紅籌企業股中，除中國電信等五隻股票外，其餘35隻股票跌幅已達80%；廣信粵海危機後，紅籌股更是雪上加霜，1999年1月12日粵企與廣南宣佈無力償還巨額債務；第二天，紅籌股應聲而跌，10隻紅籌股一天跌幅均超過10%以上，廣南集團的跌幅達52.8%（見圖表6-3），多數已跌破發行價。

圖表 6-3　粵海危機影響下，"重災"紅籌股價的一天表現（1999.1.13）

公司名稱及股票代號	跌幅	收市價（港元）
廣南集團（1203）	52.8%（-0.660元）	0.59
粵海投資（0270）	24.26%（-0.330元）	1.03
國信華凌（0382）	22.03%（-0.039元）	0.138
越秀投資（0123）	19.4%（-0.130元）	0.54
方正香港（0418）	15.83%（-0.22元）	1.17
中遠太平洋（1199）	15.27%（-0.50元）	2.775
粵海啤酒（0124）	14.29%（-0.055元）	0.33
中遠國際（0517）	14.29%（-0.08元）	0.48
北京控股（0392）	13.94%（-1.45元）	8.95
招商局國際（0144）	12.89%（-0.625元）	4.225

資料來源：《新報》，1999年1月14日。

3. 兩次危機衝擊，導致中資紅籌企業信譽受到嚴重影響，後繼上市乏力。

廣信粵海危機後，國際評級機構穆迪、標準普爾等紛紛將中資信貸評級調低，有的將其列入降級觀察名單，有的將其信貸前景由穩定改為負面。後續新上市的紅籌企業大幅減少或者推遲上市計劃，1998年後，紅籌企業每年新上市公司不超出五家；1998年、1999年兩年均維持只有一家上市的水平，聯通、中海油等多家紅籌企業都推遲了上市計劃。

四　中資二元結構的病理分析

中資企業普遍出現信貸危機，不是一般的現金流問題或現金平衡問題。發生這場危機的根源，正如我在1998年曾經指出的，是植根在中資企業的二元結構中的。[15]

改革開放初期，作為內地駐香港經貿代表機構，中資企業雖然在法理上是作為香港企業而註冊的，而且要遵守香港法律和國際慣例，在經營上也與國際資本打交道，但由於脫胎於計劃經濟體制，不可避免地保留了計劃經濟的特色。同時，作為政府的"窗口公司"，中資企業利用政府信用取得了大量的銀行貸款，開始了集團化、多元化和國際化的大擴張。由於缺乏風險監控，"三化"大擴張帶來了中資規模擴大的同時，也帶來了大量的投資失誤和管理失控，從而帶來了大量的不良資產、無效或低效資產的沉澱。

但是，隨着中資的發展壯大，特別是資產經營的開展，一批買殼、直接上市、分拆上市的中資控股的紅籌企業應運而生。由於上市公司是受香港聯交所監管的，上市條件十分嚴格，通常包含了三個關於申請上市企業的財務狀況的測試標準：盈利、市值/收益、市值/收益/現金流量，必須滿足其中一種標準。如盈利標準就要求必須有三年盈利，最近一年利潤不得低於2,000萬港元，前兩年累計不得少於3,000萬港元等，這就要求包裝進來的必須是優質資產且具有良好的發展前景等等，而且上市公司產權清晰、權責明確，透明度高，因此，重組和上市的過程，也就是建立現代企業制度的過程，這構成了中資企業的一極；當優質資產注入上市公司後，留在母公司的大多是發展前景不大的企業和業務，或者是上市篩選下來的不良資產；伴隨這些不良資產留下的還有舊的體制，這構成了中資企業的另一極。於是，中資集團企業中就存在着這種對比鮮明的二元結構。正是這一歷史形成的二元結構，造成如下方面的問題：

首先，造成資源配置結構性風險。由於優質資產配置在上市公司，低效或無效資產和負債集中在母公司，因此，上市公司的資產債務結構和盈利水準相對要好，風險相對要小，現金流充足。據當時摩根士丹利統計，截至1998年6月底，不計算中國電信在內，紅籌企業股的整體負債比率只有

21%。而上市的代價卻是把歷史形成的質素較差的不良資產留在了母公司非上市板塊，而且，負債比普遍在80%以上，母公司的負債是其紅籌企業上市公司的二至四倍。如圖表6-4，除了中遠太平洋、粵海投資這兩家紅籌企業的淨負債較高外，其餘並不高，上實控股、津發甚至是零淨負債，但母公司除華潤外，普遍負債極高，粵海達到227億港元，盈利不夠支付利息，現金缺口較大，現金流難以平衡，因此風險主要集中在母公司。這次中資信貸危機普遍是母公司問題更大。

圖表 6-4　部分紅籌企業及其母公司負債比較　　（單位：億港元）

公司 負債	北京 控股	華潤 創業	中遠 太平洋	粵海 投資	越秀 投資	上海 實業	天津 發展
總負債 （包括循環貸款）	18.01	71.55	48.46	81.13	35.00	25.47	4.8
手頭現金	16.34	52.17	7.35	12.40	9.57	29.82	15.00
淨負債 （現金）	1.67	19.38	41.11	68.73	25.43	（4.35）	（10.20）
預測母公司 總負債	39.27	淨現金	190.16	227.00	60-90	106.41	12.8

資料來源：所羅門美邦及《明報》，1999年1月26日。

由於聯交所監管嚴格，上市公司與母公司的二元結構是呈剛性的，即上市公司的資金母公司不能隨意調動，上市公司收購母公司資產的關聯交易受制於小股東。因此在母公司出現信貸危機時，紅籌上市公司出現兩難：或遵守聯交所規定，不能動用上市公司的資金救母公司；或讓母公司 "注資" 將其質量並不優質的資產注入上市公司並套取上市公司現金 "削肉救母"。這種 "削肉救母" 行動有涉關聯交易侵害小股東權益之嫌，因此，1998年底，紅籌企業群起 "削肉救母" 行動頻頻受到質疑甚至被迫取消。

　　其次，造成了兩種經營方式問題。上市公司由於受聯交所的較嚴格監管和小股東及媒體等社會中介的制約，因此基本上按現代企業制度運作。而母公司作為國有獨資企業，擔負着一個地區的"窗口"使命，採用了另一種經營方式：

　　1. 過多地利用政府信用、政府概念和政府背景進行舉債。為了多為本地區引進資金，在政府原始投資不足的情況下，利用"窗口"概念、政府背景和政府信用，大規模舉債來支援本地區經濟建設。而外資銀行和金融機構在貸款時，也沒有按國際慣例對企業和項目進行嚴格的評估和審查，而將"風險"押在政府開具的擔保、承諾、支持函上，並將這種"窗口公司"信用混淆於主權信用，既收取了遠遠高於主權信用成本的利息，又相信政府信用的安全性，從而盲目放貸，為信貸危機埋下了禍根。

　　2. 片面追求資產規模。長期以來，資產總額成為衡量一個企業成功與否的主要指標，因此，為了實現資產規模的超常規擴張，或者採取大規模貸款，或者片面強調所謂"四兩撥千斤"的資產經營方式，於是有些企業短短十餘年就實現了超百億甚至幾百億的總資產規模，導致負債率過高，其中銀行負債相當部分的貸款屬於六個月至一年的"過渡性貸款"，短債高達30%以上，以短養長，而淨資產和盈利水準卻極不相稱，利潤不敷利息，導致了"資產泡沫"的急劇膨脹。與上市公司更不同的是，母公司非上市板塊通常透明度低，由於經營管理不善和盲目投資，造成低效、無效資產長期沉澱。

　　3. 片面追求利潤目標而忽視了現金平衡。一些企業為了完成年度考核利潤指標，長期不撇壞賬，或者只有賬面利潤，沒有現金流入，加之短期資金長線使用，導致現金流量不足，平時通過"借新還舊"方式掩蓋了長期潛伏的危機，維持暫時的現金平衡，廣信粵海事件一發生，外資銀行一刀切收緊信貸，平衡就被打破，危機通常在母公司非上市板塊爆發。也有廣南、廣信企業等少數上市公司的問題和母公司問題一樣嚴重。

4. 政企不分，行政干預經營，管控缺位，道德風險加大。由於母公司領導為政府任命，因此，"首長項目"難免會帶進企業，加之中資企業領導多是幾年一輪換，中資企業領導的某種感慨是，一年熟悉香港街道，兩年勉強聽懂粵語，三年開始抓業務時，又要準備打道回內地。一屆失誤，積累一塊不良資產，幾屆十幾年下來，層累地造成了不良資產、虧損項目越積越多。加之管控不到位，一些高層濫用職權，假公濟私，侵吞或者導致國有資產流失，先後有原嘉華銀行董事長金德琴、原光大董事長朱小華、原中銀港澳管理處主任劉金寶、原宜豐公司金鑒培等落馬。

第三，造成融資與收入的貨幣錯配。中資企業在香港上市之後，等於建立了一個國際融資平台，因此紅籌企業公司的融資與負債通常是外幣美元和港元，而紅籌企業公司和其母公司主要業務仍在內地，收入大多是人民幣（見圖表6-5），由於受國家外匯政策的管制，這種貨幣錯配缺乏有效

圖表 6-5　紅籌企業借貸錯配（貨幣）情況

公司名稱	1997年除稅及利息開支前盈利之幣別比例（%）			負債幣別比例（%）			淨利息支出幣別比例（%）		
	人民幣	港幣	美元	人民幣	港幣	美元	人民幣	港幣	美元
招商局國際	4	47	49	—	10	90	—	20	80
中信泰富	3	47	50	—	50	50	—	40	60
粵海投資	80	9	11	5	25	70	—	53	47
華潤創業	20	80	—	2	8	90	—	10	90
上海實業	25	20	55	—	18	82	—	30	70
北京控股	100	—	—	100	—	—	100	—	—
中國食品	73	—	27	—	100	—	—	—	—
天津發展	99	—	1	100	—	—	100	—	—
中國電信	100	—	—	20	—	80	—	—	—
中遠太平洋	8	14	78	—	—	100	—	—	100

資料來源：《投資理財週刊》（1998.07.13-07.19）。

的對沖措施，導致了匯兌風險和匯兌損失。

第四，也造成了組織人才結構上的不合理。上市公司組織構架多能參照國際慣例，人才聘用屬地化程度較高，而母公司則內派人員與關係人員相對集中，內部機構相對較多。

因此，中資信貸危機是近二十年來累積問題的總爆發，膿包已經穿孔，是到了化瘀清膿的時候了。

五　　"窗口"功能的淡出

"窗口"政策是中國從計劃經濟走向市場經濟、從封閉走向開放的一種過渡性制度安排，隨着中國全方位開放局面的形成及市場經濟的逐步成熟，"窗口"功能就已逐步淡出，其顯著標誌就是，2003年，國務院港澳辦正式下文宣佈"窗口公司"的"辦事處"職能取消。

"窗口公司"在香港主要有三大功能：招商引資、貿易窗口、接待辦事處。

關於招商引資。1980年代前，中國處於匱乏（短缺）經濟時代，不僅生活生產資料匱乏，更主要是資金、技術設備等生產要素基本上處於匱乏狀態，而當時中國剛剛開放，與世界是隔絕的、陌生的和相互不了解的。曾經有一個著名經濟學家回憶，自己第一次出國參加西方經濟學的學術交流會，驚出一身冷汗，因為學政治經濟學出身的他基本聽不懂人家那套以數學模型推導的定量分析。這就是當時的現實。因此，在當時，鄧小平先生提出"摸着石頭過河"也是現實的需要，開"窗"而不是開"大門"，就是"摸論"的體現，窗口公司承擔着招商引資、率先探路的功能。

隨着內地改革開放的深入發展，特別是加入WTO後，中國全方位開放已經成為一個制度性安排，外資已經主動湧入內地。而且經過三十年的發展，中國已經進入一個剩餘經濟時代，2萬億美元的外匯儲備和二十餘萬億元人民幣的居民存款使中國早已超越了資金匱乏時代，現在的問題是，如何使這筆龐大的外匯儲備通過投資經營得到保值增值，並發揮好內地資本市場的融資功能，因此，和1980年代將資金引進來與資本輸入不一樣，現在需要考慮資本如何輸出去等新課題；另外，與1980年代 "來者不拒" 的招商心態不一樣的是，現在面對來華投資的全球客商，我們更多的要選擇那些代表世界經濟發展方向的實力最強的如全球五百強企業，或者是技術最先進的高科技企業。因此，在中國全方位開放並且已加入WTO多年後的今天，國家和地方政府早已走出港澳，走向國際市場進行全球招商引資，已經不需要駐港 "窗口公司" 獨立承擔這項職能。

更大的問題是，在上世紀八九十年代 "窗口公司" 的發展過程中，由於早年的學步階段的代價和後來以政府信用為依託高負債經營，加之風險管理的缺失以及監控的不到位等等因素， "窗口公司" 出現了大量的投資失誤、過度負債和管理失控等問題，而且這些問題延伸到了政府，為國家的經濟安全帶來了巨大風險。亞洲金融風暴引爆這些問題。

因此，朱鎔基總理於1998年整頓金融秩序，廣東省政府根據中央的部署，令廣信破產和粵海重組，雖然引發了中資企業信貸危機和紅籌企業低潮，但是更為深遠的影響在於：

一是打破了政府為破產國企包底的 "父愛主義" 神話，打破了外債享有優先償還特權的神話。由於過去主權信用、地方政府信用和企業信用經常混淆，因此外資銀行不計風險地盲目放貸，而且相信自己享有優先償還權，企業認為有政府包底，也不計風險地盲目借貸。廣信破產說明政府信用不等於企業信用，政府不再為中資企業包底，也不再給外資銀行特權和特惠政策，一切按市場規則辦事，這標誌着中資企業開始真正獨立面對市場風險的時代已經來臨；

二是依賴 "窗口" 信用籌資融資的時代已經過去。在1980-1990年代，紅籌企業股的母公司通常是作為中央各部委或各省市的 "窗口公司" 而存在，兼有政府辦事處職能。紅籌企業通常也以政府為背景，一方面向政府要求注資或優惠政策；另一方面，以政府背景即所謂"窗口"信用去申請銀行貸款或開展經營活動。現在政府不再進行行政注資，不再為"窗口公司"提供貸款擔保和主權信用，銀行必須將企業自身的資產質量、財務狀況、經營業績、管理能力等作為授信或放貸的根據，企業過高的負債率和無抵押貸款將難以獲得銀行的信任。依靠高負債經營和外延擴張進行超常規發展的經營模式也已經過時了，企業要靠自身的實力來穩步發展。

關於貿易"窗口"。在1980年代初期，生產企業尚不具有進出口經營權的時代，駐港貿易"窗口公司"的功能是必需的，各地產品的出口都需要透過窗口公司的橋樑和紐帶作用而銷往世界各地，各地進口外國先進技術設備也需要通過"窗口公司"，但隨着進出口經營權向生產企業的下放，生產企業無需通過"窗口公司"即可建立自己的全球銷售網絡和管道，將自己的產品銷往全球，如華為、中興通訊等一大批高科技生產企業直接在全球建立自己的貿易管道和營銷網絡。正是這一大趨勢的轉變，使駐港"窗口公司"早在20世紀80年代中後期就開始調整貿易業務，或工貿結合，或多元化，或退出。廣信及粵海危機出現後，大部分中資企業開始整體或部分地退出貿易行業，"窗口公司"的貿易功能淡出。

關於接待辦事處。由於香港回歸後，內地與香港的經貿關係越來越密切，內地與香港的關係往來事務由國務院港澳事務辦公室直接領導。後來各地方政府也分別在外事辦公室加掛港澳事務辦公室牌子，來協調處理內地與香港的相關事務。這樣，1980年代那種由"窗口公司"代行政府辦事處的職能，既無功能的必要，也不符合政企分開的基本要求，於是，"窗口公司"的接待辦事處功能便在2003年正式取消了。

而且，內地國有資產管理體制改革的加速進行，也推動"窗口時代"的終結。自1990年代以後，關於政企分開、政資分開的呼聲越來越高。1999年2月，中央企業工委的成立，使原由國務院及各部委直接管理的163

家央企脫離原所屬的上級主管部委，劃歸中央企業工委管理，這實際上導致原屬各部委的窗口央企已經不再是各部委的窗口公司，而是中央企業工委的所屬企業，如華潤集團脫離了外經貿部、港中旅脫離了僑務辦公室、招商局脫離了交通部。2003年4月，國務院國有資產監督管理委員會即國資委正式成立，國資委以出資人的身份履行對這些大型國有央企的管理和監督職能，標誌着原屬各部委的央企"窗口"在制度上已經不存在了。

　　但是，"窗口"畢竟代表了一個時代，代表了一個過渡時代，那是封閉了三十年的中國正在逐步走向開放但又未全方位開放的時代見證。"窗口公司"在香港的誕生、發展、壯大，逐步成為香港中資財團的主體，並為香港繁榮穩定發展和中國的改革開放，作出了歷史性貢獻。"窗口時代"的終結是一個歷史新起點，它標誌着香港中資財團逐步擺脫了計劃經濟體制，克服政企不分的弊端，淡化政府背景，而真正成為市場經濟的主體，這是一個歷史的進步。

六　低潮中的轉向："瘦身"戰略

　　在廣信及粵海危機爆發，紅籌企業處於低潮的時期，主管香港中資企業的中央人民政府駐香港特別行政區聯絡辦公室（前身為新華社香港分社，以下簡稱"中聯辦"）及時作出政策指引，提出了"清理整頓、加強管理、穩步發展、有所作為"的十六字方針。

　　所謂"清理整頓"，就是本着精幹、高效、協調的原則來重塑企業的運營系統，對不出效益的部門，該撤銷的要撤銷；對效率不高、效益不大的機構，該消腫的要消腫；對經營重複，業務重疊的企業，該合併的要合併，對有發展前途和實力的，該強化的要強化；對新的增長點，該加強的要加強。所謂"加強管理"，就是要求完善中資企業投資決策、財務管理、工資制度和人事管理等制度，健全法人治理結構，第一次提出可以建立監事會制度。所謂"穩步發展"，突出強調要把過高的負債率降下來，防止債務風險蔓延，加強資金管理，注意企業的現金流量。所謂"有所作為"是要求中資企業保證盈利，同時尋找新的經濟增長點，形成有新的競爭優勢的產業。

面對新的經營環境和考驗，在國家和中聯辦有關新的政策精神要求下，香港中資紅籌企業痛定思痛，開始新的蛻變和轉型。這個蛻變所經歷的時間短的兩三年，長的五六年。如果說上世紀八九十年代，中資企業的主調是大擴張、做加法，那麼廣信粵海事件後，香港中資主要是實施"瘦身"，做減法。

在廣信及粵海危機出現後，一大批香港中資企業開始了艱難的資產重組和業務重組、債務重組、管理構架重組和人員重組。通過這五大重組，實現"瘦身"，以此來降低負債，突出主業，縮短管理鏈條，壓縮開支和精簡人員。資產和業務重組方面，香港中資企業通過套現、注資、置換資產等方法以增加現金和提高償債能力，並增強企業盈利能力；業務重組則突出主業，從多元化向專業化發展，對風險大、效益低的業務如貿易類業務和非主營業務進行合併、轉讓、清理關閉；債務重組是通過債務展期、債權轉股權甚至削債等方式來緩衝債務危機；管理構架重組是指一些香港中資集團對總部職能進行調整，如把母公司總部遷往內地，香港只保留上市公司，或者是將總部機關行政後勤和非上市板塊業務遷回內地，或者是壓縮總部職能部門，高峰期有的企業從七至八個部門壓縮至財務、人事和行政等三個部門，然後壓縮駐港寫字樓使用面積和駐港宿舍，空置物業用以租售，從而降低管理成本；人員重組是根據國務院港澳辦關於駐港內派工作人員駐港工作時間一般為五年，最多不超過六年的規定，將超期或到期人員一刀切調回內地工作。

1997年，香港中資企業共有45,173名當地員工，7,020名內派員工，到2003年，經過六年的調整重組，香港中資企業當地員工總數減至35,215

人，內派人員數減至3,570人。[16]

七　低潮中的轉向：追捧資訊科技概念

亞洲金融風暴和中資信貸危機，引發了香港中資企業對資產經營與實業發展尤其是高科技產業發展的反思，而全球新經濟熱潮與網絡資訊技術的廣泛應用，尤其是資本市場上的網絡熱潮，更引發了香港中資追捧網絡資訊科技。

1999年，以資訊科技為代表的新經濟浪潮席捲全球，帶動了香港資本市場的網絡熱；是年11月，香港正式推出創業板，將網絡熱推向高潮。

在這股科技熱潮影響下，加之中國加入WTO的日益臨近和中國市場的逐步開放，一些實力雄厚的紅籌企業公司，紛紛涉足內地網絡市場。

2000年1月，中信泰富率先宣佈，將以32億元收購母公司的電訊資產（包括有線電視、中國聯通6%的股權）和廣州軍區光纖固網的六成權益。繼中信之後，光大集團也表示，將通過北京光大集團持有聯通股份和參股常州有線電視網絡，還將拓展網上金融。深業集團收購深圳有線電視天威視訊21%的權益，並以政府財政注資2,000萬美元在香港組建高科技風險基金。越秀投資洽商增持電訊設備生產商金鵬集團至51%，收購華南內地光纖網絡及自行投資網站內部供應業務。天津發展通過母公司參與天津有線電視和小區住宅網業務。港中旅透過上市公司興港投資集團拓展網上購票。上海實業將推出一個包括電子商貿、醫療及物流中心的大型網站，並已率先推出上實醫藥在香港創業板上市。航科集團通過配股集資投資內地有線數碼視頻廣播服務項目，與江蘇廣播電視傳輸網成立合資公司，共同建立蘇天有線寬頻媒體網絡等。

但是，好景不長，隨着2001年底全球網絡泡沫的破滅，香港創業板也遭受了重創，大部分上市的網絡股股價狂瀉，淪為垃圾股，一些優質科技股則謀求轉往主板上市，中資紅籌企業追捧了近兩年資訊科技，也在喧囂中驟起，在網絡泡沫破滅後無疾而終。

真正將網絡做成功並作出品牌的中資企業，大概只有港中旅的"芒果網"，但這已是2004年後的事，與這次網絡熱沒有關係。

八　低潮中的轉向：北上第三波

香港中資北上內地投資潮至今已歷三次：第一波是由袁庚領銜的招商局、馬志民領銜的港中旅在深圳經濟特區建立初期所帶動的投資潮；第二波則是上海浦東開發引發的以上實、招商局、中信香港等為代表的投資潮；第三波則是亞洲金融風暴和廣信粵海危機後，由華潤、招商局等帶動的第三波北上潮。

亞洲金融風暴衝擊香港，導致了香港資產價格的全面暴跌，香港進入了長達68個月的經濟通縮和多次經濟衰退；亞洲金融風暴對香港中資的直接影響是導致中資1990年代在香港的地產、股票等多項投資損失慘重；廣信粵海危機又使香港中資在國際金融市場的"窗口"信用倍受打擊，無論是股市融資還是銀行貸款，都受到前所未有的影響；加之貿易中介、招商引資中介的地位逐漸喪失等等。另外，香港的租金、人工成本的偏高，使香港中資企業開始重新考慮自身在香港的定位和功能作用。

而此時，中國內地正進入經濟發展的黃金時期，年均10%左右的經濟增長，使內地這個大市場孕育着無限商機，特別是2001年底中國加入WTO對中國全方位開放的預期，使香港中資企業認識到，必須趕在外資全面進入中國內地前實施搶灘登陸戰略，誰佔得先機誰將擁有一片天空。如果在金融、電信、旅遊、貿易等諸多領域向外資開放前，香港中資能率先進入，這無論對國家還是對香港中資來說，都是莫大的好事。

正是在這種大背景下，香港中資財團普遍開始了靜悄悄的戰略轉移：

將上市公司留在香港，主攻融資和資本運作，其他業務和投資向內地轉移，甚至包括總部功能和人員，均大量地向內地轉移，從1990年代開始的在內地建立總部實行雙總部的運作模式，在21世紀初已經成為普遍現象。

而且，在亞洲金融風暴和中資信貸危機中，並不是所有中資紅籌企業都陷入債務危機，紅籌企業如華潤創業、北京控股、招商局國際、上海實業控股的淨負債率極低，手上握有較充裕的現金，甚至是零淨負債率，財務狀況健康（見圖表6-6），這為華潤、招商局等北上內地擴張提供了資金基礎。

圖表 6-6　財務健康的部分紅籌企業　　　　　　　　　　（單位：億港元）

公司名稱	負債（%）	1998年現金	預計1999年流動資金	1999年要償還的債務
北京控股	4	24.29	5.11	5.44
招商局國際	2	9.48	8.47	5.22
華潤創業	22	33.00	24.9	5.81
五豐行	0	4.00	8.34	0
上海實業控股	0	30.00	10.00	8.00
天津發展	0	2.61	3.33	2.61

資料來源：美林證券報告，1999年1月14日。

華潤集團是明確發出向內地發展呼聲的中資財團之一，在"再造華潤"的戰略目標下，華潤集團開始了啤酒、地產、超級市場、電力等產業在全國的搶灘登陸和全面佈局，到2006年，華潤內地業務總資產佔整體總資產的比例從1997年的23%提升到72%，營業額從9%提升到66%，經營利潤提升到78%，[17] 成功實現了北上戰略大轉移。

招商局在新世紀初也開始了更大規模在集裝箱、港口、地產、物流、金融等產業向內地的攻城略地和全國佈局，到2006年，僅內地集裝箱吞吐量，就已佔到全國36.8%的市場份額，[18] 其中國最大的港口碼頭運營商的地位就此奠定。

2001年8月，港中旅在北京註冊 "港中旅國際旅行社有限公司"，開始進入內地旅遊市場，還通過劃撥和收購招商國旅，北京中遠旅行社，成都、新疆、上海、青島、廈門、西安等地旅行社，建立以北京為核心，輻射全國的旅遊網絡。

中國海外集團在香港回歸十週年，回憶公司發展歷程的三次大的戰略轉型時指出，面對亞洲金融風暴的衝擊、香港市場的低迷和公司在香港幾項房地產投資的巨額虧損，公司 "審時度勢，作出了向國內轉移的重大戰略決策，開始了第三次戰略轉型"，[19] 正是從此開始，中海地產席捲全國，奠定了在中國地產業的領軍地位。

除了中銀香港等幾個企業的業務重心在香港或海外之外，香港中資企業大部分都在亞洲金融風暴和廣信粵海事件後，開始了向內地的大規模投資轉移。與前兩次北上潮比較，北上內地第三波，呈現出新的特點：

1. 前兩次北上潮，主要是配合內地改革開放新政策的出台和新的開放重心而實施的點的佈局和北上，第一波北上是中國設立經濟特區的新政策，催生了招商局的蛇口工業區和港中旅的華僑城三大主題公園為代表的第一次北上潮，北上的重心在深圳和廣東；第二波則是中國以浦東開放開發為重點的新一輪改革開放潮，催生了上海實業、招商局、中信香港等為代表上海投資熱；第三波則是在亞洲金融風暴和中國加入WTO的全方位開放的新條件下形成的，這一波的特點不再是局部的佈點，而是以產業在全國的佈局和全國網絡的形成為特點，因此覆蓋面更寬更廣，影響更大。

2. 第三波北上潮基本理清和解決了香港中資企業在香港與內地的業務分工，那就是形成了以香港作為國際融資和資本運作資產經營的主平台，以內地作為投資和產業發展經營的主平台。這是香港中資經歷了二十餘年的探索，付出了慘痛的代價，才逐步形成的基本共識，從此以後，諸如傳統的貿易業務等基本退出歷史舞台。隨着資本運作人才的屬地化，香港中資企業內派人員即使在業務大擴張的2006-2007年，也沒有增加多少，因為業務的重心已經轉移到內地。

3. 第三波北上潮的結果是催生了若干香港中資行業巨頭的誕生，如華潤在地產、啤酒和零售行業，招商局在集裝箱、港口運輸、地產等領域，中遠在航運業、中國海外在地產業，港中旅在旅遊產業，都奠定了行業的領軍地位，這是前兩波北上潮所不曾出現的結果。

九　逆市輝煌：中銀香港重組上市

2001年10月1日，中銀香港所屬成員銀行換上了統一印有新中銀標誌及新行名的招牌，全體職員均穿上了統一的銀灰制服。這一天，一個重組後統一的中國銀行（香港）有限公司正式誕生。

作為中國銀行總行領導下的香港中銀集團，經過上世紀八九十年代的發展，其業務範圍已覆蓋銀行、保險、投資、證券、地產、基金管理等領域，到1999年底，香港中銀集團商業銀行總資產為8,446億港元，客戶存款總額為6,397億港元，貸款總額為3,533億港元，在香港存貸款市場所佔比重分別為25%和20%左右。成員銀行在港澳地區的營業網點有400家，其中香港佔373家，員工達16,125名。[20] 成為僅次於滙豐銀行的香港第二大銀行集團，並成為三大香港發鈔行之一。

但是，亞洲金融風暴對香港的衝擊，導致了香港經濟兩度陷入衰退和長達68個月的經濟通縮，也導致了香港銀行業貸款總額自1998年以來連續六年下跌。面對低迷的市場環境，中銀香港12家成員銀行的小規模的分散經營管理方式的弊端日益凸現：品牌形象不統一，12家成員各有自己的標識，12個標識雜亂無章；分散經營，部門重疊，加大管理成本；產權不清晰，不良貸款率高於同業，不履約貸款持續增加。1999年呆壞賬撥備達110.75億港元。

　　進入新千年，全球新經濟的發展，特別是資訊科技產業的迅速發展，為銀行業帶來了新的業務機遇，也導致銀行傳統的服務方式和授信文化的危機，銀行業亟需在服務手段、產品結構、營銷方式等方面跟上時代潮流。而且，國際銀行業跨國、跨行業的合併、收購和重組已成大趨勢，僅在香港，2000年就有中國工商銀行收購招商局持有的友聯銀行，並更名為"中國工商銀行（亞洲）"；2001年，有新加坡發展銀行斥資100億新加坡元，全面收購香港道亨銀行，更名為"星展銀行"，中信嘉華銀行以42億港元，收購香港華人銀行及其財務公司。另外，香港銀行業也開始了新一輪自由化改革，如撤銷利率協議、放寬外資銀行在港設置分行的限制等，都使中銀集團面臨新的經營課題。加之，中國加入WTO在即，內地將進一步加快金融業的開放。

　　這一切，都導致了中銀集團開始加快合併重組上市的步伐。1999年12月，國務院通過中銀香港重組上市的請示；2000年12月，中國人民銀行批准中銀集團的重組方案。

　　2001年5月，中銀集團以私人條例草案在特區政府憲報刊公告，以所屬在港註冊的寶生銀行為重組載體，實行"借殼"過渡。其具體操作方法是：將七家內地註冊的附屬銀行（廣東省銀行、新華銀行、中南銀行、金城銀行、國華商業銀行、浙江興業銀行、鹽業銀行）的香港分行和香港註冊的華僑商業銀行的所有資產和負債注入寶生銀行，重組完成後，這八家銀行取消牌照；還將中銀的發鈔業務、所屬南洋商業銀行、集友銀行以及中銀信用卡公司的股權也轉讓予寶生銀行，重組完成後這三家繼續保留牌照經營。

　　2001年9月12日，中銀香港（控股）有限公司在香港註冊成立，以持有主要經營附屬公司中銀香港的全部股權。2001年10月1日，合併了原中銀集團旗下12家銀行的寶生銀行正式更名為"中國銀行（香港）有限公司"（見圖表6-7）。

中銀香港合併重組後，迅速統一品牌形象，同時實行集中統籌管理，強化企業管治和監控，改善風險管理，優化資源配置，降低營運成本，促進盈利增長。

但是，中資紅籌企業在亞洲金融風暴和廣信破產及中資信貸危機的衝擊下，尚未恢復元氣，而2001年全球網絡泡沫破滅和美國9．11恐怖襲擊，導致全球股市陷入低谷。

2002年，香港股市與歐美股市全線下跌，中銀香港上市前夕，恒生指數更是跌破萬點大關。另外，當時市場傳言，香港交易所擬將30天均價低於港幣五仙的股票進行合股，導致大批“仙股”承受恐慌性拋壓，加之美國股市爆出花旗銀行捲入世界通訊集團破產案的醜聞，金融股大跌。

但是在認購的首日（2002年7月15日），久違的紅籌企業熱彷彿又重新降臨，中銀各分行早早就排起了長長的人龍，股民踴躍領取中銀香港的招股資料和認購表格。此次全球招股約23億股，相當於該公司已發行股本的21.74%，以最終定價每股8.5港元計，集資總額達195億港元，是香港當年最大宗集資額。這次公開招股獲得散戶和機構投資者熱烈追捧，其中招股散戶投資者佔35%，並享受5%的價格折讓優惠，超額認購27倍；機構投資者佔65%，超額認購五倍，成為香港歷來最大規模的公開零售招股，也成為當年全球第三大首次公開招股和亞洲最大規模的金融機構公開招股。

2002年7月25日，在香港和全球股市陷入“低谷”的不利環境下，中銀香港（控股）有限公司實現在香港聯交所掛牌上市（股票代號：2388）。當年12月2日，中銀香港（控股）有限公司躋身藍籌股之列。

由於中銀香港是首家在境外成功上市的國有商業銀行，因此，中銀香港的上市，被視為中國銀行改革和發展的新的里程碑，標誌着中國金融改革邁入新紀元，並將帶動中國大型國有商業銀行的境外上市潮。

中銀香港重組上市後，不斷推進產品和業務創新，於2004年12月以後

圖表 6-7　中銀香港股權結構

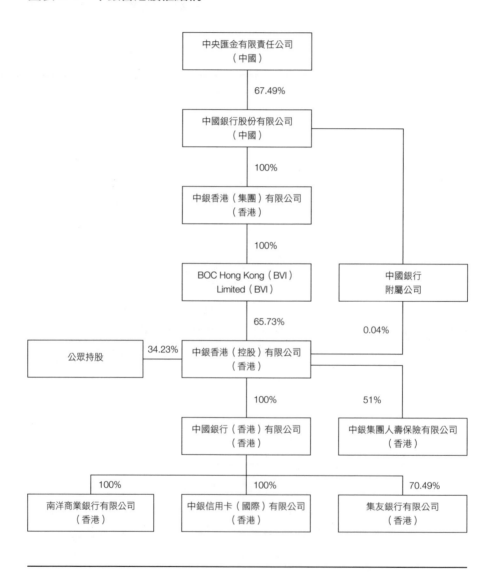

資料來源：中銀香港網站

圖75 2001年10月1日，
中國銀行（香港）有限公
司正式成立，並躍升為香
港第二大銀行。

圖76 換上新行牌匾標識，寶生銀行成為歷史。

先後推出“中銀理財晉富集”和“中銀理財尊貴薈”服務，分別向擁有50萬和200萬港元或以上資產的客戶提供更貼身、更專業的財富管理服務，並設立了92間中銀理財中心和13所尊貴理財中心，打造高端服務產品，還通過推出多元化的按揭產品，使住宅按揭貸款持續保持市場領先地位。

同時開展人民幣業務並保持市場領先地位。自2004年2月香港銀行正式推出人民幣業務以來，中銀香港提供人民幣提取服務的自動櫃員機增至236台，同時提供快捷、一站式服務，保持了人民幣業務的市場領導地位。

中銀香港還透過旗下南洋商業銀行在內地註冊為法人銀行，南商中國有限公司於2007年12月在上海正式開業，拓展人民幣零售業務，中銀香港在內地的其他分行則發展企業銀行業務，試圖拓展內地市場。還於2006年收購中銀人壽的控制性股權，後又在香港發行人民幣金融債券。

2003年5月，劉金寶被免除中銀集團副董事長兼中銀香港總裁，旋即因涉嫌經濟犯罪而被“雙規”。中國銀行董事長肖鋼兼任中銀香港董事長，和廣北任中銀香港副董事長兼總裁。

中銀香港自2002年上市以來，各項業務穩步發展，實現了可持續的經營業績增長和股東價值的提高，2007年成為中銀香港業績增長的一個里程碑：淨經營收入（撥備前）從2002年的120.89億港元增長到2007年272.54億港元，五年增長125.4%；經營溢利從2002年92.34億港元，增長到2007年的180.33億港元，五年增長95.29%；資產總額從2002年7,355.36億港元，增長到2007年10,676億港元，增長45.15%；客戶存款從2002年的6,009.77億港元，增長到2007年7,995.65億港元，每股盈利從2002年的1.1315港元增長到2007年的1.4609港元，平均總資產回報率由2002年0.94%，增長到2007年1.53%，而貸款質量表現出色，2007年特定分類貸款比率持續低於市場水準，只有0.44%，而資本充足比率達到13.08%。[21]

圖77　中銀香港以快捷和一站式的服務，令其人民幣業務在香港市場一直保持着領導
　　　地位。

十　紅籌復興：紫籌群的誕生

亞洲金融風暴、廣信危機發生後，紅籌企業上市的節奏放慢了，但是卻出現了幾個行業巨頭的紅籌企業上市，並且很快躋身藍籌股行列而形成了一個紫籌群，從而閃耀香江。

其中，繼中信泰富、粵海投資、華潤創業之後，中國電信（後來更名為"中國移動"）、上海實業、聯通、聯想、中海油、中銀香港等六家恰恰是在香港經濟低潮和紅籌企業低潮時期（1998-2003年）躋身藍籌行列的，展現出一股紅籌企業復興的勢頭。

而且，在這批紫籌群體中，除了上海實業之外，其餘五家均非地方窗口公司，而是行業巨頭，這也預示着紅籌企業發展的一個新方向：行業巨頭正取代窗口公司。

中國移動：首隻千億與首隻萬億市值紅籌股

無線移動電話與互聯網，是20世紀誕生的人類最偉大的科技革命，它不僅帶動經濟增長方式的轉型，更帶動了人類商業運作模式、工作方式和生活方式的革命。移動電話最遲在1980年代後期就已傳入中國內地，一旦與中國13億人口的龐大市場結合起來，就產生了前所未有的無限放大效應，迅速催生了代表新經濟時代的中國第一個巨無霸紅籌企業──中國移動（香港）有限公司。

1997年9月3日，中國移動以廣東和浙江兩省的移動通信企業為基礎，在香港組建成立了中國電信（香港）有限公司〔2000年更名為"中國移動（香港）有限公司"〕，並於10月22日和23日分別在紐約和香港上市（股票代號：0941），融資42億美元。在亞洲金融風暴衝擊香港、國際炒家攻擊香港匯市恒生指數暴跌1,211點的"黑色星期四"，中國移動逆市而上，猶如一柱擎天，撐起香港紅籌企業的天空，1997年12月5日，市值達一千六百餘億港元，佔紅籌企業股市值的31.74%，成為歷史上第一隻市值破千億的紅籌企業股。

1998年1月，中國移動（香港）有限公司與上海實業一起躋身藍籌股行列，使紅籌企業中的藍籌股增至五隻。

隨後，中國移動（香港）有限公司按照"整體上市，分步實施"的大思路，展開了一系列收購行動：1998年收購江蘇移動通信，1999年收購河南等三省移動通信，2000年收購北京等七省移動通信，2002年收購安徽等八省移動通信，2004年收購內蒙古等十省區移動通信以及中國移動通信有限公司和北京移動通信設計院有限公司100%的資產。至此經歷八年，收購了31家子公司，實現整體上市。

據統計，到2007年3月底，中國移動共有3.161億用戶，2001-2006年六年累計上繳利稅一千六百七十餘億元，創造直接和間接就業崗位二百三十多萬個。2003-2005年，每年對中國GDP的貢獻率達1.1%以上，對國民經濟總需求的拉動保持在2.2%以上。[22]據彭博資訊報道，以2007年10月16日計算，中國移動全球市值達3,699億美元，躋身全球市值前十名，僅次於埃克森美孚、中石油、通用電氣公司而居第四位。中國移動已經成為用戶人數、網絡容量、公司規模全球第一的移動通信運營商。2003-2009年連續六年，中國移動進入《財富》世界五百強，這是第一家進入世界五百強的紅籌企業。

2006年5月29日，中國移動（香港）有限公司更名為"中國移動有限公司"。

2006年6月，中國移動有限公司躋身香港十大上市公司行列，其市值達7,942億港元，佔香港總市值的8.34%，僅次於滙豐控股的15,243億港元。

然而，在美國次貸危機引發的全球金融海嘯的衝擊下，以傳統經濟為代表的銀行巨無霸企業市值大量蒸發，而代表新經濟的通信巨頭則影響有

圖78　中國移動與中海油、建設銀行和中國銀行上市後，已迅速上位藍籌股，並在香港十大市值企業中各佔了一席。

限，到2008年10月底，中國移動有限公司一舉超越長期盤踞香港上市公司第一把交椅的滙豐控股，市值達1.36萬億港元，成為香港首隻萬億市值紅籌企業股，也成為香港最大的上市公司（見圖表6-9）。2008年12月底，營業額達4,123.43億元人民幣，淨利潤達1,128億元人民幣，市值達15,595億港元。[23]

中國新聯通＝聯通＋網通

在中國三大電信運營商（中國移動、中國電信、中國新聯通）之中，只有中國電信是以H股方式在香港上市，中國移動、中國新聯通是香港中資的兩大紅籌企業，中國新聯通又是由中國聯通與中國網通兩家紅籌企業

圖表 6-8　中資紅籌企業股躋身恒生指數成份股之列一覽表

公司名稱	股票代號	上市日期	進入藍籌時間	退出藍籌時間
中信泰富	0267	"買殼"	1992年	—
粵海投資	0270	"買殼"	1994年	2000年
華潤創業	0293	"買殼"	1997年9月	—
上海實業	0363	1996年5月30日	1998年1月	2004年8月
中國電信（中國移動）	0941	1997年10月23日	1998年1月	—
聯想	0992	1994年2月14日	2001年	2006年
中國聯通	0762	2000年6月22日	2002年	—
中海油	0883	2001年2月28日	2002年	—
中銀香港	2388	2002年7月25日	2003年	—
駿威汽車	0203	1993年2月22日	2004年8月	2006年3月
招商局國際	0144	1992年7月5日	2004年8月	—
中遠太平洋	1199	1994年12月19日	2003年6月	—
中國網通	0906	2004年11月17日	2006年3月	2008年10月合併至中國聯通
中國海外發展	0688	1992年8月20日	2007年12月	

圖表 6-9　　1996年、2006年與2008年香港前十大上市公司市值比較表

名次	1996年		2006年		2008年	
	企業	市值（億港元）	企業	市值（億港元）	企業	市值（億港元）
1	滙豐控股	4,395	滙豐控股	16,199	中國移動	1.36萬
2	新鴻基地產	——	中國移動	10,249	滙豐控股	1.1萬
3	和記黃埔	2,197	建設銀行	7,886	建設銀行	8,313
4	恒生銀行	1,816	宏利金融	3,871	工商銀行	2,940
5	長江實業	1,580	和記黃埔	1,091	中國石油	2,814
6	香港電訊	1,432	中海油	3,037	宏利金融	2,283
7	恒基地產	1,325	中國銀行	2,599	恒生銀行	1,816
8	太古洋行	1,075	渣打銀行	2,579	和記黃埔	1,747
9	新世界發展	959	新鴻基地產	2,083	渣打銀行	1,714
10	中信泰富	958	長江實業	1,966	長江實業	1,680

資料來源：香港聯合交易所，香港《經濟導報》總2982期（2006年8月14日），http://news.newhua.com。

公司合併而成的新聯通。

　　中國聯合通信有限公司成立於1994年7月19日。新千年正是全球網絡最熱的高峰時期，中國聯通於2000年4月在香港設立中國聯通股份有限公司，並將十二省GSM移動通信業務、聯通全國範圍的長途資料互聯網、尋呼業務資產作為首批上市資產注入香港公司，並於2000年6月21日、22日分別在紐約和香港掛牌上市（股票代號：0762），首次公開發行股票28.28億股，每股15.58港元，發行市盈率高達380倍，共計融資56.5億美元。這是香港當時歷史上最大的一次股票首次公開發行，也是亞洲第二大的股票首次公開發行，並進入全球股票首次公開發行史上的前十名。

　　2001年6月1日，繼中國移動之後，中國聯通成為第二隻躋身香港藍籌股行列的電信紅籌企業。

　　2001年12月，中國聯通集團以其持有的境外聯通紅籌企業公司股權

作為出資，在內地設立中國聯合通信股份有限公司（聯通A股公司），於2002年10月，在上海掛牌上市，公開發行50億股公眾股，融資115億元人民幣，再次創下內地股票首次發行規模的新紀錄，也成為了中國第一家在境內外三地上市的國有企業，開創了紅籌企業股回歸A股市場的先河，並建立了一個多級控股結構：中國聯通集團控股聯通A股公司，聯通A股公司控股聯通紅籌企業公司，聯通紅籌企業公司全資持有聯通運營公司。

隨後，中國聯通又於2002年12月與2003年12月，分兩次將十八省分公司移動業務注入上市公司，使聯通公司也基本實現了整體上市。

2004年，中國聯通再次進行資本運作，A股配股15億股，集資45億元人民幣。

到2004年底，中國聯通總資產達到2,262.4億元，是1999年公司上市前453.7億元的近5倍；用戶數達到1.13億，是1999年的21.7倍，用戶市場佔有率從1999年的12.1%提升到34%，其中CDMA用戶達到2,813.3萬戶，成為世界第二大CDMA移動用戶群；主營業務收入達到726.2億元，比1999年增長了四倍以上，五年累計實現利潤255.8億元人民幣。[24]

中國網通集團（香港）有限公司成立於1999年10月22日，於2004年11月16日與17日分別在紐約和香港上市。網通此次上市的資產包括北京、天津、山東、河北、河南、遼寧等六個北方省市和上海、廣東兩地的通信網絡，以及網通國際與亞洲網通公司。

此次共計發售12.03億股，融資11億美元，香港公眾發售部分獲得28倍超額認購，國際配售部分獲得18倍超額認購。

2006年3月，中國網通集團（香港）有限公司躋身香港藍籌股行列，2008年10月合併於中國聯通而被注銷。

2008年10月是中國電信業重組年。這一年，無論對中國聯通還是中國網通，都是改變命運的一年，最終兩家走到一起，合二為一，一個中國新聯通正式誕生。

　　為什麼要重組合併？這要從中國電信業的四次大重組說起：長期以來，中國電信與郵政是合一的，由國家郵電部統一管理，電信業被中國電信一家壟斷，但電信業的迅猛發展，要求打破壟斷，政企分開，因此，為了實現"打破壟斷，形成有效競爭格局"的目標，中國電信業開始了四次大的重組：

　　第一次，聯通成立。1994年，中國電子部、機械部等部委成立中國聯通，電信營運從中國電信一家壟斷變成兩家經營格局。

　　第二次，郵電分家。1998年，國家郵電部被分拆成獨立的兩個部門，新成立的信息產業部成為電信業的行業主管部門。

　　第三次，電信移動分離。1999年實力獨大的中國電信開始了第一次拆分：從中國電信分拆出中國移動、中國衛通（中國衛星通信集團），同時成立了中國網通、中國吉通和中國鐵通，加上中國聯通，形成了"電信七雄"的局面。

　　第四次，南北重組。中國電信受到第二次分拆，分為南北兩塊：中國電信持有南方二十一省的資產，北方十省的資產剝離出來，與原中國網通、中國吉通合併成立新的中國網通，至此，形成了"5＋1"格局，即中國電信、中國移動、中國衛通、中國鐵通、中國網通和中國聯通的新格局。

　　但是，這四次重組並未實現預期目標：在固網電話營運領域，仍然是中國電信獨大，網通、鐵通和衛通無法構成實質性競爭；而在移動電話營運領域，仍然是中國移動獨大，中國聯通亦無法挑戰中國移動；不僅如此，中國移動憑藉後發優勢，已經取代中國電信而坐上中國電信業第一把交椅，移動電話對固網電話的取代，使固網電話運營商迫切希望獲得移動營運牌照，加之中國第三代移動通訊（3G）牌照的發放，各電信運營商都期望從新業務中分一杯羹等。這直接導致第五次電信業大重組的出台。

　　根據國家發改委、工業和信息化部、財政部2008年5月發佈的《關於深化電信體制改革的通告》，中國電信業的重組分別是：中國電信收購中國聯通CDMA業務，中國衛通的基礎電信業務也併入中國電信，中國聯通與中國網通合併，中國鐵通併入中國移動。

2008年6月2日，中國聯通董事長兼首席執行官常小兵在香港聯通與網通聯合召開的新聞發佈會上宣佈，兩家公司將通過換股方式實現合併。

兩家公司合併的港股換股比例為每股中國網通股份換取1.508股中國聯通股份，每股中國網通美國存託股份換取3.016股中國聯通美國存託股份，這一比例是根據2008年5月23日停牌前兩家公司的股價溢價3%確定的。

合併完成後，中國新聯通總股本將擴大至237.645億股，按照該公司5月23日停牌時的股價18.48港元測算，這次合併交易總規模達4,391.67億港元。此次交易至2008年10月完成全部手續後，中國網通從證券交易所撤牌。根據重組要求，中國聯通還向中國電信出售CDMA業務，總對價為438億元人民幣，全部以現金支付。[25]

經過此次重組，中國電信業形成了中國移動、中國電信和中國聯通三足鼎立的局面。據有關專家分析，對中國移動來說，限於鐵通的規模和實力，收購鐵通影響不大，其GSM移動網絡和用戶規模、用戶品質方面的優勢在這次重組中並未受影響，屬於目前中國移動的現金牛業務，具有領先優勢，但是2G業務漸趨飽和，這次又將獲得TD－SCDMA營運牌照。因此，3G業務將會得到強化。

對中國電信來說，收購衛通影響也不大，但獲得聯通的CDMA網絡資源以及經營CDMA/CDMA2000業務的移動牌照，將使之在鞏固固定電話的傳統優勢之外，增強移動業務尤其是3G業務，這是進一步提升競爭力的關鍵。

對中國聯通來說，整合了和自己規模相近的網通業務，使自身規模擴大，但卻轉讓了CDMA業務，好在可以獲得目前全球產業鏈最成熟、發展前景最看好的WCDMA牌照，因此如何將現有GSM擴容、優化、盡快升級到WCDMA甚至HSDPA，以及充分利用WCDMA產業鏈優勢，將是維持中國新聯通競爭優勢的關鍵。[26]

聯想：第一紅籌科技股

1984年11月1日，柳傳志和他的11位同事在中國科學院計算所一間簡陋的傳達室裏，用計算所的20萬元開辦費，正式成立了"中國科學院電腦技術研究所新技術發展公司"，這標誌着聯想的誕生。

聯想早期和很多知名企業一樣，最初也是從貿易開始尋找客戶，代理電腦，賺取差價，做點小買賣。1985年是聯想的第一個轉折點。這一年，借助計算所倪光南的"LX－80聯想式漢字系統"（中文卡），開始真正進入IT產業領域，聯想式中文卡為公司帶來了持續多年的經營業績，從1985到1996年，開發了聯想中文卡系統八個型號，共銷售了16萬套，在前三年，銷售額佔公司營業額的38%，利潤佔了45.6%。[27]此時，聯想才從一個倒騰電腦的貿易企業轉型為一個真正的IT企業。

而且，聯想式中文卡以市場效應而不完全以技術領先，獲得了"國家科技進步一等獎"，反映了中國開始將科技成果產業化市場化作為衡量科研成果價值的重大轉變。這也為聯想企業定位為科技企業打下了基礎，從此以後，"聯想"成為該公司的品牌和標識，"聯想"正式成為該公司的名稱。

1988年6月23日，香港聯想正式成立。在早期從事電腦買賣過程中，柳傳志深感"進口許可證制度"的限制，在中國傳統的中國外貿體制下，所有進口的商品均實行"許可證制度"，1980年代後，"許可"範圍逐漸縮小。由於沒有代理進口電腦的政府"許可"，聯想只能通過高價購買獲得"進口許可證"，成本太高。於是柳傳志將眼光轉向香港，在香港中國新技術轉讓公司擔任董事長的父親柳谷書和另一家香港合作公司——香港導

圖79　1997年，柳傳志將北京聯想資產注入
香港聯想，成立統一的聯想集團。

圖80　經歷困難期後，到1997年，聯想以10％的市場佔有率居內地市
場首位，並先後推出印表機、筆記本電腦等產品。

遠電腦系統有限公司給柳傳志極大的支援，三家公司各自出資30萬港元，成立了香港聯想電腦有限公司，柳傳志任董事長。

就在聯想進軍香港的第二年，聯想推出了聯想286微型電腦和第一台自由品牌電腦，並成立了北京聯想電腦集團公司，聯想成功進入IT製造業，正式成為一個集研究、生產和銷售為一體的技工貿一體化的大型企業。

香港聯想的發展一開始並不十分順利，直到1994年在香港上市（股票代號：0992），也並沒有實現預期的效果。

隨着聯想經營規模的不斷擴大，銀行貸款規模也在與日俱增，如何通過拓寬融資管道降低風險，已提上聯想議事日程。

最初，柳傳志擬考慮香港聯想上市，後來多人建議讓北京聯想在深圳上市，但深圳於1992年發生了"8·10風波"：百萬南下的股民通宵排隊等候新股抽籤表的發售，但500萬份新股抽籤表大多被內部瓜分，導致股民走上街頭，燒燬汽車，衝擊政府。這一事件導致了股市一段時期的低迷狀態。這一年，為了加強對證券市場的規範管理，中國證監會正式成立。

內地資本市場的不穩定，使柳傳志回到了原先的想法，推動香港聯想上市。無奈香港聯想並沒有報請國家外經貿部批准就在香港註冊成立，嚴格意義上說，是一個"黑戶"。經過種種變數，香港聯想終於在1994年2月14日實現在香港聯交所掛牌上市，香港發行股票18,225萬股。

此時，香港正經歷紅籌企業和國企H股的第一波高潮。1992-1993年，第一批紅籌企業——招商局海虹集團等實現成功直接上市。1993年第一批國企H股（青島啤酒等）也實現在香港成功上市。到1994年，中國內地開始了宏觀調控，香港股市在1992-1993年達到高潮，並在1994年1月4日恒生指數達到12,201.09點的歷史高潮後，開始了長達兩年的持續走低。加之2月為農曆新年長假，交投清淡，香港聯想上市當日，竟開了"黑盤"，股價一路走低。直到1996-1997年紅籌企業狂飆時代，聯想跟隨紅籌企業大市，從0.5港元一路上揚。到1997年12月5日，股價達2.2元，市值為16.753億港元。這一年，柳傳志將北京聯想的資產注入香港聯想，成立統一的聯想集團。次年4月，又以每股3元價格發行新股1.5億股，融資4.5億港元，使北京聯想控制了香港聯想67%的股份。能在金融風暴中成功發售新股，這就是科技股不同於概念股的優勢。

進入1990年代，中國開始降低關稅，對外開放了內地微型電腦市場，取消了進出口批文，外國電腦開始大量湧入中國。經歷艱難的困難期後，到1997年，聯想以10%的市場佔有率居內地市場首位，並先後推出印表機、筆記本電腦（notebook）等。

1990年代末期到2000年初，是聯想集團又一次歷史轉折點。全球形成以IT產業為主導的新經濟熱，互聯網在全球股市形成了網絡泡沫。

1999年5月，在全球新經濟熱潮推動下，加之良好的經營業績，香港聯想股價一路走高，從4港元上升至8.55港元，隨之進行國際配售，配售1.3億股，融資9.36億港元。進入2000年2月，聯想股票曾飆升至36.9港元，市值達300億港元，達到歷史最高位。聯想隨即以每股33.75港元再配售5,000萬股，融資16.5億港元。

2000年7月14日，香港聯想躋身香港恒生指數成份股之列，成為香港股市第一隻紅籌企業科技股，也是香港科技旗艦股；同年9月，香港聯想成為恒生倫敦參考指數成份股。

2000年5月開始，柳傳志開始將聯想集團拆分為二：聯想集團專攻個人電腦市場，從事開發、製造與銷售聯想的技術產品；成立神州數碼有限公司，專攻IT代理分銷業務，並於2001年3月7日實現在港上市。柳傳志將這兩塊業務分別交給楊元慶和郭為負責，自己則在聯想集團和神州數碼之上再成立一家聯想控股有限公司，掌握着對這兩間核心企業的控股權，並隨後陸續成立了聯想投資、聯想融科智地、聯想弘毅投資等三間公司，分別開發出風險投資（投資有高成長潛力的中小創業企業）、房地產和併購投資（投資成熟行業的企業）業務，形成五大板塊業務。但是，聯想的分拆並沒有引起香港市場的良好反應，2000年2月以後，聯想股價直線下降，加之科網泡沫破滅，聯想股價又回到十港元以下。

到2004年，聯想開始了第三次歷史轉折。2004年12月8日，聯想集團宣佈以6.5億美元現金、六億美元的公司股票收購IBM在全球的個人電腦（PC）業務，此外還將IBM個人電腦的五億美元的債務轉到自己名下。這使得聯想一夜之間成為世界第三大個人電腦廠商，擁有至少130億美元的年銷售收入和7.6%的全球個人電腦市場佔有率。2005年3月，聯想集團在紐約證券交易所上市。

聯想這次"蛇吞象"式的收購在全球範圍引起巨大反響和爭議，贊同者認為這是中國企業第一次收購一家跨國公司的PC業務，也是中國IT業在海外投資最大的一筆，使聯想一舉實現全球第三大PC製造商的夢想。同時，2008年，聯想進入《財富》公佈的世界五百強，排名第四百九十九名；質疑者認為聯想收購的是IBM的一塊虧損業務加打包的巨額債務，這將為聯想帶來巨大的風險。香港股市並不認同這次收購的正面效應，2006年9月11日，也就是收購IBM不到兩年，聯想集團從恒生指數成份股中黯然出局，被市值達1,600億港元的富士康取代；當時，聯想集團的市值為247億港元。

中海油：從第一次上市失敗到躋身紫籌股行列

在中國的三大石油企業中石油、中石化與中海油中，只有中海油是以紅籌企業身份上市的，並且躋身藍籌股而成為唯一的石油紫籌股。

中海油全稱為"中國海洋石油有限公司"，於1999年8月在香港註冊成立。中海油的母公司是中國海洋石油總公司，1982年成立，負責中國海域對外合作開採海洋石油及天然氣資源，生產作業主要集中於渤海灣、南海西部、南海東部和東海等四個主要區域，是中國最大的海上油氣生產商。截至上市前的2000年9月底，中海油的淨儲量達18億桶油當量，每日淨生產量為24.318萬桶油當量。[28]

中海油是三大石油巨頭中規模最小的，但是其優勢也突出：資產質量好，擁有中國海洋石油勘探開發的獨家專營權，幾乎不承擔勘探風險並享有穩定政策優惠，盈利能力強，而且擁有獨立定價權，產品可直銷海外，高管層國際化程度最高，能直接與國際投資者溝通，擁有基辛格博士、高盛亞洲區高管等作為獨立董事。然而，這一切優勢均不能阻擋中海油第一次上市的失敗。

1999年9月，中海油聘請所羅門美邦、第一波士頓、中銀國際等三家知名投資大行作為主承銷商，擬定了一項發行20億新股、招股價在8.46-9.61港元之間、集資25.6億美元的發行計劃；9月底，中海油開始全球路演，然而投資者反應冷淡；10月中旬，中海油將集資規模縮減至10億美元，但直到路演結束，仍未實現最低目標，中海油不得不暫停其上市計劃。

對於中海油第一次上市的失敗，人們從自身準備等因素來分析，固然都有道理，但是我認為最大的問題還是廣信粵海危機尚未完結，香港中資紅籌企業的信貸危機引發的信用問題，讓全球投資者對中資紅籌企業的信心尚未恢復。

實際上，在1999年上市失敗的並非中海油一家，原計劃1999年在香港上市的山東國電與黑龍江農墾北大荒均推遲上市，只不過中海油是上市失敗的最大企業，影響更大而已。

而且，在國際路演時，為什麼恰恰是中海油最大賣點"海上石油專營權"會受到國際投資者的頻頻質疑呢？這其實反映了廣信危機後，國際投資者對中國政策的變化不定的信心問題。既然到期債務都能不履約償還，又怎能讓人相信"專營權"不會被打破呢？

當然，國際路演時恰逢美股下跌和國際油價下跌兩大利空因素，加之當時9月份就有121家公司在美國申請上市，上市過於集中形成買方市場，多種不利因素匯聚一起，使中海油第一次上市流產。

然而僅隔一年的2000年，中石油、中石化、中國聯通卻連番在香港和紐約上市集資，中國移動也進行配股集資收購活動，這四家共募集資金200億美元。

這再次激發了中海油上市的決心。於是，中海油除保留中銀國際外，撤換了原主承銷商，重新精心策劃，作出如下安排：

第一步，通過私募引進多個知名國際企業作為策略投資者，2000年，通過私下配售引入了新加坡國家投資公司，美國國際集團（American International Group，簡稱AIG），亞洲基建基金，美邦保險（香港和百慕大公司），和記黃埔與香港電燈等八大策略投資者，合計持有5.57億股中海油股份，佔擴大後已發行股本的6.96%，籌集4.6億美元。由於都是行業合作夥伴，這表明國際巨頭對中海油有信心，向市場釋放了積極的信號。

第二步，調整原計劃的發行量和定價等。此次發行量為16.4億股，減少近四億股，市盈率為七至八倍，相當於上次的三分之一； 計劃集資額14億美元，相當於上次的60%，發行價為5.95港元，比上次減少了2港元以上。

第三步，從強調"專營權"轉向強調"自營能力"，同時開具海上專營權的公函。中海油這次不僅在招股書中突出強調自營油氣田和自營生產者，也從國家經貿委開具有關專營權的公函，以證明中國對外合作政策及中海油的海上專營權不變。

第四步，以上市技術處理來吸引散戶投資。由於三大石油企業中，其他兩大企業都是以2,000股為一手買賣單位，中海油向香港聯交所特別申請以500股為一手的買賣單位。

2001年2月27日、28日，中海油終於在紐約和香港兩地實現掛牌上市，籌資14.3億美元，加上此前的私募，共計18.89億美元，股票認購超額五倍，當日收市在香港與紐約的升幅達17.6%和4.68%。

2001年7月，中海油成功躋身恒生指數成份股之列。

隨後，中國海洋石油總公司又分別將旗下三家公司推上市：

2002年2月，海洋石油工程股份有限公司在上海上市。

2002年11月，中海油田服務股份有限公司在香港上市，並於2007年9月在上海上市。

2006年9月，中海石油化學股份有限公司在香港上市。

到2007年，中國海洋石油總公司全年實現銷售收入1,620億元，利潤總額565億元，總資產3,090億元，淨資產1,676億元，全年油氣產量達4,047萬噸油當量。這一年，中海油也邁入了《財富》世界五百強行列。

到2008年底，中海油總市值達3,234億港元，在香港89家紅籌企業中僅次於中國移動。[29]

註釋：

〔1〕 郭國燦著：〈關於香港近期經濟形勢判斷及下半年經濟發展趨勢預測〉，載於《特區經濟》，1998年第7期。

〔2〕 李利明著：〈1999：廣信破產〉，http://www.sina.com.cn。

〔3〕 馮邦彥著：《香港金融業百年》，第443-444頁，三聯書店（香港）有限公司，2007年版。

〔4〕 中國人民大學編：《中國信託業發展報告》（1979-2003），第7頁，中國經濟出版社，2004年版。

〔5〕 〈廣東化解金融危機十年回首〉，http://www.chinainsol.org。

〔6〕〔7〕〔8〕〔9〕〔10〕〔11〕 武捷思著：《粵海重組實錄》，第20-21頁、第224-226頁、第40頁、第33頁、第56-57頁、第194-196頁，香港商務印書館，2002年版。

〔12〕 郭國燦著：《雙城論集》，第59頁，中國經濟出版社，2002年版。

〔13〕 中聯辦經濟部編：《回歸十年來的香港經濟與香港中資企業》，第33頁；吳鳳霞著：〈紅籌企業債務危機牽累本港銀行〉，載於香港《經濟導報》，1999年2月1日。

〔14〕 〈玩股通勝〉，《經濟一週》，1999年7月31日。

〔15〕 郭國燦著：〈開闢國企改革的"第二戰場"〉，載於《特區經濟》1998年第7期；《二元結構的解構——廣信事件後香港中資企業信貸危機的深層原因及其對策》，香港中資企業1999年第一季度聯席會議論文。

〔16〕 中聯辦經濟部編：《回歸十年來的香港經濟與香港中資企業》，第37頁。

〔17〕 華潤集團編著：〈努力轉型，再創輝煌〉，載於中聯辦經濟部編：《回歸十年來的香港經濟與香港中資企業》，第313頁。

〔18〕 招商局編著：〈靜悄悄的革命〉，載於中聯辦經濟部編：《回歸十年來的香港經濟與香港中資企業》，第354頁。

〔19〕 中國海外集團編著：〈戰略調整，實現新跨越〉，載於中聯辦經濟部編：《回歸十年來的香港經濟與香港中資企業》，第445頁。

〔20〕 〈十二姊妹行合為一家——中銀重組震動香港〉，http://finance.sina.com.cn。

〔21〕 《中銀香港（控股）有限公司年報（財務摘要）》（2002-2007）。

〔22〕 潘敬文著：〈香港與中國移動共歷風雲變幻見證輝煌十年〉，http://www.cnetnews.com.cn。

〔23〕 《中國移動有限公司2008年年報》。

〔24〕 〈上市五載回眸：中國聯通資本運營之路〉，http://www.cnii.com.cn。

〔25〕 〈中國聯通和中國網通在港宣佈合併方案〉，http://news.XinHuanet.com。

〔26〕 高小強著：〈從電信重組看奧運後中國電信業新商機〉，http://career.zhupiter.com。

〔27〕 彭征、袁麗麗著：《聯想教父柳傳志》，第87頁，現代出版社，2009年版。

〔28〕 〈中海油上市：醜小鴨如何蛻變成了金鳳凰〉，http://www.mba163.com。

〔29〕 http:// www.hkex.com.hk。